현금흐름표를 알면 성공이 보인다

※ 본문 내용과 관련된 시험문제를 리스크컨설팅코리아 홈페이지(www.riskconsulting.co.kr)에서 다운로드 받으실 수 있습니다.
　 다운로드 받으신 파일에 우측코드를 입력하세요.

e-learning 기업분석사관학교

회계기초부터 현금흐름분석, 부실징후기업진단, 기업가치평가까지…

기업분석사관학교　http://기업분석.kr
리스크컨설팅코리아　http://www.riskconsulting.co.kr

저자소개

김종일
- 고려대학교 경영학과 졸업
- Washington University MBA
- 고려대학교 경영학(박사)
- 공인회계사(딜로이트, 한영회계법인 근무)
- 한국씨티은행, 신한금융투자, 삼성화재 근무
- 한국공인회계사, 관세사, 세무사 시험 출제위원

- (현) 가톨릭대학교 경영학부 교수
- (현) 국민연금기금 대체투자위원회 위원
- (현) 한국공인회계사회 감리위원회 위원

저서
- McKinsey Valuation 대표역자 (인피니티북스, McKinsey & Company, 2009)
- IFRS 회계원리(도서출판 탐진, 2014)
- 최신 회계학 원론(도서출판 탐진, 2015)
- 재무회계(도서출판 탐진, 2017)

한종수
- 연세대학교 경영학과 졸업
- 연세대학교 일반대학원 경영학과 회계학전공(석사)
- University of Pittsburgh 졸업(박사)
- Rutgers, The State University of New Jersey 회계학 조교수
- 공인회계사 (삼일회계법인 근무)
- 금융위원회 회계제도심의위원회 위원
- 한국회계기준위원회 비상근 기준위원
- 공인회계사, 감정평가사 등 국가공인인증시험 출제위원

- (현) 이화여자대학교 회계학 교수
- (현) 국제회계기준 해석위원회
　　 (IFRS Interpretations Committee) 위원
- (현) The International Journal of Accounting, IASB Corner Editor
- (현) IAAER Council 위원
- (현) 한국CFO협회 이사
- (현) 한국공인회계사회 재무회계연구회 위원장
- (현) 한국회계학회 부회장 / 대한회계학회 회장

저서
- K-IFRS 고급회계 (도서출판one, 2013)
- 회계를 알면 성공이 보인다 - 회계원리 (리스크컨설팅코리아, 2016)
- 중급회계를 알면 성공이 보인다(하) (리스크컨설팅코리아, 2018)

이정조
- 연세대학교 경영학과 졸업
- 한양투자금융 / 동아투자금융 심사과장
- 국민생명보험(현 미래에셋생명) 자산운용 / 기업금융 부장
- 국민연금 대체투자심의위원회 위원
- 공무원연금공단 리스크관리위원회 위원

- (현) 리스크컨설팅코리아 대표
- (현) 한국CFO협회 부회장

저서
- 공인회계사의 사회적 책임 (정음사, 1990)
- RISK테크 경영혁명(향영21C 리스크컨설팅, 1996)
- 이런 회사가 부도난다(향영21C 리스크컨설팅, 1996)
- 회계를 알면 성공이 보인다 - 회계원리 (리스크컨설팅코리아, 2016)
- 중급회계를 알면 성공이 보인다(하) (리스크컨설팅코리아, 2018)

현금흐름표를 알면 성공이 보인다

김종일·한종수·이정조 지음

리스크컨설팅코리아

저자의 이야기

　　재무상태표와 포괄손익계산서를 대체할 수 있는 정보로써 현금흐름표가 주목 받고 있다. 모든 기업 관련 의사결정은 현금흐름표(C/F)에서 시작된다. 포괄손익계산서의 이익은 현금흐름표에서 알 수 있는 실제 들어온 현금과는 다르다. 현금흐름표는 현금이 실제로 들어오고 나가는 금액을 표시해 기업의 실상을 있는 그대로 나타내는 재무제표이다. 현금흐름표는 분식회계나 회계기준의 선택에 따라서도 현금이 들어오고 나가는 금액이 달라지지 않기 때문에 재무정보이용자들에게 아주 중요한 재무제표이다.

　　최근 들어 재무제표를 생산하는 기업은 물론 채권자나 투자자 등 재무정보이용자와 회계학이나 재무관리를 전공하는 학자들까지 재무상태표나 포괄손익계산서의 유용성에 의문을 제기하고 있다. 재무상태표나 포괄손익계산서는 현금흐름표에 비하여 분식하기가 더 쉽다. 분식회계에 따라 화장한 재무제표라고 비판 받는 재무상태표나 포괄손익계산서의 재무정보는 기업의 실상과 달리 표시될 수 있다. 더 나아가 정직하게 공시된 재무상태표나 포괄손익계산서도 기업의 실제 현실과 다른 것을 보여주는 경우가 많다. 포괄손익계산서의 수익과 비용은 발생주의에 따라 기록하고 재무상태표의 자산과 부채는 공정가치에 따라 평가하는 것이 원칙이나 여기에는 경영자의 판단이나 추정에 의해 영향을 받고 있고 또는 일회성요인의 영향으로 지속가능한 기업의 경영상황을 파악할 수 없는 경우가 많기 때문이다. 따라서 최근에는 재무정보를 보는 순서도 '포괄손익계산서 → 재무상태표 → 현금흐름표'에서 '현금흐름표 → 재무상태표 → 포괄손익계산서'로 변하고 있다. 현금흐름표를 모르면 21세기 정보지식사회에서 미아로 전락할 가능성이 높아진다.

현금흐름표는 재무제표 중에서 가장 중요하며 재무상태표나 포괄손익계산서보다 더 유용한 재무정보이다. 특히 현금흐름을 분석하는 사람들에게는 현금흐름표를 먼저 공부하는 것이 필요조건이다. 기업이 생산하여 공시하는 현금흐름표를 분석하기 위해서는 현금흐름표의 작성과정을 이해하는 것이 중요하기 때문이다.

현금흐름표는 어렵지 않다. 재무상태표나 포괄손익계산서에 대한 이해가 가능한 사람들은 쉽게 학습할 수 있다. '현금흐름표를 알면 성공이 보인다'는 재무제표의 하나인 현금흐름표를 생산하는 기업의 회계담당자뿐만 아니라 채권자나 투자자, 기업 내부에서 기업 관련 의사결정을 하는 사람 등 재무정보이용자들을 위한 현금흐름 지침서이다. 현금흐름표를 처음 공부하는 사람부터 현금흐름표를 깊이 있게 학습하고자 하는 분들이 쉽게 이해할 수 있도록 이론과 실무 사례를 결합시켜 만든 차별화된 책이다. '현금흐름표를 알면 성공이 보인다'는 독자들이 현금흐름표의 생산과정을 충분히 이해할 수 있도록 하고 있고 각각의 계정과목들이 현금흐름에 미치는 영향을 보여주고 있다. 필요한 부분마다 현금흐름의 산출을 위한 다양한 사례와 보충설명을 추가하였으며, 현금흐름과 관련된 회계처리를 보여줌으로써 독자들의 이해를 돕도록 하고 있다. 또한 다양한 문제를 수록하여 내용의 이해를 돕고, 연습이나 복습에 활용할 수 있게 하였다. 특히 이 책은 온라인 강의인 기업분석사관학교에서 강의교재로 사용하여 직접 강의하고 있음을 알려드린다.

본 교재의 구성상 특징은 다음과 같다.

- **주요 핵심이슈** : 각 장마다 기억해야 할 핵심이슈를 간략하게 정리하여 독자들이 장별로 중요한 내용이 무엇인지 쉽게 파악할 수 있게 하였다.
- **현금유출이나 유입 관련 계정과목의 회계처리 및 현금흐름 영향 표시** : 각각의 현금유입이나 현금유출에서 현금흐름 관련 계정과목이 무엇이며 계정과목들이 현금흐름에 미치는 영향을 보여주어 독자들의 이해를 돕도록 했다.
- **K-IFRS와 일반기업회계기준의 차이** : K-IFRS와 일반기업회계기준의 차이를 비교표 형식으로 정리하여 현금흐름표를 생산하는 사람들이나 재무정보이용자들의 요구에 부합하도록 노력했다.
- **영업활동창출현금흐름 구성요소의 차별화된 분류** : 영업활동현금흐름을 구성하는 다양한 사례와 보충설명을 통해 직접법과 간접법의 특징 및 차이점을 보여주고 있다. 특히 간접법에서 당기순이익에 대한 조정항목을 포괄손익계산서 조정항목과 재무상태표 조정항목으로 구분하고 추가적으로 세분화하는 차별화된 새로운 기법을 보여주고 있다.
- **시험문제 다양화 통한 학습** : 250여개의 시험문제를 다양하게 출제하여 현금흐름표의 핵심이슈를 보면서 공부할 수 있도록 하고 있다.

본 교재 구매자들은 리스크컨설팅코리아 홈페이지(http://www.riskconsulting.co.kr)에서 시험문제를 별도로 다운로드 받아 활용할 수 있다.

본 교재를 집필하면서 많은 도움을 주신 한길회계법인의 최지광 대표님과 리스크컨설팅코리아의 이석원 이사님, 김정은 팀장님, 주성희 팀장님, 그리고 기타 편집 관계자에게 감사를 드린다.

본 교재가 현금흐름표를 공부하는 사람들 모두에게 도움이 되기를 희망하며, 앞으로도 보다 충실한 교재를 만들기 위해 계속 노력할 것을 약속한다.

가톨릭대학교 경영학부 교수 김종일
이화여자대학교 경영대학 교수 한종수
리스크컨설팅코리아 대표 이정조

차례

제1장 현금흐름표의 의의와 중요성 — 1

   1. 현금흐름표시대 도래 — 2
   2. 현금흐름표의 의의 — 4
   3. 현금흐름표의 재무제표 본문 표시 — 5
   4. 현금흐름표의 주요 회계 이슈 — 7
   5. 학습정리 – 기억해야 할 핵심 이슈 — 8

제2장 현금및현금성자산의 구성 — 9

   1. 현금 — 10
   2. 현금및현금성자산과 구성요소 — 10
   3. 현금및현금성자산의 표시 — 11
   4. 학습정리 – 기억해야 할 핵심 이슈 — 12

제3장 경영활동 구분과 현금흐름표 표시 — 13

   1. 경영활동 구분과 현금흐름표 — 14
   2. 영업활동 구분과 영업활동으로 인한 현금흐름 — 16
   3. 투자활동 구분과 투자활동으로 인한 현금흐름 — 18
   4. 재무활동 구분과 재무활동으로 인한 현금흐름 — 19
   5. 기업경영활동과 현금흐름 순환 — 20
   6. 활동구분과 현금흐름표 표시에서 주의해야 할 항목 — 21
      6.1. 이자의 수취 및 지급과 배당금수취 — 21
      6.2. 배당금지급 — 22
      6.3. 법인세납부 — 22
      6.4. 단기매매목적 금융자산 — 23
      6.5. 종속기업과 기타 사업에 대한 소유지분의 변동 — 24

6.6. 현금및현금성자산의 환율변동효과	25
7. 학습정리 – 기억해야 할 핵심 이슈	26

제4장 현금흐름표의 작성   27

1. 현금주의 회계와 발생주의 회계	28
1.1. 개념	28
1.2. 사례	28
2. 현금거래와 비현금거래	30
2.1. 개념	30
2.2. 재무상태표 비현금거래	31
2.3. 포괄손익계산서 비현금거래	32
3. 현금흐름표 작성을 위한 기초자료	33
4. 재무상태표 항목 변화 및 포괄손익계산서 항목 발생의 현금흐름 영향	34
5. 재무상태표와 포괄손익계산서, 현금흐름표의 관계	35
5.1. 포괄손익계산서 및 현금흐름표, 재무상태표의 관계	35
5.2. 재무상태표 및 포괄손익계산서, 현금흐름표의 관계	36
6. 현금흐름표 작성원리	36
6.1. 기본원리	36
6.2. 재무상태표와 현금흐름표의 관계	37
6.3. 포괄손익계산서와 현금흐름표의 관계	38
6.4. 현금흐름표 작성방법	40
7. 학습정리 – 기억해야 할 핵심 이슈	42

제5장 영업활동으로 인한 현금흐름 작성방법(직접법)   43

1. 영업활동으로 인한 현금흐름 작성방법	44

2. 영업활동에서 창출된 현금흐름(직접법)   47
   2.1. 매출로부터의 현금유입   47
   2.2. 매출원가로부터의 현금유출   59
   2.3. 판매비와관리비로부터의 현금유출   69
   2.4. 기타-단기매매(FVPL)금융자산의 취득과 처분으로부터의 현금흐름   79
   2.5. 영업활동에서 창출된 현금흐름   82

3. 별도표시 항목으로부터의 현금흐름   82
   3.1. 이자수익으로부터의 현금유입(이자수취)   82
   3.2. 배당금수익으로부터의 현금유입(배당금수취)   90
   3.3. 이자비용으로부터의 현금유출(이자지급)   92
   3.4. 법인세비용으로부터의 현금유출(법인세납부)   101

4. 영업활동으로 인한 현금흐름   106
5. 직접법에 의한 영업활동으로 인한 현금흐름 표시   106
6. 학습정리 – 기억해야 할 핵심 이슈   114

제5-1장 영업활동으로 인한 현금흐름 작성방법(간접법)   115

1. 영업활동에서 창출된 현금흐름   119
   1.1. 포괄손익계산서 조정항목   119
     1.1.1. 별도표시로 인한 손익 조정   120
     1.1.2. 현금유출입이 없는 비현금손익 조정   123
     1.1.3. 투자활동 및 재무활동 차손익 조정   127
   1.2. 영업활동 관련 재무상태표 조정항목   129
     1.2.1. 주요 수익창출활동인 영업활동자산 및 부채의 변동   130
     1.2.2. 기타 투자활동 및 재무활동 관련 자산 및 부채의 변동   132
   1.3. 영업활동에서 창출된 현금흐름   134

2. 별도표시 항목   134

2.1. 이자수취액	134
2.2. 배당금수취액	135
2.3. 이자지급액	135
2.4. 법인세납부액	136
3. 영업활동으로 인한 현금흐름	**138**
4. 간접법에 의한 영업활동으로 인한 현금흐름 표시	**138**
5. 직접법과 간접법 영업활동으로 인한 현금흐름의 비교	**146**
5.1. 활동범위 보고 차이	146
5.2. 조정과정 보고차이	147
5.3. 작성방법 차이	148
5.4. 직접법 장점	148
5.5. 간접법 장점	148
6. 학습정리 – 기억해야 할 핵심 이슈	**156**

제6장 투자활동으로 인한 현금흐름 작성방법 — 157

1. 유·무형자산(상각자산) 관련 현금흐름	**160**
1.1. 유형자산의 취득과 처분으로 인한 현금흐름	160
1.1.1. 유형자산 처분으로 인한 현금유입액	162
1.1.2. 유형자산 취득으로 인한 현금유출액	164
1.1.3. 건설중인자산의 취득	170
1.1.4. 건설중인자산의 취득으로 인한 현금유출액	172
1.2. 무형자산의 취득과 처분으로 인한 현금흐름	174
1.2.1. 무형자산 처분으로 인한 현금유입액	176
1.2.2. 무형자산 취득으로 인한 현금유출액	177
2. 금융자산 관련 현금흐름	**180**
2.1. FVPL금융자산 취득과 처분	182

2.1.1. FVPL금융자산 처분으로 인한 현금유입액	183
2.1.2. FVPL금융자산 취득으로 인한 현금유출액	184
2.2. FVOCI금융자산 취득과 처분	**186**
2.2.1. FVOCI금융자산 처분으로 인한 현금유입액	189
2.2.2. FVOCI금융자산 취득으로 인한 현금유출액	189
2.3. AC금융자산(만기보유금융자산) 취득과 처분	**198**
2.3.1. 만기보유금융자산 처분으로 인한 현금유입액	200
2.3.2. 만기보유금융자산 취득으로 인한 현금유출액	201
3. 특수관계기업 관련 현금흐름	**203**
3.1. 관계기업투자주식의 취득과 처분	**203**
3.1.1. 관계기업투자주식 처분으로 인한 현금유입액	206
3.1.2. 관계기업투자주식 취득으로 인한 현금유출액	207
3.2. 종속기업과 기타 사업에 대한 지배력 획득 또는 상실	**209**
3.2.1. 종속기업과 기타 사업의 지배력 상실로 인한 현금유입액	211
3.2.2. 종속기업과 기타 사업의 지배력 획득으로 인한 현금유출액	212
4. 기타현금흐름	**215**
4.1. 미수금 회수와 미지급금 지급	**215**
4.1.1. 미수금 회수로 인한 현금유입액	217
4.1.2. 미지급금 지급으로 인한 현금유출액	219
4.2. 임차보증금으로 인한 현금흐름	**221**
4.2.1. 임차보증금 회수로 인한 현금유입액	222
4.2.2. 임차보증금 지급으로 인한 현금유출액	222
4.3. 장·단기대여금으로 인한 현금흐름	**224**
4.3.1. 장·단기대여금 회수로 인한 현금유입액	225
4.3.2. 장·단기대여금 지급으로 인한 현금유출액	226
4.4. 개발비로 인한 현금흐름	**228**

4.4.1. 개발비의 지출로 인한 현금유출액	229
5. 투자활동으로 인한 현금흐름	**232**
6. 학습정리 – 기억해야 할 핵심 이슈	**234**

제7장 재무활동으로 인한 현금흐름 작성방법   235

1. 직접금융 자금조달·상환	238
1.1. 사채의 발행과 상환	238
1.1.1. 사채 발행으로 인한 현금유입액	239
1.1.2. 사채 상환으로 인한 현금유출액	240
1.2. 전환사채의 발행과 상환 및 전환	243
1.2.1. 전환사채 발행으로 인한 현금유입액	245
1.2.2. 전환사채 상환으로 인한 현금유출액	246
1.3. 주식의 발행과 소각	249
1.3.1. 주식발행으로 인한 현금유입액	251
1.3.2. 주식소각(유상)으로 인한 현금유출액	252
2. 간접금융 자금조달·상환	254
2.1. 단기차입금과 장기차입금 조달과 상환	254
2.1.1. 단기 및 장기차입금의 조달로 인한 현금유입액	256
2.1.2. 단기 및 장기차입금의 상환으로 인한 현금유출액	257
2.1.3. 유동성장기차입금의 상환으로 인한 현금유출액	258
3. 기타현금흐름	264
3.1. 배당금지급	264
3.1.1. 배당금지급으로 인한 현금유출액	264
3.2. 주식기준보상	266
3.2.1. 주식결제형 주식기준보상거래로 인한 현금유입액	268
3.2.2. 현금결제형 주식기준보상거래로부터의 현금유출액	271

3.3. 지배력을 상실하지 않는 종속기업투자주식 취득과 처분 ... 274

    3.3.1. 종속기업투자주식 처분으로 인한 현금유입액 ... 276

    3.3.2. 종속기업투자주식 취득으로 인한 현금유출액 ... 277

3.4. 자기주식 취득과 처분 ... 279

    3.4.1. 자기주식 처분으로 인한 현금유입액 ... 281

    3.4.2. 자기주식 취득으로 인한 현금유출액 ... 282

4. 재무활동으로 인한 현금흐름 ... 285

5. 학습정리 – 기억해야 할 핵심 이슈 ... 290

제8장 간접법 영업활동으로 인한 현금흐름에서 주의해야 할 항목 ... 291

1. 대손상각비 조정방법 ... 293

2. 대손충당금환입 조정방법 ... 294

3. 외화환산손실과 외화환산이익 ... 295

4. 단기매매(FVPL)금융자산평가손익 조정방법 ... 298

    4.1. 단기매매금융자산평가손실 표시방법 ... 298

    4.2. 단기매매금융자산평가이익 표시방법 ... 299

5. 재고자산평가손익 조정표시 방법 ... 299

    5.1. 재고자산평가손실 표시방법 ... 300

    5.2. 재고자산평가충당금환입 표시방법 ... 300

    5.3. 재고자산감모손실 ... 300

6. 충당부채비용 조정방법 ... 301

7. 채무면제이익 조정방법 ... 302

제9장 현금의 유입과 유출이 없는 비현금거래 유형 ... 303

1. 투자활동과 재무활동 관련 비현금거래 유형 ... 305

1.1. 투자활동 관련 비현금거래	305
1.2. 재무활동 관련 비현금거래	306
1.3. 투자활동과 재무활동 관련 비현금거래	307
2. 영업활동 관련 비현금거래 유형	**308**
2.1. 초과청구공사 관련 비현금거래	308
2.2. 이연부채(마일리지 적용기업) 관련 비현금거래	308
2.3. 대손충당금 설정된 매출채권 회수불능 확정	308
3. 비현금거래의 주석공시 사례	**309**

제10장 현금흐름표 주석공시   311

1. 현금흐름표의 주석공시	**312**
1.1. 현금및현금성자산 구성요소 주석공시	312
1.2. 현금의 유입과 유출이 없는 중요 비현금거래 주석공시	313
1.3. 종속기업과 기타 사업에 대한 소유지분의 변동 주석공시	313
1.4. 직접법 사용 시 간접법 당기순이익의 조정내용	314
1.5. 재무활동에서 발생하는 부채의 조정내용 주석공시	314
1.6. 추가정보 주석공시	315

제11장 K-IFRS와 일반기업회계기준 비교   317

1. 영업활동으로 인한 현금흐름에서 법인세비용, 이자비용, 이자수익, 배당수익의 당기순이익 조정항목 표시	**318**
2. 당기순이익 조정항목 중 현금유출이 없는 비용이나 차손, 현금유입이 없는 수익이나 차익항목의 구분 표시	**319**
3. 이자수익과 이자비용 관련 비현금항목의 구분 표시	**319**
4. 이자 및 배당금수취 관련 현금흐름 별도 구분 표시	**321**

5. 이자지급 관련 현금흐름 별도 구분 표시	321
6. 법인세납부 관련 현금흐름 별도 구분 표시	322
7. 차입원가 관련 현금흐름 표시	323
8. 매출채권의 매각 영업활동 표시	324
9. 단기매매금융자산의 영업활동 표시	325
10. 종속기업과 기타 사업부문의 취득과 처분 별도 표시	325
11. 파생상품계약에 따른 현금흐름	326
12. 미지급금 지급의 활동 구분	327
13. 외화현금및현금성자산의 환율변동효과 별도 구분 표시	327
14. 주석 공시사항	328

찾아보기   **330**

제1장

현금흐름표의 의의와 중요성

1장 현금흐름표의 의의와 중요성

1. 현금흐름표시대 도래

- 현금흐름표는 재무상태표, 포괄손익계산서와 함께 기업의 재무상황과 경영성과를 파악할 수 있는 주요 재무제표이다.
- 최근에는 기업과 관련된 재무정보이용자들의 모든 의사결정이 현금흐름표에서 시작되고 있다. 재무제표를 보는 순서도 바뀌고 있다. 과거에는 대부분의 재무정보이용자들이 〈포괄손익계산서 → 재무상태표 → 현금흐름표〉 순서로 살펴봤다면 이제는 정반대인 〈현금흐름표 → 재무상태표 → 포괄손익계산서〉 순서로 보고 있다. 현금흐름표가 의사결정 재무정보 1순위가 된 것이다.
- 포괄손익계산서와 재무상태표가 의사결정지표로서의 신뢰성이 떨어졌기 때문이다. 반면 현금흐름표는 실제 기업이 벌어들이거나 사용한 현금을 표시하기 때문에 신뢰성이 높다는 평가를 받고 있다.
- 현금흐름표는 재무상태표나 포괄손익계산서와 달리 조작할 수 없는 재무제표이다. 또한 자금사정이 악화되어 부실화되는 기업, 특히 이익창출능력이 양호한 기업이 갑자기 도산하는 흑자도산기업도 조기에 파악할 수 있는 정보를 제공한다.

> **사례** 조작할 수 없는 재무제표 - 현금흐름표
>
> - "회계조작할 수 없는 투자지표를 찾아라." 회계 담당자들이 숫자를 조작하기 힘든 현금흐름표의 활용도가 높아지기 시작하고 있다. 미국의 분식회계 파문이 전세계를 강타하면서 진정한 '기업가치'에 대한 관심이 높아지고 있다.

- 그 동안 핵심 투자잣대로 사용되던 이익지표인 EBITDA(이자·세금·감가상각전이익)가 최근 비용조작을 통한 분식회계로 신뢰도가 떨어진데 따른 것이다. 그 동안 EBITDA는 기업가치 평가 기준의 '바이블'이었으며 영업을 통해 벌어들이는 기업가치를 가장 정확하게 평가할 수 있다고 인식되어 왔다.
    ① 그러나 포괄손익계산서나 재무상태표는 경영자의 추정이나 판단이 개입되어 숫자가 달라질 수 있다.
    ② 계속되고 있는 다양한 분식회계로 EBITDA도 달라질 수 있다.
    ③ 또 다른 이유 중 하나는 합법적 분식회계인 회계변경(회계기준, 회계추정) 때문이다.
- 따라서 의사결정자 입장에서는 포괄손익계산서만 보고 판단하기 어려워졌다. 이에 따라 미국의 기업들은 EBITDA보다 현금흐름을 중요한 지표로 활용하기 시작하고 있다.
- 특히 현금흐름은 조작할 수 없는 지표여서 회계변경과 분식회계 이슈가 증가하고 있는 요즘 아주 유용한 지표로 부각되고 있다.

(※출처: 한국경제)

사례 │ 흑자도산 우려되면 현금흐름 챙겨야

- 기업이 영업실적이 좋고 재무상으로도 문제가 없지만 갑자기 자금조달이 안돼 부도가 나는 것을 흑자도산이라 한다. 주로 단기부채를 변제하기에 충분한 현금을 확보하지 못해 일어나는 현상이다. 잘 나가던 기업이 하루아침에 부도위기에 직면하는 경우가 종종 있다. 장사는 잘되는데 일시적 자금순환에 문제가 생기면서 위기에 처하는 경우다.
- 이때 중요하게 여겨지는 것이 현금흐름표다. 일반적으로 회계상의 순이익과 현금흐름 표시 금액은 일치하지 않는다. 회계상 이익이 많이 나도 자금이 부족하면 당장 경영에 어려움을 겪을 수 있다. 현금흐름표는 거래가 발생하는 시점에서 반영되는 재무상태표나 손익계산서와는 달리 실제로 현금이 오고 가는 시점에서 기록이 돼 기업의 실제 현금흐름을 파악할 수 있다.
- 납품시기와 대금결제 시기가 달라 장부상으로 이익이 났지만 실제로는 이익이 없는 경우 등을 보완하기 위한 지표로, 기업의 실질적인 유동성을 들여다 볼 수 있는 좋은 잣대가 현금흐름이다.

(※출처: 글로벌이코노믹)

- 따라서 재무제표 작성자는 물론 재무정보이용자들도 현금흐름표의 작성과정을 정확히 알아야 의사결정에서 성공하고 실패하지 않는다.

2. 현금흐름표의 의의

- 현금흐름표는 일정 회계기간 동안 기업의 모든 현금흐름을 나타내는 재무제표로서 채권자, 투자자나 경영자 등 재무제표이용자에게 현금및현금성자산의 창출능력(현금유입)과 사용용도 (현금유출)에 대한 정보를 제공하는 재무제표이다.
- 현금흐름표는 발생기준에 기초하여 작성된 재무상태표나 포괄손익계산서와는 달리 현금기준을 사용하여 작성하는 재무제표이다.
- 현금흐름표는 특정 회계기간 동안 발생한 기업의 현금흐름을 영업활동으로 인한 현금흐름, 투자활동으로 인한 현금흐름, 재무활동으로 인한 현금흐름으로 구분 표시하여 현금및현금성 자산의 역사적 변동에 관한 정보를 제공한다.
- 모든 기업은 K-IFRS 제1007호 '현금흐름표'나 일반기업회계기준 제2장 '재무제표의 작성과 표시 I'에 따라 현금흐름표를 작성하여 공시해야 한다.

> **사례**
>
> **현금흐름표는 성과평가 나침반**
>
> - 한국은행에서 발표한 '2X02년 제조업 현금흐름 분석' 보고서에 따르면 지난해 2X02년 중 제조업의 현금흐름(업체당 평균)에서 '영업활동 현금유입'은 2X01년 124억원에서 2X02년 116억원으로 감소했다. 지난해 당기순이익이 줄어든 탓이다.
> - '투자활동 현금유출'은 같은 기간 139억원에서 142억원으로 늘어 전년보다 1.9% 늘었다. 투자자산(25억→33억원)과 부동산·기계장비 등 유형자산(100억원→106억원)이 늘었기 때문이다. 한은 관계자는 "제조업의 사정이 나빠지기는 했으나 투자활동 현금유출이 늘어난 것은 미래를 대비한 투자가 늘었다는 긍정적 표시"라고 설명했다.
> - 그러나 영업활동으로 인한 현금흐름이 줄어드는 가운데 투자활동 현금유출이 늘어난 탓에 차입금 및 회사채 발생 등 '재무활동 현금유입'은 12억6000만원에서 31억8000만원으로 전년 대비 152.7% 증가했다.

3. 현금흐름표의 재무제표 본문 표시

- 현금흐름표는 회계기간 동안 발생한 현금흐름을 영업활동, 투자활동, 재무활동으로 구분하여 표시하고 이에 기초의 현금및현금성자산과 외화표시 현금및현금성자산의 변동효과를 반영하여 기말의 현금및현금성자산을 산출한다.
- K-IFRS 제1007호 '현금흐름표'에서는 구체적인 현금흐름표 양식을 예시하고 있지 않다. 현재 기업들이 일반적으로 작성하고 있는 현금흐름표 양식은 다음과 같다.

〈 현금흐름표 〉

영업활동으로 인한 현금흐름(직접법 또는 간접법)	×××
투자활동으로 인한 현금흐름	×××
재무활동으로 인한 현금흐름	×××
현금및현금성자산의 증가(감소)	×××
기초의 현금및현금성자산	×××
외화표시 현금및현금성자산의 환율변동효과	×××
기말의 현금및현금성자산	×××

- 영업활동으로 인한 현금흐름은 총현금유입과 총현금유출을 주요 항목별로 구분하여 표시하는 직접법과 당기순이익에 당기순이익 조정항목, 즉 포괄손익계산서 조정항목과 재무상태표 조정항목(영업활동으로 인한 자산 또는 부채의 변동)을 가감하여 표시하는 간접법이 있는데, 기업은 두 가지 방법 중 하나의 방법을 선택 적용하여 작성보고해야 한다. 그러나 K-IFRS 제1007호 '현금흐름표'에서는 직접법을 사용할 것을 권장하고 있다.
- 특히 다음 현금흐름표에서 보는 바와 같이 일반적으로 이자의 수취 및 지급에 따른 현금흐름과 배당금수취 관련 현금흐름, 법인세납부 관련 현금흐름은 영업활동으로 인한 현금흐름에서 별도로 구분표시한다.
- 그러나 투자활동으로 인한 현금흐름과 재무활동으로 인한 현금흐름의 표시방법은 직접법과 간접법이 동일하다.
- 현금및현금성자산의 환율변동효과는 영업활동으로 인한 현금흐름, 투자활동 및 재무활동으로 인한 현금흐름과 별도로 구분하여 표시한다.

• 현금흐름표 본문 사례를 예시하면 다음과 같다.

〈 현금흐름표 〉

2X01. 1. 1부터 2X01. 12. 31까지 (단위: 백만원)

직접법에 의한 현금흐름표			간접법에 의한 현금흐름표		
I. 영업활동으로 인한 현금흐름		1,780	I. 영업활동으로 인한 현금흐름		1,780
1. 매출로부터의 현금유입		30,150	1. 당기순이익		2,630
2. 매출원가로부터의 현금유출		(26,450)	2. 조정:		3,020
{ 매입으로부터의 현금유출			법인세비용	0	
종업원에 대한 현금유출			이자수익	(500)	
기타비용 현금유출 }			배당금수익	0	
3. 판매비와관리비로부터의 현금유출		(1,150)	이자비용	400	
			감가상각비	450	
			외화환산손실	40	
			…	…	
			3. 영업활동자산및부채의 변동		(470)
			매출채권의 감소(증가)	(500)	
			재고자산의 감소(증가)	270	
			매입채무의 증가(감소)	(240)	
			…	…	
4. 영업활동에서 창출된 현금흐름		2,550	4. 영업활동에서 창출된 현금흐름		2,550
5. 이자수취		400	5. 이자수취		400
6. 배당금수취		0	6. 배당금수취		0
7. 이자지급		(270)	7. 이자지급		(270)
8. 법인세의 납부		(900)	8. 법인세의 납부		(900)
II. 투자활동으로 인한 현금흐름		(880)	II. 투자활동으로 인한 현금흐름		(880)
1. 투자활동으로 인한 현금유입액		20	1. 투자활동으로 인한 현금유입액		20
종속기업A의 처분	0		종속기업의 처분	0	
설비의 처분	20		설비의 처분	20	
…	…		…	…	
2. 투자활동으로 인한 현금유출액		(900)	2. 투자활동으로 인한 현금유출액		(900)
관계기업B의 취득	550		관계기업의 취득	550	
유형자산의 취득	350		유형자산의 취득	350	
III. 재무활동으로 인한 현금흐름		(790)	III. 재무활동으로 인한 현금흐름		(790)
1. 재무활동으로 인한 현금유입액		500	1. 재무활동으로 인한 현금유입액		500
유상증자	250		유상증자	250	
장기차입금	250		장기차입금	250	
…	…		…	…	
2. 재무활동으로 인한 현금유출액		(1,290)	2. 재무활동으로 인한 현금유출액		(1,290)
금융리스부채의 지급	90		금융리스부채의 지급	90	
배당금지급	1,200		배당금지급	1,200	
			…	…	
IV. 현금및현금성자산의 증가		110	IV. 현금및현금성자산의 증가		110
V. 기초의 현금및현금성자산		120	V. 기초의 현금및현금성자산		120
VI. 현금및현금성자산의 환율변동효과		0	VI. 현금및현금성자산의환율변동효과		0
VII. 기말의 현금및현금성자산		230	VII. 기말의 현금및현금성자산		230

4. 현금흐름표의 주요 회계 이슈

- 현금흐름표는 현금거래만으로 작성해야 하기 때문에 당기 중 발생한 재무상태표나 포괄손익계산서에 영향을 미치는 거래를 현금유출입이 있는 현금거래와 현금유출입이 없는 비현금거래로 구분하여야 한다. – 현금거래 구분
- 현금흐름표에서 가장 중요한 이슈는 현금흐름을 활동별로 구분하는 것이다. 당기 중에 발생된 현금거래가 영업활동, 투자활동, 재무활동 중 어떤 활동에 해당하는지 결정하고 구분하여 재무정보이용자가 기업의 미래 현금흐름을 예측할 수 있도록 활동별로 각각 표시하는 것이다. – 현금흐름의 활동별 구분
- 현금흐름표는 영업활동으로 인한 현금흐름을 보고할 때 작성방법에 따라 직접법과 간접법 중 하나를 선택해서 작성하도록 하고 있다. – 영업활동으로 인한 현금흐름 구분

> (1) 직접법은 발생주의를 기초로 작성된 포괄손익계산서를 현금기준에 근거한 포괄손익계산서로 수정한 것이다. 따라서 영업활동으로 인한 현금흐름을 산출할 때는 포괄손익계산서 항목 중 영업활동과 관련된 수익과 비용을 구분하고 각각의 수익과 비용항목이 재무상태표의 어떤 자산이나 부채와 관련되어 있는지를 파악하는 것이 중요한 이슈이다. –직접법
>
> (2) 간접법은 발생주의에 근거한 당기순이익을 현금주의에 근거한 당기순이익으로 수정하는 과정을 보여주는 방법이다. 따라서 간접법으로 영업활동으로 인한 현금흐름을 산출할 때는 포괄손익계산서의 당기순이익과 현금흐름표에서의 영업활동으로 인한 현금흐름을 다르게 만드는 원인을 이해하는 것이 중요한 이슈이다. –간접법

- 현금흐름표는 K-IFRS 적용기업이 작성하는 현금흐름표와 일반기업회계기준을 적용하는 기업이 작성하는 현금흐름표가 다르다.

5. 학습정리 – 기억해야 할 핵심 이슈

☞ 현금흐름표가 재무정보이용자에게 제공하는 특별한 정보가 무엇인지 알아야 한다.

☞ 현금흐름표가 재무상태표나 포괄손익계산서와 어떻게 다른지 알아야 한다.

☞ 현금흐름표 본문의 일반적 표시방법을 알아야 한다.

☞ 현금흐름표의 주요 회계 이슈 4가지가 무엇인지 알아야 한다.

재무제표를 보는 순서가 바뀌고 있다.

| 포괄손익계산서 → 재무상태표 → 현금흐름표 | ≫ | 현금흐름표 → 재무상태표 → 포괄손익계산서 |

제2장
현금및현금성자산의 구성

2장 현금및현금성자산의 구성

1. 현금

- 현금흐름표를 작성할 때 사용하는 기준인 현금은 현금및현금성자산을 말한다.[1]
- 현금은 보유현금과 요구불예금을 말한다. 요구불예금이란 언제든지 인출가능한 예금으로 보통예금이 그 예이다.

2. 현금및현금성자산과 구성요소

- 현금성자산이란 투자나 다른 목적이 아닌 단기의 현금수요를 충족하기 위한 목적으로 보유하는 자산으로 (1) 유동성이 매우 높은 단기 투자자산으로서 (2) 확정된 금액의 현금으로 전환이 용이하고 (3) 가치변동의 위험이 중요하지 않은 자산을 말한다.
- 투자자산도 경우에 따라서는 현금성자산으로 구분할 수 있는데 투자자산이 현금성자산으로 분류되기 위해서는 (1) 확정된 금액의 현금으로 전환이 용이하고 (2) 가치변동의 위험이 중요하지 않아야 한다. 따라서 투자자산이 현금성자산으로 분류되기 위해서는 취득 당시부터 일반적으로 만기일이 단기에 도래하는 경우(예를 들어, 취득일로부터 만기일이 3개월 이내인 경

---

[1] 당좌차월은 은행과의 약정에 따라 별도의 절차없이 기업이 은행으로부터 차입할 수 있는 금액이다. 일반적으로 당좌차월은 재무활동의 일부로 분류한다. 그러나 일부 국가의 경우 금융회사의 요구에 따라 즉시 상환하여야 하는 당좌차월은 기업의 현금관리 일부를 구성하므로 현금및현금성자산의 구성요소에 포함하기도 한다. 우리나라와 같이 은행 차입을 일반적으로 재무활동으로 간주하는 국가에서는 당좌차월도 은행차입과 같이 재무활동으로 표시하는 것이 바람직하다.

우)에만 현금성자산으로 분류된다.
- 지분상품은 현금성자산에서 제외한다. 다만, 상환일이 정해져 있고 취득일로부터 상환일까지의 기간이 단기인 상환우선주와 같이 실질적인 현금성자산인 경우에는 예외로 한다.
- 현금및현금성자산을 구성하는 항목 간의 이동은 현금흐름에서 제외한다. 현금및현금성자산을 구성하는 항목 간 이동은 영업활동, 투자활동 및 재무활동의 일부가 아니라 현금관리에서 잉여현금을 현금성자산에 투자하는 일부분일 뿐이다.
- 따라서 현금및현금성자산의 구성요소에 대한 정보는 현금흐름표의 본문이 아니라 주석에 별도로 표시한다.
- 현금및현금성자산의 구성요소 관련 주석공시 사례를 예시하면 다음과 같다.

| 현금및현금성자산 관련 주석공시 예 |

(단위: 천원)

구분	당기말	전기말
현금	9,985	6,974
보통예금	70,006	212,056
정기예금	740,639	700,751
환매조건부채권(RP)	159,729	40,265
합계	980,359	960,046

3. 현금및현금성자산의 표시

- 현금흐름표에서 현금및현금성자산은 현금및현금성자산의 증감, 기초의 현금및현금성자산, 현금및현금성자산의 환율변동효과, 기말의 현금및현금성자산으로 별도 구분해서 보여준다.
- 현금및현금성자산의 환율변동효과는 미실현손익으로 현금흐름이 아니다. 그러나 기초와 기말의 현금및현금성자산을 조정하기 위해 현금흐름표에 보고하되 영업활동, 투자활동, 재무활동과 별도로 표시하고 현금흐름표상의 현금및현금성자산 변동금액과 재무상태표에 보고된 현금및현금성자산 변동금액의 차이에 대한 정보를 알려준다.

〈 현금흐름표 〉	
1. 영업활동으로 인한 현금흐름	×××
2. 투자활동으로 인한 현금흐름	×××
3. 재무활동으로 인한 현금흐름	×××
4. 현금및현금성자산 증감	×××
5. 기초의 현금및현금성자산	×××
6. 현금및현금성자산 환율변동효과	×××
7. 기말의 현금및현금성자산	×××

4. 학습정리 – 기억해야 할 핵심이슈

☞ 현금흐름표를 작성할 때 사용하는 기준인 현금이 무엇인지 알아야 한다.

☞ 현금및현금성자산의 구성요소를 파악해야 한다.

☞ 현금흐름표에서 현금및현금성자산의 표시방법을 알아야 한다.

☞ 현금및현금성자산 환율변동효과의 본문 표시방법과 정보의 의미를 알아야 한다.

Sales are good! Profits are better! Cash is the best!

Profit is an opinion. Cash is a fact!

제3장

경영활동 구분과 현금흐름표 표시

3장 경영활동 구분과 현금흐름표 표시

1. 경영활동 구분과 현금흐름표

- 현금흐름표는 다음에서 보는 바와 같이 재무상태표나 포괄손익계산서에 영향을 미친 당기 중에 발생한 거래 중 현금유입이나 현금유출이 있는 현금거래만을 대상으로 활동별로 구분, 즉 영업활동, 투자활동 및 재무활동으로 분류하여 작성·보고하는 재무제표이다.

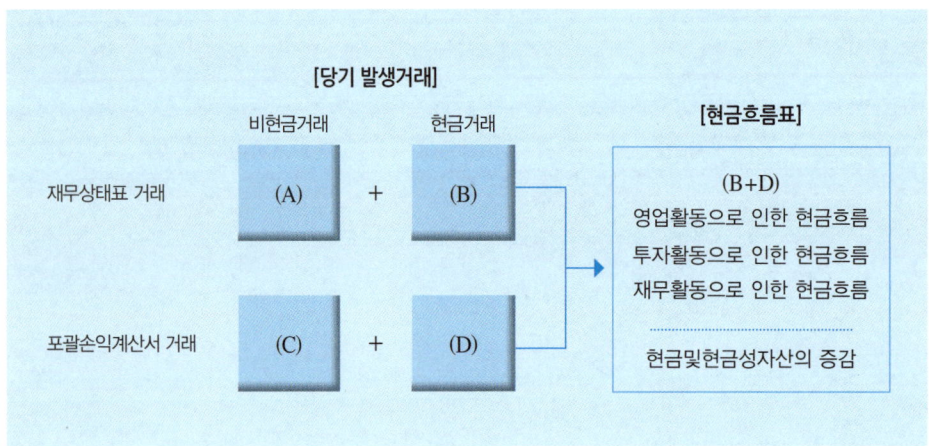

- 현금흐름표는 다음과 같이 특정 회계기간 동안 발생한 모든 현금흐름을 영업활동으로 인한 현금흐름, 투자활동으로 인한 현금흐름, 재무활동으로 인한 현금흐름으로 구분하여 각각의 활동에서 현금및현금성자산이 증가 또는 감소한 영향을 표시하여 보고한다. 즉, 회계기간 동안 발생한 모든 현금거래는 영업활동, 투자활동, 재무활동 중 하나로 분류하여야 한다.

⟨ 현금흐름표 ⟩

(1) 영업활동으로 인한 현금흐름 : (+) (−)	×××
(2) 투자활동으로 인한 현금흐름 : (+) (−)	×××
(3) 재무활동으로 인한 현금흐름 : (+) (−)	×××
= 현금및현금성자산의 증감	×××
+ 기초의 현금및현금성자산	×××
± 현금및현금성자산 환율변동효과	×××
= 기말의 현금및현금성자산	×××

- 재무상태표에 영향을 미친 현금유출이나 현금유입을 활동별로 구분하면 다음과 같다.

> (1) 영업활동으로 인한 현금흐름은 기업의 주요 수익창출 활동과 재무활동이나 투자활동으로 구분되지 않는 기타투자및재무활동으로 주로 운전자본인 유동자산 및 유동부채와 관련이 있다.
> (2) 투자활동으로 인한 현금흐름은 기업의 미래 수익창출을 위한 투자와 관련된 것으로 재무상태표에 자산으로 인식된 유형자산 등 투자와 관련된 비유동자산과 관련이 있다.
> (3) 재무활동으로 인한 현금흐름은 기업의 재무구조와 관련된 장기자금조달을 의미하는 비유동부채 및 자본 그리고 유동부채 중 이자를 지급하는 부분과 관련이 있다.

| 재무상태표 |

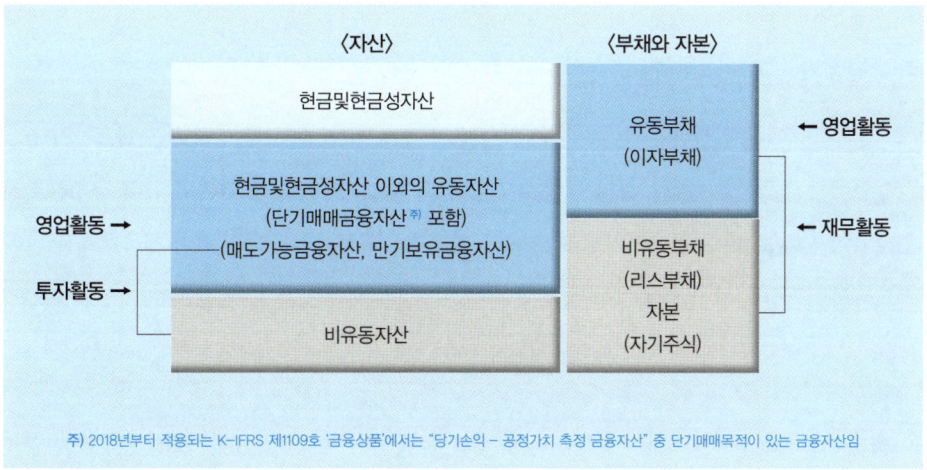

주) 2018년부터 적용되는 K-IFRS 제1109호 '금융상품'에서는 "당기손익 – 공정가치 측정 금융자산" 중 단기매매목적이 있는 금융자산임

- 그러나 하나의 거래가 항상 하나의 활동에 속한 현금흐름에만 영향을 주는 것은 아니다. 하나의 거래에는 서로 다른 복수의 활동으로 분류되는 현금흐름이 포함될 수 있다. 예를 들어 이자와 차입금을 함께 상환하는 경우, 이자지급은 영업활동으로 분류될 수 있고 원금상환은 재무활동으로 분류된다.

2. 영업활동 구분과 영업활동으로 인한 현금흐름

- 영업활동은 기업의 주요 수익창출활동 뿐만 아니라 투자활동이나 재무활동에 포함되지 않는 모든 부수적활동을 포함한다.
- 꼭 기억해야 할 것은 투자 및 재무활동에 속하지 않는 기타활동도 영업활동으로 구분한다는 것이다. 즉, 이자의 수취 및 지급이나 배당금수취에 따른 현금흐름은 실질적으로는 투자활동이나 재무활동인데도 불구하고 영업활동으로 분류한다는 것이다. 따라서 K-IFRS 제1007호 '현금흐름표'에서 정의하고 있는 영업활동은 일반적으로 실무에서 영업활동으로 파악하고 있는 구매활동, 생산활동, 판매활동보다 범위가 더 넓다.
- 영업활동으로 인한 현금흐름은 기업의 주요 수익창출활동인 주요 제품의 판매활동과 생산활동, 상품과 용역의 판매활동과 구매활동, 판매관리활동에서 발생하는 현금흐름을 말하지만, 일반적으로 비유동자산 매각에서 발생한 손익 등 일부를 제외하고 당기순손익의 결정에 영향을 미치는 대부분의 거래를 포함한다.
- 영업활동에서 발생하는 현금흐름은 세 가지의 현금흐름 중 가장 중요한 현금흐름이다. 영업활동에서 발생하는 현금흐름의 금액은 기업이 외부의 재무자원에 의존하지 않고 영업을 통하여 차입금상환이나 영업능력의 유지, 배당금지급 및 신규투자 등에 필요한 현금흐름을 얼마나 창출하고 있는가에 대한 중요한 정보를 제공하기 때문에 별도로 구분공시하는 것이 중요하다.

- 영업활동에서 유입되거나 유출되는 현금흐름의 예는 다음과 같다.

  (1) 재화(제품, 상품 등)의 판매와 용역 제공에 따른 현금유입
  (2) 로열티, 수수료, 중개료 및 기타수익에 따른 현금유입
  (3) 재화(원재료, 상품 등)와 용역의 구입에 따른 현금유출
  (4) 종업원과 관련하여 직·간접으로 발생(급여)하는 현금유출
  (5) 단기매매목적으로 보유하는 금융자산의 취득과 처분에서 발생하는 현금유입과 현금유출
  　　(예: 단기매매금융자산)[주1]
  (6) 단기매매 목적으로 보유하는 계약에서 발생하는 현금유출입
  (7) 이자수취 및 배당금수취로 인한 현금유입[주2]
  (8) 이자지급으로 인한 현금유출[주3]
  (9) 법인세의 납부 또는 환급. 다만, 재무활동과 투자활동에 명백히 관련되는 것은 제외
  (10) 투자활동과 재무활동에 속하지 않는 기타 모든 거래

  주1) 2018년도 적용 K-IFRS 제1109호의 단기매매목적의 '당기손익-공정가치 측정 금융자산' 포함
  주2) 투자활동으로 인한 현금흐름으로 분류도 가능
  주3) 재무활동으로 인한 현금흐름으로 분류도 가능

3. 투자활동 구분과 투자활동으로 인한 현금흐름

- 투자활동은 일반적으로 장기성자산이나 기타투자자산의 취득이나 처분과 관련된 활동을 말한다. 그러나 단기금융자산이나 현금성자산에 속하는 자산의 취득과 처분은 제외한다. 투자활동은 유형자산과 무형자산 또는 다른 기업의 지분상품이나 채무상품 등의 취득과 처분활동, 제3자에 대한 대여 및 회수활동 등을 포함한다.
- 투자활동으로 인한 현금흐름은 미래수익과 미래현금흐름을 창출할 자원의 확보를 위하여 기업이 주로 장기성자산에 지출한 정도를 나타내기 때문에 별도로 구분하여 공시하는 것이 중요하다.
- 투자활동에서 유입과 유출되는 현금흐름의 예는 다음과 같다.

> (1) 유형자산, 무형자산 및 기타장기성자산의 취득에 따른 현금유출
>
> (2) 유형자산, 무형자산 및 기타장기성자산의 처분에 따른 현금유입
>
> (3) 다른 기업의 지분상품이나 채무상품의 처분과 취득에 따른 현금유입과 현금유출[주1]
>   단, 현금성자산으로 간주되는 상품이나 단기매매목적으로 보유하는 상품의 매매에 따른 현금유입이나 현금유출은 영업활동으로 인한 현금흐름으로 분류
>
> (4) 종속기업투자주식의 취득과 처분에 따른 현금유출과 현금유입[주2]
>
> (5) 관계기업과 공동기업의 취득과 처분에 따른 현금유출과 현금유입
>
> (6) 제3자에 대한 선급금 및 대여금에 따른 현금유입과 현금유출
>
> (7) 선물계약, 선도계약, 옵션계약 및 스왑계약에 따른 현금유입과 현금유출(예: 파생상품)
>   (단기매매목적으로 계약을 보유하거나 현금유입이나 유출이 재무활동으로 분류되는 경우는 제외)
>
> 주1) 2018년도부터 적용되는 K-IFRS 제1109호 '금융상품'에서는 '당기손익-공정가치 측정 금융자산'과 '기타포괄손익-공정가치 측정 금융자산' 그리고 '상각후 원가측정 금융자산'의 처분과 취득에 따른 현금유입과 현금유출을 말함. 단, 현금성자산이나 영업활동으로 인한 현금흐름으로 표시되는 단기매매목적의 '당기손익-공정가치 측정 금융자산'은 제외
> 주2) "공정가치로 측정되지 않으면서 지배력을 상실하지 않는 종속기업투자주식의 취득과 처분"은 재무활동으로 인한 현금흐름으로 표시

4. 재무활동 구분과 재무활동으로 인한 현금흐름

- 재무활동은 기업의 납입자본과 차입금의 크기 및 구성내용에 변동을 가져오는 자본과 차입금을 통한 자금조달이나 환급 및 상환과 관련된 활동을 말하며, 구체적으로 장·단기자금의 차입 및 상환, 신주발행이나 유상감자, 자기주식의 취득이나 처분, 배당금의 지급 등과 같이 자본과 차입금을 통한 부채 및 자본계정에 영향을 미치는 활동이다.
- 재무활동으로 인한 현금흐름은 미래 현금흐름에 대한 자본 제공자의 청구권을 예측하는데 유용하기 때문에 별도로 구분공시하는 것이 중요하다.
- 재무활동에서 유입과 유출되는 현금흐름의 예는 다음과 같다.

> (1) 주식이나 기타 지분상품의 발행에 따른 현금유입
> (2) 주식의 취득이나 상환에 따른 소유주에 대한 현금유출 (예: 자기주식)
> (3) 담보·무담보사채 및 어음의 발행과 기타 장·단기차입에 따른 현금유입
> (4) 차입금 상환에 따른 현금유출
> (5) 리스이용자의 금융리스부채 상환에 따른 현금유출
> (6) 배당금지급에 따른 현금유출[주]
> (7) 지배력을 상실하지 않는 종속기업투자주식의 취득 또는 처분
>
> 주) 영업활동으로 인한 현금흐름으로 분류도 가능하나 재무활동으로의 분류가 일반적임

5. 기업경영활동과 현금흐름 순환

- 기업의 경영활동은 영업활동이 핵심을 이루며, 이러한 영업활동을 뒷받침하기 위한 투자활동과 영업활동 또는 투자활동을 지원하기 위한 재무활동으로 구성된다.
- 그러나 정보이용자들은 현금흐름표에서와 달리 일반적으로 구매·생산·판매활동을 '영업활동', 시설투자 및 투자자산 관련 활동을 '투자활동' 그리고 자금조달과 관련된 활동을 '재무활동'으로 구분한다.
- 영업활동과 투자활동 및 재무활동은 다음 〈그림〉에서 보는 바와 같이 상호 긴밀하게 연결되어 있다.

| 기업 경영활동과 현금흐름 순환 과정 |

6. 활동구분과 현금흐름표 표시에서 주의해야 할 항목

- K-IFRS는 회계기간 동안 발생한 현금흐름을 영업활동, 투자활동 및 재무활동으로 분류하여 보고하도록 규정하고 있는 일반기업회계기준과 달리 원칙 중심이라는 특성을 갖고 있다.
- 따라서 K-IFRS는 해당 현금흐름이 발생하게 된 거래의 경제적 실질을 고려하여 그 원천이 된 활동에 따라 분류할 수 있도록 현금흐름의 활동분류에 재량권을 기업에 부여하고 있다.
- 이러한 재량권 사용은 회계정보의 질(유용성)을 향상시킬 수도 있지만 활동별 현금흐름정보를 왜곡시키고 정보이용자의 의사결정을 오도할 가능성도 있다.
- 따라서 각 현금흐름은 활동별 구분을 기업이 선택하되 매기간 일관성 있게 영업활동, 투자활동 또는 재무활동으로 분류하여야 한다.
- 특히 기업실무에서는 영업활동으로 인한 현금흐름의 활동분류가 잘못되지 않도록 주의하고 정보이용자 역시 영업활동으로 인한 현금흐름 분석 시 활동별 분류의 오류여부를 집중적으로 검토해야 한다.

6.1. 이자의 수취 및 지급과 배당금수취

- 이자의 지급 및 수취와 배당금수취 관련 현금흐름은 각각 별도로 공시한다.
- 이자지급, 이자수익 및 배당금수익은 당기순손익의 결정에 영향을 미치는 것으로 보아 영업활동으로 인한 현금흐름으로 표시할 수 있다.
- 그러나 대체적인 방법으로 이자지급, 이자수취 및 배당금수취는 재무자원을 획득하는 원가나 투자자산에 대한 수익으로 보아 각각 재무활동으로 인한 현금흐름이나 투자활동으로 인한 현금흐름으로 분류할 수도 있다.
- 금융회사의 경우에는 이자지급, 이자수취 및 배당금수취는 영업활동으로 인한 현금흐름으로 분류한다.

| 이자와 배당금수취 |

구분	금융기관	금융기관 이외의 업종		
		영업활동	투자활동	재무활동
이자지급	영업활동	○	-	분류가능
이자수취		○	분류가능	-
배당금수취		○	분류가능	-

- K-IFRS 제1023호 '차입원가'에 따라 회계기간 동안 지급한 이자금액은 포괄손익계산서에서 비용항목으로 인식하거나 또는 재무상태표에서 자본화 여부와 관계없이 이자지급액에 포함해서 총지급액을 표시한다.

6.2. 배당금지급

- 배당금지급에 따른 현금흐름은 별도로 공시하며 재무자원을 획득하는 비용이므로 재무활동으로 인한 현금흐름으로 분류할 수 있다.
- 그러나 대체적인 방법으로 재무정보이용자가 영업활동으로 인한 현금흐름에서 배당금을 지급할 수 있는 기업의 능력을 판단하고자 할 때는 영업활동으로 인한 현금흐름의 구성요소로 분류할 수도 있다.

| 배당금지급 |

구분	금융기관 + 금융기관 이외의 업종		
	영업활동	투자활동	재무활동
배당금지급	분류가능	-	○

6.3. 법인세납부

- 법인세로 인한 현금흐름은 별도로 공시하며, 재무활동과 투자활동에 명백히 관련되지 않는 한 영업활동으로 인한 현금흐름으로 분류하는 것이 일반적이다.

- 그러나 투자활동이나 재무활동으로 분류한 개별거래와 관련된 법인세현금흐름은 실무적으로 식별할 수 있다면, 투자활동이나 재무활동으로 적절히 분류한다. 예를 들어 토지와 같은 유형자산을 처분하여 차익이 발생한 경우에는 법인세법상 부동산 양도에 해당하므로 투자활동으로 표시한다.
- 법인세현금흐름이 둘 이상의 활동에 배분되는 경우에는 법인세의 총지급액도 구분 공시한다.

| 법인세납부 |

구분	금융기관 + 금융기관 이외의 업종		
	영업활동	투자활동	재무활동
법인세납부	○	분류가능	분류가능

6.4. 단기매매목적 금융자산

- 금융회사의 경우 대출채권이나 유가증권은 주요 수익창출활동과 관련되어 있으므로 영업활동으로 인한 현금흐름으로 분류한다.
- 기업도 '당기손익-공정가치 측정 금융자산' 중 단기매매목적으로 보유하는 금융자산의 취득과 처분에 따른 현금흐름은 영업활동으로 분류한다. 이때 단기매매목적 금융자산은 판매를 목적으로 취득한 재고자산과 유사하다고 본다. 그러나 단기매매목적이 아닌 '당기손익-공정가치 측정 지정 금융자산'인 경우에는 영업활동이 아니라 투자활동으로 표시해야 한다.

> **사례** 단기매매금융자산
>
> - 단기매매금융자산인 상장회사 주식 ₩45,000,000이 ₩46,000,000에 처분되었다. 이러한 활동은 투자활동이 아니라 영업활동으로 인한 현금흐름에 반영된다.
> - 그러나 '기타포괄손익-공정가치 측정 금융자산'인 상장주식 ₩50,000,000이 ₩66,000,000에 처분되었다면, 이러한 활동은 투자활동으로 인한 현금흐름에 반영된다.

6.5. 종속기업과 기타 사업에 대한 소유지분의 변동

- 종속기업과 기타 사업에 대한 지배력의 획득 또는 상실에 따른 총현금흐름은 한 항목으로 별도로 구분표시하고 투자활동으로 분류한다.
- 회계기간 중 종속기업이나 기타 사업에 대한 지배력을 획득 또는 상실한 경우에는 다음 사항을 총액으로 주석에 공시한다.

> (1) 총취득대가 또는 총처분대가
> (2) 매수대가 또는 처분대가 중 현금및현금성자산으로 지급하거나 수취한 부분
> (3) 지배력을 획득하거나 상실한 종속기업 또는 기타 사업이 보유한 현금및현금성자산의 금액
> (4) 지배력을 획득하거나 상실한 종속기업 또는 기타 사업이 보유한 현금및현금성자산 이외의 자산·부채 금액에 대한 주요 항목별 요약정보

- 종속기업 또는 기타 사업에 대한 지배력 획득 또는 상실의 대가로 현금을 지급하거나 수취한 경우에는 그러한 거래, 사건 또는 상황변화의 일부로서 취득이나 처분 당시 종속기업 또는 기타사업이 보유한 현금및현금성자산을 가감한 순액으로 현금흐름표에 보고한다.
- 그러나 종속기업투자주식이 공정가치로 측정되지 않으면서 지배력을 상실하지 않는 범위에서의 소유지분의 변동(예: 지배기업이 종속기업의 지분상품을 후속적으로 매입하거나 처분하는 경우)은 자본거래로 회계처리하고 재무활동으로 분류한다.

6.6. 현금및현금성자산의 환율변동효과

- 환율변동으로 인한 미실현손익은 현금흐름이 아니다. 그러나 외화로 표시된 현금및현금성자산의 환율변동효과는 기초와 기말의 현금및현금성자산을 조정하기 위해 현금흐름표에 별도항목으로 보고한다. 이 금액은 영업활동, 투자활동 및 재무활동으로 인한 현금흐름과 구분하여 별도로 표시하며, 그러한 현금흐름을 기말환율로 보고하였다면 발생하게 될 차이를 포함한다.

사례: 현금및현금성자산의 환율변동효과 표시

(단위: 백만원)

과목	제 37기	제 36기
영업활동으로 인한 현금흐름	210,745	18,453
투자활동으로 인한 현금흐름	(34,909)	(450,286)
재무활동으로 인한 현금흐름	(28,235)	441,362
현금및현금성자산의 증감	147,601	9,529
기초의 현금및현금성자산	366,721	191,983
현금및현금성자산의 환율변동효과	(10)	–
기말의 현금및현금성자산	514,312	201,512

> 모든 기업 관련 의사결정은 현금흐름표에서 시작된다.
> 현금흐름표는 재무상태표나 포괄손익계산서와 달리
> 조작할 수 없는 재무제표이다.

7. 학습정리 – 기억해야 할 핵심 이슈

- ☞ 현금흐름표에서 분류하여 표시하는 각각의 활동을 정확히 알아야 한다.
- ☞ 영업활동과 영업활동으로 인한 현금흐름으로 분류되는 항목을 이해해야 한다.
- ☞ 영업활동은 기업의 주요 수익창출활동 뿐만 아니라 기타의 투자활동 및 재무활동도 포함되는 것을 기억해야 한다.
- ☞ 투자활동과 투자활동으로 인한 현금흐름으로 분류되는 항목을 이해해야 한다.
- ☞ 재무활동과 재무활동으로 인한 현금흐름으로 분류되는 항목을 이해해야 한다.
- ☞ 기업의 경영활동과 현금흐름의 순환과정을 이해해야 한다.
- ☞ 이자수취와 배당금수취 관련 현금흐름의 분류방법을 알아야 한다.
- ☞ 배당금지급 관련 현금흐름의 분류방법을 알아야 한다.
- ☞ 법인세납부 관련 현금흐름의 분류방법을 알아야 한다.
- ☞ 단기매매목적금융자산 관련 현금흐름이 영업활동으로 구분되는 것을 기억해야 한다.
- ☞ 종속기업과 기타사업에 대한 지배력의 획득 또는 상실에 따른 현금흐름은 투자활동에서 별도 표시되는 것을 기억해야 한다.
- ☞ 공정가치로 측정되지 않으면서 지배력을 상실하지 않는 범위 내에서의 종속기업주식의 매매는 재무활동으로 구분하는 것을 기억해야 한다.

제4장
현금흐름표의 작성

4장 현금흐름표의 작성

1. 현금주의 회계와 발생주의 회계

1.1. 개념

- 소규모의 개인기업이나 업종의 특성상 서비스를 제공한 직후 바로 현금을 회수하는 기업의 경우에는 서비스의 제공시점과는 관계없이 현금을 회수한 시점에 수익을 인식하고 비용도 현금을 지출한 시점에 비용으로 기록하는 경우가 있다.
- 이와 같이 현금을 회수한 시점에 수익을 인식하고 현금을 지출한 시점에 비용을 인식하는 회계처리방법을 현금기준(cash basis)이라 한다.
- 발생기준(accrual basis)은 현금기준과 달리 거래나 그 밖의 사건의 영향을 현금이나 현금성자산의 수취나 지급시점이 아니라 거래가 발생한 기간에 인식하여 해당 기간의 장부에 기록하고 재무제표에 표시한다.
- 발생기준을 적용하여 작성한 재무제표는 현금의 수취나 지급을 수반한 과거의 거래뿐만 아니라 미래에 현금을 지급해야 하는 의무와 현금의 수취가 기대되는 자원에 대한 정보를 제공한다.

1.2. 사례

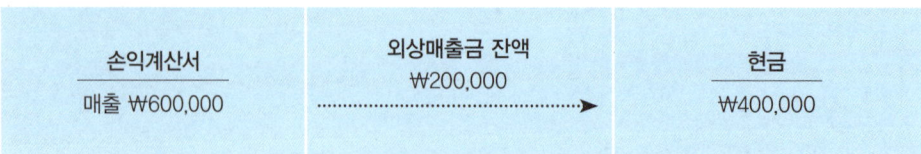

- 당기에 외상으로 매출 ₩600,000이 발생하였으며 기말 외상매출금 잔액이 ₩200,000이라고 가정할 경우 당기에 매출로 인한 현금유입액은 ₩400,000이 된다. 따라서 발생주의에 의한 매출은 ₩600,000이 되며, 현금주의에 의한 매출은 ₩400,000이 된다.

(발생주의)	현금	400,000	매출	600,000
	매출채권	200,000		
(현금주의)	현금	400,000	매출	400,000

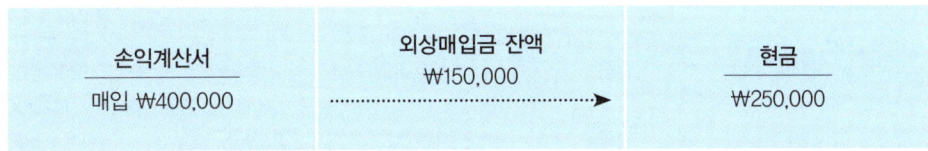

- 당기에 외상으로 매입 ₩400,000이 발생하였으며 기말 외상매입금 잔액이 ₩150,000이라고 가정할 경우 당기에 매입으로 인한 현금유출액은 ₩250,000이 된다. 따라서 발생주의에 의한 매입은 ₩400,000이 되며, 현금주의에 의한 매입은 ₩250,000이 된다.

(발생주의)	매입	400,000	현금	250,000
			매입채무	150,000
(현금주의)	매입	250,000	현금	250,000

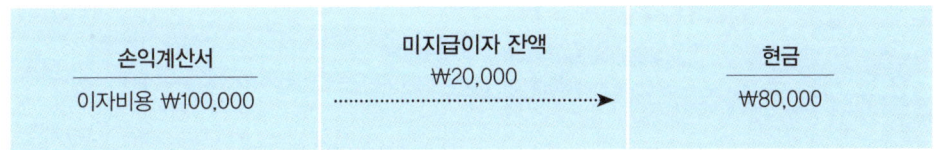

- 당기에 이자비용 ₩100,000이 발생하였으며 기말 미지급이자 잔액이 ₩20,000이라고 가정할 경우 당기에 이자비용으로 인한 현금유출액은 ₩80,000이 된다. 따라서 발생주의에 의한 이자비용은 ₩100,000이 되며, 현금주의에 의한 이자비용은 ₩80,000이 된다.

(발생주의)	이자비용	100,000	현금	80,000
			미지급이자	20,000
(현금주의)	이자비용	80,000	현금	80,000

손익계산서	미지급임금 잔액	현금
임금 ₩130,000	₩30,000 ······▶	₩100,000

- 당기에 임금 ₩130,000이 발생하였으며 기말 미지급임금 잔액이 ₩30,000이라고 가정할 경우 당기에 임금으로 인한 현금유출액은 ₩100,000이 된다. 따라서 발생주의에 의한 임금은 ₩130,000이 되며, 현금주의에 의한 임금은 ₩100,000이 된다.

(발생주의)	임금	130,000	현금	100,000
			미지급임금	30,000
(현금주의)	임금	100,000	현금	100,000

2. 현금거래와 비현금거래

2.1. 개념

- 거래는 크게 현금거래와 비현금거래, 손익거래와 비손익거래로 구분할 수 있으며 일정기간의 현금거래를 모아 현금흐름표를 작성하고 일정기간의 손익거래를 모아 손익계산서를 작성하게 된다. 비현금거래의 경우 재무상태표 및 손익계산서 모두에서 발생할 수 있다.

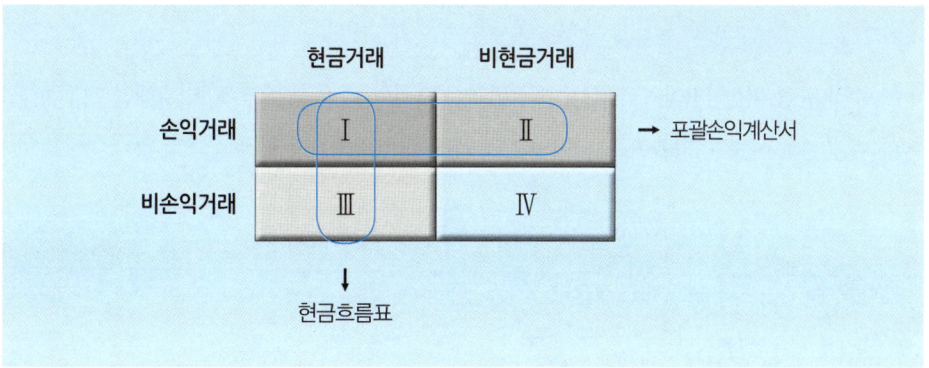

2.2. 재무상태표 비현금거래

- 건물 ₩150,000을 현금 및 외상으로 취득한 경우 현금거래는 ₩100,000이고 비현금거래는 외상으로 취득한 ₩50,000이다.

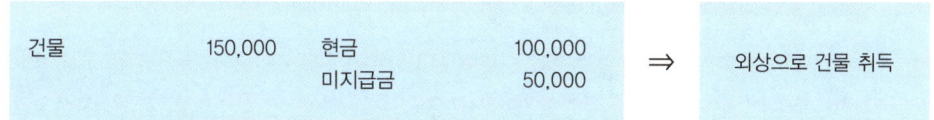

- 건물 ₩120,000(감가상각누계액 ₩80,000)을 현금 및 외상으로 ₩150,000에 처분한 경우 현금거래는 ₩100,000이고 비현금거래는 미회수한 ₩50,000이다.

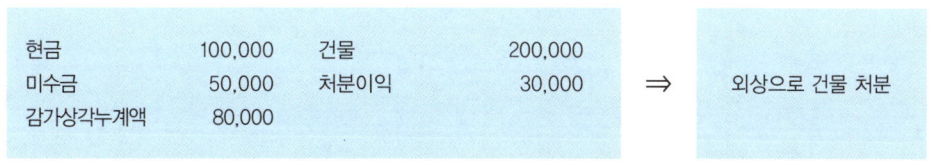

- ₩200,000을 현금 및 주식으로 배당한 경우 현금거래는 ₩100,000이고 비현금거래는 미교부주식배당금 ₩100,000이다.

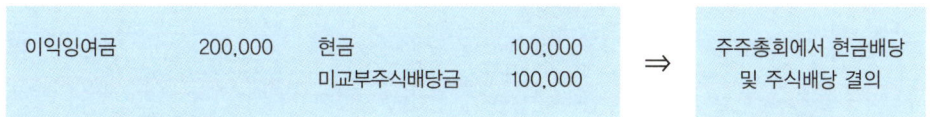

2.3. 포괄손익계산서 비현금거래

- 수익 관련 비현금거래의 사례는 현금 및 외상으로 제품을 ₩150,000에 판매한 경우 현금거래는 ₩50,000이고 비현금거래는 외상으로 매출한 ₩100,000이다.

| 현금 | 50,000 | 매출 | 150,000 | ⇒ | 외상으로 제품 판매 |
| 매출채권 | 100,000 | | | | |

- 비용 관련 비현금거래의 사례는 인건비 ₩200,000 중 현금으로 ₩160,000을 지급하고 ₩40,000은 미지급한 경우, 현금거래는 ₩160,000이고 비현금거래는 미지급한 ₩40,000이다. 미지급비용이 현금거래가 되기 위해서는 다음 결산기에 미지급비용이 현금으로 대체(미지급비용 ××× 현금 ×××)되어야 한다.

| 인건비 | 200,000 | 현금 | 160,000 | ⇒ | 인건비 일부 미지급 |
| | | 미지급비용 | 40,000 | | |

- 상각비는 현금유출이 없는 비용으로 대표적인 비현금거래이다.

감가상각비	×××	감가상각누계액	×××	⇒	유형자산 상각
무형자산상각비	×××	무형자산상각누계액	×××		무형자산 상각
대손상각비	×××	대손충당금	×××		대손상각 인식

3. 현금흐름표 작성을 위한 기초자료

- 현금흐름표는 발생기준에 의한 재무상태표와 포괄손익계산서가 작성된 후에 재무상태표와 포괄손익계산서뿐만 아니라 재무제표의 주석 등 여러 가지 다양한 추가적인 정보를 활용하여 작성한다.
- 이러한 기초정보는 재무상태표 계정과목의 변동원인을 확인해서 현금흐름을 파악가능하게 하고 활동별로 현금흐름을 구분할 수 있도록 해준다.
- 현금흐름표의 작성을 위한 자료는 다음과 같다.

> (1) 비교 재무상태표 및 관련 주석
>   - 비교 재무상태표는 자산·부채 및 자본계정의 기초와 기말금액에 관한 정보를 제공한다. 이를 이용하여 각 계정의 기중 증감액을 계산하고 현금흐름에 영향을 미친 거래를 분석한다.
>
> (2) 포괄손익계산서 및 관련 주석
>   - 포괄손익계산서는 회계기간 중 영업활동을 통하여 현금이 유입되거나 유출된 현금흐름정보를 제공한다. 특히 매출원가에 포함된 비현금비용 정보를 얻기 위해 제조원가명세서도 이용해야 한다.
>
> (3) 자본변동표 및 관련 주석
>   - 자본변동표는 재무활동 자본계정의 기초와 기말에 관한 정보와 회계기간 중 자본과 관련된 재무활동을 통해 현금유입이나 현금유출에 관한 현금흐름정보를 제공한다.
>
> (4) 추가자료
>   - 회계기간 동안 현금의 유입과 유출 상황을 제공하는 합계잔액시산표, 총계정원장 및 재무제표 부속명세서 등의 자료를 활용하면 현금흐름에 대한 구체적 내용을 파악할 수 있다.

4. 재무상태표 항목 변화 및 포괄손익계산서 항목 발생의 현금흐름 영향

- 포괄손익계산서의 수익, 즉 매출, 이자수익, 배당금수익은 현금흐름에 (+)영향을 주고 비용인 매출원가, 판매비와관리비, 이자비용, 법인세비용은 (−)영향을 미친다.
- 재무상태표 변화는 현금거래에서 나타난 자산이나 부채, 자본의 증감 중 자산감소, 부채증가, 자본증가는 현금흐름에 (+)영향을 주고 자산증가, 부채감소, 자본감소는 (−)영향을 미친다.

구분	현금흐름 영향	
	(+)	(−)
재무상태표 항목 변화		
자산증가		○
자산감소	○	
부채증가	○	
부채감소		○
자본증가	○	
자본감소		○
포괄손익계산서 항목 발생		
매출	○	
매출원가(또는 매입)		○
판매비와관리비		○
이자수익	○	
배당금수익	○	
이자비용		○
법인세비용	○[주]	○

주) 법인세환급

- 현금흐름은 수익의 발생은 (+)방향으로, 비용의 발생은 (−)방향으로 움직인다. 또한 자산의 증가와 부채의 감소는 (−)로, 자산의 감소와 부채의 증가는 (+)방향으로 영향을 미친다. 자산이 증가하면 그만큼 현금흐름은 (−)를 보이고 부채가 증가하면 현금흐름은 (+)로 나타난다. 자산을 구입하게 되면 자산은 증가하지만 현금은 자산구입을 위한 지출로 줄어들게 되어 현금흐름이 감소하게 된다. 반대로 은행에서 돈을 빌리면 부채는 늘어나지만 그만큼 현금이 증가하게 되며 현금흐름에 (+)로 반영된다.

- 영업활동으로 인한 현금흐름은 매출, 매입, 판매관리 등 영업활동을 하면서 발생되는 현금의 유출입을 반영하고 있다. 영업활동으로 인한 현금흐름이 (+)를 나타낸다면 기업은 정상적인 영업활동을 하면서 자금운영에 별다른 어려움이 없다는 것을 말해준다.
- 투자활동으로 인한 현금흐름은 자산의 구입 및 처분으로 인한 현금의 유출입을 나타낸다. 투자활동으로 인한 현금흐름이 (−)를 보인다면 자산의 구입뿐만 아니라 투자나 M&A(인수합병)가 활발하게 진행되고 있음을 시사해준다.
- 재무활동으로 인한 현금흐름은 차입금의 차입 및 상환 또는 현금으로 증자를 하거나 감자를 하는 경우의 현금유출입을 나타낸다. 재무활동으로 인한 현금흐름이 (+)를 보인다면 외부로부터 자금조달이 활발하다고 할 수 있다.

5. 재무상태표와 포괄손익계산서, 현금흐름표의 관계

5.1. 포괄손익계산서 및 현금흐름표, 재무상태표의 관계

- 기말 재무상태표는 기초 재무상태표에 포괄손익계산서의 손익거래와 포괄손익계산서 항목이 아닌 비손익거래가 반영되어 작성된다.
- 또한 기초 재무상태표에 현금흐름표의 현금거래와 비현금거래가 반영되어 기말 재무상태표가 작성된다. 이때 손익거래와 비손익거래 모두 현금거래와 비현금거래에 의해 증가하거나 감소한다.

| 회계기간 중 거래 |

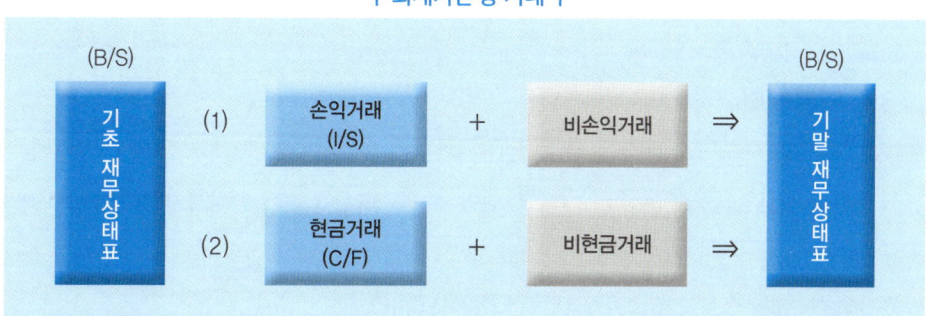

5.2. 재무상태표 및 포괄손익계산서, 현금흐름표의 관계

- 재무상태표 계정과목은 현금거래와 현금유출입이 없는 비현금거래로 구성되어 있고 포괄손익계산서 계정과목도 현금거래와 비현금거래에 의해 변동된다.
- 현금흐름표는 특정 회계기간 중 발생한 재무상태표의 현금거래와 포괄손익계산서 현금거래만을 반영하여 작성한다. 이때 재무상태표의 비현금거래는 주석에서 표시한다.

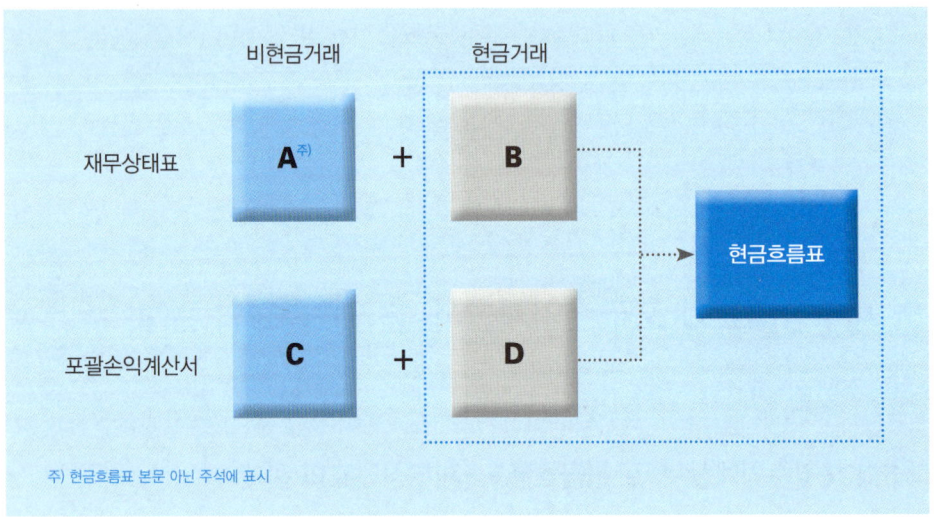

6. 현금흐름표 작성원리

6.1. 기본원리

- 현금및현금성자산이 반영되는 모든 거래를 일일이 해당 활동별로 분류하여 기록하는 것은 실무적으로 쉽지 않다. 따라서 현금흐름표는 비교 재무상태표와 포괄손익계산서를 기초로 하여 현금흐름의 내역을 추적하여 작성하는 것이 일반적이다.

| 현금 유·출입 거래 |

현금흐름의 감소 (현금유출)	(차)	자산	×××	(대)	현금	×××	– 자산의 증가
	(차)	부채	×××	(대)	현금	×××	– 부채의 감소
	(차)	자본	×××	(대)	현금	×××	– 자본의 감소
	(차)	비용	×××	(대)	현금	×××	– 비용의 발생
현금흐름의 증가 (현금유입)	(차)	현금	×××	(대)	자산	×××	– 자산의 감소
	(차)	현금	×××	(대)	부채	×××	– 부채의 증가
	(차)	현금	×××	(대)	자본	×××	– 자본의 증가
	(차)	현금	×××	(대)	수익	×××	– 수익의 발생

6.2. 재무상태표와 현금흐름표의 관계

- 이러한 현금흐름표의 작성원리는 재무상태표의 자산과 부채 및 자본을 다음과 같이 회계등식을 변형하여 도출한다.

| 재무상태표와 현금흐름표의 관계 |

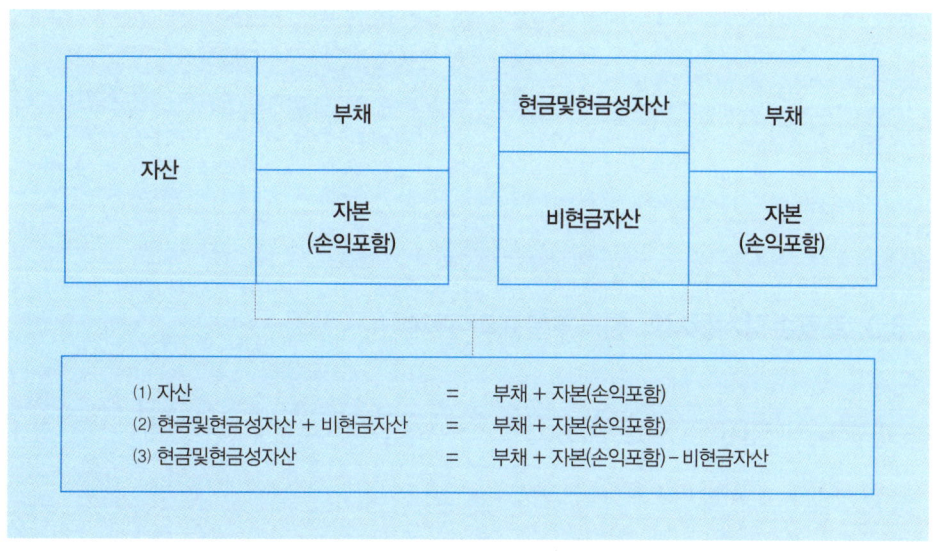

- 현금및현금성자산의 증감은 현금이 수반되는 부채 및 자본(손익 포함) 증감, 비현금자산의 증감에 따라 결정된다. 자산에서 현금및현금성자산을 제외한 모든 자산은 비현금자산이다.
- 즉, 영업활동, 투자활동, 재무활동으로 인한 현금및현금성자산의 변동내역은 현금및현금성자산을 제외한 관련 부채, 자본, 손익, 비현금자산의 변동을 분석하면 간접적으로 도출될 수 있다.
- 현금흐름표의 작성원리는 재무상태표의 자산과 부채 및 자본을 다음과 같이 회계등식의 변형을 통하여 도출한다.

    (1) 먼저 재무상태표의 자산과 부채 및 자본을 활동별로 각각 영업활동, 투자활동, 재무활동으로 구분한다.

    | 재무상태표와 활동별 구분 |

자산	=	영업활동자산	+	투자활동자산	+	재무활동자산
부채	=	영업활동부채	+	투자활동부채	+	재무활동부채
자본	=	재무활동자본				

    (2) 재무상태표의 자산과 부채 및 자본은 현금유출입 있는 항목과 현금유출입 없는 항목으로 구분한다.

    | 재무상태표와 현금유출입 |

자산	=	현금유출입 있는 자산	+	현금유출입 없는 자산
부채	=	현금유출입 있는 부채	+	현금유출입 없는 부채
자본	=	현금유출입 있는 자본	+	현금유출입 없는 자본

6.3. 포괄손익계산서와 현금흐름표의 관계

- 포괄손익계산서의 당기순이익은 영업활동 관련 손익과 투자활동 관련 손익, 재무활동 관련 손익으로 구성되어 있다.

당기순이익	=	영업활동손익	+	투자활동손익	+	재무활동손익

| 포괄손익계산서와 현금흐름표의 관계 Ⅰ |

포괄손익계산서	영업활동손익 기준	
	〈일반기업회계기준〉	〈K-IFRS〉
영업활동손익 투자활동손익 재무활동손익 ⇒	영업활동손익	영업활동손익
당기순이익	당기순이익 ± 투자활동손익 ± 재무활동손익	당기순이익 ± 투자활동손익 ± 재무활동손익

- 포괄손익계산서 당기순이익은 각 활동별로 현금유출입이 있는 손익과 현금유출입이 없는 손익으로 구분할 수 있다.

$$당기순이익 = 현금유출입 있는 손익 + 현금유출입 없는 손익$$

- 따라서 영업활동에서의 현금유출입 있는 손익은 다음과 같이 당기순이익에 현금유출입이 없는 손익이나 투자활동손익 또는 재무활동손익을 조정해서 산출한다.

| 포괄손익계산서와 현금흐름표의 관계 Ⅱ |

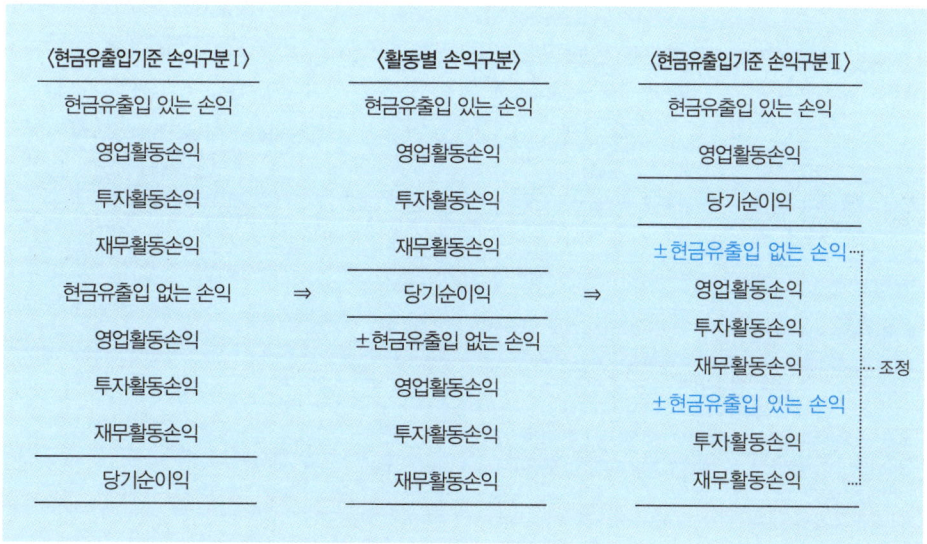

6.4. 현금흐름표 작성방법

- 현금흐름표를 작성하는 방법은 현금흐름의 유입이나 유출 관련 정보를 얻는 방법에 따라 회계기록을 통한 방법과 발생주의조정법으로 구분된다.

(1) 회계기록을 통한 방법

회계기록을 통한 방법은 현금의 유출입이 있을 때마다 회계기록으로부터 해당 현금이 발생된 활동을 구분하여 활동별로 작성하는 방법이다.

(2) 발생주의조정법

발생주의 기준을 현금주의 기준으로 전환하는 발생주의조정법은 회계기록의 결과물인 기초 및 기말의 재무상태표 계정과목과 포괄손익계산서 계정과목을 통해 현금흐름을 산출하는 방법이며 T계정법과 증감분석법으로 구분할 수 있다. 즉, [현금및현금성자산 = 부채 + 자본(손익 포함) − 비현금성자산]의 현금흐름표 작성원리를 이용하여 현금흐름을 산출하는 방법이다.

> (1) T계정법
> T계정을 활용하여 현금유입과 현금유출을 산출하는 방법으로 포괄손익계산서 수익이나 비용 항목과 관련된 '재무상태표의 자산이나 부채항목의 T계정'을 이용하여 기중의 회계처리를 추정하고 현금의 유입금액과 유출금액을 산출하는 방법이다.
>
> (2) 증감분석법
> 기중의 회계처리를 추정하지 않고 발생주의 기준에 의해 작성된 포괄손익계산서의 수익과 비용 각각에 관련된 자산이나 부채의 회계기간 동안 변동금액을 가감하여 현금유입금액이나 현금유출금액을 산출하는 방법이다.

- 특히 발생주의조정법 중 증감분석법을 사용한 현금흐름표의 작성순서를 보면 다음과 같다.

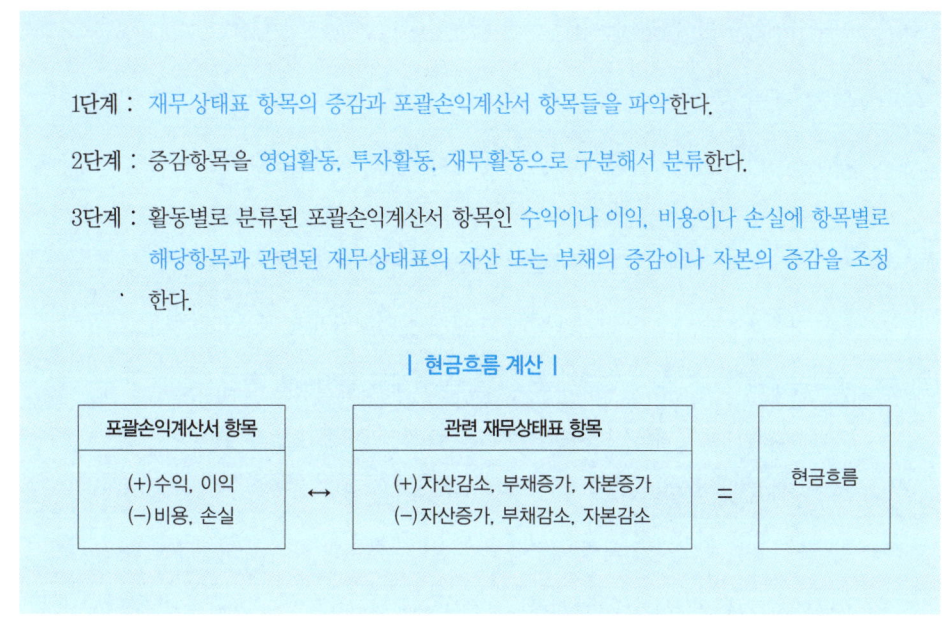

- 다음에서는 영업활동으로 인한 현금흐름, 투자활동으로 인한 현금흐름 및 재무활동으로 인한 현금흐름 각각의 작성하는 방법을 구체적으로 살펴본다.

현금흐름표를 알아야 의사결정 성공한다.
이제는 현금흐름표가 의사결정 재무정보 1순위이다.

7. 학습정리 – 기억해야 할 핵심 이슈

- ☞ 현금주의회계와 발생주의회계의 차이를 설명할 수 있어야 한다.
- ☞ 현금거래와 비현금거래의 차이를 이해해야 한다.
- ☞ 현금흐름표 작성을 위한 기초자료가 무엇인지 알아야 한다.
- ☞ 재무상태표 항목의 변화와 현금흐름의 관계를 이해해야 한다.
- ☞ 포괄손익계산서 항목의 발생과 현금흐름의 관계를 이해해야 한다.
- ☞ 포괄손익계산서 및 현금흐름표와 재무상태표의 관계를 설명할 수 있어야 한다.
- ☞ 재무상태표 및 포괄손익계산서와 현금흐름표의 관계를 설명할 수 있어야 한다.
- ☞ 현금흐름표를 작성하기 위해 재무상태와 현금흐름표의 관계를 이해해야 한다.
- ☞ 현금흐름표를 작성하기 위해 포괄손익계산서와 현금흐름표의 관계를 이해해야 한다.
- ☞ 현금흐름표의 작성방법으로 T계정법과 증감분석법의 차이를 설명할 수 있어야 한다.

제5장

영업활동으로 인한 현금흐름 작성방법(직접법)

5장 영업활동으로 인한 현금흐름 작성방법(직접법)

1. 영업활동으로 인한 현금흐름 작성방법

- 영업활동으로 인한 현금흐름은 다음과 같이 직접법과 간접법 중 하나의 방법으로 작성표시한다.

  > (1) 직접법
  >   - 총현금유입과 총현금유출을 포괄손익계산서 기준 주요 항목별로 구분하여 표시하는 방법이다.
  > (2) 간접법
  >   - 당기순손익에 조정항목을 가감하여 표시하는 방법이다. 다시 말하면 당기순손익에 1) 현금을 수반하지 않는 거래 2) 투자활동으로 인한 현금흐름이나 재무활동으로 인한 현금흐름과 관련된 손익항목 3) 과거 또는 미래의 영업활동 '현금유입이나 현금유출'의 '이연 또는 발생'의 영향을 조정하여 표시하는 방법이다.

- 영업활동으로 인한 현금흐름은 직접법과 간접법 중 어떤 방법을 선택 적용하더라도 현금흐름의 결과는 동일한 금액으로 나타난다.
- 기업은 영업활동으로 인한 현금흐름을 계산할 때 직접법이나 간접법을 선택적으로 적용할 수 있다. 그러나 K-IFRS에서는 영업활동으로 인한 현금흐름을 보고할 때 직접법을 사용할 것을 권장하고 있다.

〈 현금흐름표(영업활동) 〉

직접법		간접법	
매출로부터의 현금유입	×××	당기순이익	×××
매출원가로부터의 현금유출	(×××)	조정1(포괄손익계산서)	×××
매입으로부터의 현금유출	(×××)	이자수익	(×××)
종업원에 대한 현금유출	(×××)	배당수익	(×××)
기타비용 관련 현금유출	(×××)	이자비용	×××
판매비와관리비로부터의 현금유출	(×××)	법인세비용	×××
단기매매금융자산으로부터의 현금유출입	×××	현금유출없는비용	×××
		현금유입없는수익	(×××)
		투자및재무활동차손	×××
		투자및재무활동차익	(×××)
		조정2(재무상태표)	×××
		(영업활동자산및부채의 변동)	
		매출채권의 증가	(×××)
		재고자산의 감소	×××
		매입채무의 감소	(×××)
영업활동에서 창출된 현금흐름	×××	영업활동에서 창출된 현금흐름	×××
이자수취로부터의 현금유입	×××	이자수취로부터의 현금유입	×××
배당금수취로부터의 현금유입	×××	배당금수취로부터의 현금유입	×××
이자지급으로부터의 현금유출	(×××)	이자지급으로부터의 현금유출	(×××)
법인세납부로부터의 현금유출	(×××)	법인세납부로부터의 현금유출	(×××)
영업활동으로 인한 현금흐름	×××	영업활동으로 인한 현금흐름	×××

- 직접법은 영업활동으로 인한 현금흐름을 발생원인별로 직접 파악하는 것으로 영업활동을 통해 유입된 현금유입 총액과 영업활동을 위해 유출된 현금유출 총액을 주요 항목별로 구분하여 표시하는 방법이다. 즉 현금흐름을 항목별로 창출한 현금유입의 발생원천과 지출한 현금유출의 사용용도로 구분하고 현금유입에서 현금유출을 차감 표시하여 영업활동으로 인한 현금흐름을 직접 산출한다.
- 직접법을 적용하여 작성한 영업활동으로 인한 현금흐름은 간접법에 의한 영업활동으로 인한 현금흐름에서는 파악할 수 없는 정보를 제공한다.
  (1) 기업경영의 세부적인 활동인 재화나 용역의 판매활동(매출대금 회수)과 구매 및 생산활동(매입대금 지급, 종업원급여 지급 등), 판매관리활동(판매비와관리비 지급), 이자의 지급 및 수취, 배당금수취와 법인세납부에 관한 정보를 제공한다.

(2) 실제 현금유입의 원천과 현금유출의 용도를 항목별로 구분하여 표시하므로 미래 현금흐름을 추정하는데 간접법보다 유용한 정보를 제공한다.

- 직접법을 적용하는 경우 총현금유입과 총현금유출의 주요 항목별 정보는 다음과 같이 산출할 수 있다.

> (1) 매출, 매출원가 및 그 밖의 포괄손익계산서 항목(판매비와관리비, 이자수익, 이자비용, 배당금수익, 법인세비용 등)에 다음 항목을 조정
>
> (2) 조정항목
>   (가) 회계기간 동안 발생한 재고자산과 영업활동에 관련된 채권·채무의 변동
>   (나) 기타 비현금항목
>   (다) 투자활동이나 재무활동으로 분류되는 기타 항목(자산, 부채, 손익)

- 직접법에 의한 영업활동으로 인한 현금흐름 계산은 '현금기준에 의한 영업부문의 포괄손익계산서'를 작성하는 과정이다. 즉, 직접법은 '발생주의에 근거하여 작성된 포괄손익계산서'의 수익과 비용을 현금기준에 의해 재작성하여 영업활동으로 인한 현금흐름을 산출하는 과정이다.
- 예를 들어 매출로부터의 현금유입액은 당기 매출의 현금회수뿐만 아니라 전년도 매출채권의 회수액도 포함한다. 매출원가로부터의 현금유출액도 당기의 매출원가 관련 지급액뿐만 아니라 전년도 매입채무의 지급액도 합산해야 한다.

> 발생주의 기준 영업부문 포괄손익계산서 ⇒ 현금주의 기준 영업부문 포괄손익계산서

- 이때 발생기준 포괄손익계산서를 현금기준으로 재작성하는 대상이 되는 포괄손익계산서 계정과목은 다음과 같다.

> - 매출
> - 이자수익 및 배당금수익
> - 매출원가
> - 이자비용
> - 판매비와관리비
> - 법인세비용

- 직접법을 통해 발생기준 포괄손익계산서를 현금기준 포괄손익계산서로 전환하여 영업활동으로 인한 현금흐름을 산출하는 방법으로는 T계정법이나 증감분석법이 있다. 그러나 T계정법이 증감분석법보다 이해하기 쉽고 오류가 발생할 위험이 적기 때문에 더 바람직한 방법이라고 할 수 있다.

- 따라서 직접법에서는 (1) 포괄손익계산서의 수익이나 비용 각각의 항목에 대해 영업활동과 관련이 있는 항목을 파악하는 것과 (2) 영업활동수익이나 비용항목과 관련된 재무상태표의 자산이나 부채 계정이 무엇인지 파악하는 것이 중요하다.
- 다음에서는 먼저 T계정법을 이용하여 영업활동으로 인한 현금흐름의 작성방법을 구하고 증감분석법은 보충설명을 통해 살펴본다.

2. 영업활동에서 창출된 현금흐름(직접법)

2.1. 매출로부터의 현금유입

- 매출로부터의 현금유입은 기업의 주요 수익창출활동인 제품이나 상품의 판매 또는 용역제공 활동을 통해 수취한 것이다. 즉, 현금판매와 외상판매 그리고 선수금에 의한 판매를 통해 유입된 현금을 말한다.
- 따라서 매출로부터의 현금유입액을 산출하기 위해서는 매출 관련 포괄손익계산서 계정과목과 매출 관련 재무상태표 계정과목을 파악해야 한다.
- 매출로부터의 현금유입을 계산하는데 필요한 포괄손익계산서 계정과목은 매출, 외화환산손실, 외화환산이익, 외환차손, 외환차익, 대손상각비, 대손충당금환입이다. 단, 대손상각비, 대손충당금환입, 외화환산손실, 외화환산이익, 외환차손, 외환차익은 매출채권과 관련된 금액만을 반영하여야 한다.

현금유입 매출 계산 관련 포괄손익계산서 계정과목	⇒	현금매출, 외상매출, 외화환산손실, 외화환산이익, 외환차손, 외환차익, 대손상각비, 대손충당금환입

- 재무상태표 계정과목은 외상판매 관련 매출채권, 매출 관련 선수금, 매출채권 관련 대손충당금, 부가세예수금이다. 특히 매출채권을 총액이 아닌 순액(매출채권−대손충당금)으로 표시한 경우나 회수불가능한 매출채권을 제거(대손처리: 대손충당금 ××× 매출채권 ×××)한 경우에는 대손충당금 과목이 필요하다.

| 현금유입 매출 계산 관련 재무상태표 계정과목 | ⇒ | 매출채권, 매출 관련 선수금, 매출채권 관련 대손충당금, 부가세예수금 |

- 매출로부터의 현금흐름과 관련된 계정과목의 회계기간 중 발생한 회계처리의 예는 다음과 같다.

```
(1) 현금 판매           (차) 현금        ×××    (대) 매출              ×××
                                                   (부가세예수금 주)   ×××)

(2) 외상 판매
    매출인식 :               매출채권     ×××        매출              ×××
                                                   (부가세예수금 주)   ×××)
    대손충당금 설정 :         대손상각비   ×××        대손충당금         ×××
    대손확정 :               대손충당금   ×××        매출채권           ×××
    대손충당금환입 :         대손충당금   ×××        대손충당금환입     ×××
    현금회수 :               현금         ×××        매출채권           ×××

    외화환산이익 발생 :       매출채권     ×××        외화환산이익       ×××
    외화환산손실 발생 :       외화환산손실 ×××        매출채권           ×××

    외환차익 발생 :           현금         ×××        매출채권           ×××
                                                    외환차익           ×××
    외환차손 발생 :           현금         ×××        매출채권           ×××
                            외환차손     ×××

(3) 선수금 판매
    선수금 수령 :             현금         ×××        선수금             ×××
    매출인식(대체) :          선수금       ×××        매출               ×××

(4) 부가세예수금 주) 상계:   부가세예수금 ×××        부가세대급금       ×××
```

주) 부가세예수금은 매출과 분리하여 표시할 때의 분개표시임

- T계정법을 이용한 매출로부터의 현금유입은 매출과 관련된 재무상태표의 자산이나 부채항목의 T계정을 이용, 기중 회계처리를 추정하여 현금유출입 금액을 산출한다.
- 매출 관련 현금유입은 현금매출 및 외상매출과 선수금에 의한 매출을 통해 유입된 금액의 합계금액이다.
- 따라서 매출로 인한 현금유입액을 계산하기 위해서 활용하는 관련 T계정은 매출과 재무상태표 항목인 외상판매 관련 매출채권, 선수금판매와 관련된 선수금, 매출채권 관련 대손충당금이다.
- 먼저 매출채권 T계정에서 기초잔액과 기말잔액을 표시하고 당기에 발생한 외상매출을 차변에 반영하면 차액이 매출채권회수로 인해 유입된 현금이다.
    (1) 이때 재무상태표 항목인 매출채권과 관련된 대손충당금을 분석하여 대손이 확정되어 제각된 대손충당금이 있는 경우에는 그 금액을 매출채권 T계정 대변에 표시하여 계산한 금액이 외상판매로 인한 현금유입액이다.
    (2) 현금판매 관련 매출을 구분하지 않고 외상판매금액과 합해서 당기에 발생한 매출을 포괄손익계산서 매출(현금매출 + 외상매출)총액으로 표시하면 현금유입액은 '현금판매액과 외상판매 현금유입액의 합계금액'을 나타낸다.
    (3) 또한 매출채권과 관련된 외환차손익이나 외화환산손익이 있는 경우 외화환산이익과 외환차익은 매출채권계정 차변에, 외화환산손실과 외환차손은 대변에 반영해서 외상매출로부터의 현금유입액을 추가적으로 계산한다.
    (4) 이때 외화매출채권 회수 시 발생하는 외환차손과 외환차익의 매출채권 T계정 표시방법은 다음과 같이 두 가지 방법으로 표시할 수 있다.
        1) 매출채권 T계정에서 외환차익은 차변에, 외환차손과 현금이 유입된 매출채권의 감소는 대변에 표시한다.
        2) 매출채권 T계정에서 외환차손익은 표시하지 않고 매출채권의 장부금액의 감소만 대변에 표시한다.
- 특히 매출로부터의 현금유입액을 계산할 때는 매출 관련 부가세예수금 총 발생금액(부가세대급금과 상계금액 포함)도 추가적으로 매출액에 포함해서 반영해야 한다.
- 만일 선수금 판매가 있는 경우에는 선수금 T계정에서 기초잔액과 기말잔액을 표시하고 당기에 매출로 대체된 금액을 차변에 반영하면 그것이 선수금을 통해 유입된 금액이다.

- 매출로 인한 현금유입은 포괄손익계산서 항목인 현금매출액과 재무상태표 항목인 매출채권, 영업 관련 선수금, 대손충당금의 계정을 통해 다음과 같이 구한다.

매출채권			
기초잔액	×××	현금및매출채권회수	×××
현금및외상매출[주]	×××	대손확정	×××
외화환산이익	×××	외화환산손실	×××
외환차익	×××	외환차손	×××
		기말잔액	×××
	×××		×××

주) 부가세예수금 발생금액 포함

대손충당금			
대손충당금환입	×××	기초잔액	×××
매출채권 제거	×××	대손상각	×××
기말잔액	×××		
	×××		×××

선수금			
매출대체	×××	기초잔액	×××
기말잔액	×××	현금수령	×××
	×××		×××

매출			
		현금매출	×××
		외상매출	×××
		선수금매출대체	×××
			×××

> 매출로 인한 현금유입액 = 현금판매 현금유입액+외상판매 현금유입액+선수금판매 현금유입액
> = 현금매출액 + 매출채권회수액 + 선수금수령액

사례 **매출로부터의 현금유입 I**

- A회사의 전기와 당기 자료는 다음과 같다.

재무상태표 계정			포괄손익계산서 계정	
계정과목	기초잔액	기말잔액	계정과목	금액
매출채권	1,200,000	1,500,000	매출액 주)	10,000,000
선수금	500,000	1,200,000		

주) 현금매출 ₩2,000,000 포함
    선수금 매출은 ₩0

- T계정을 이용하여 계산하면 매출로 인한 현금유입액은 다음과 같다.

매출채권					선수금				
기초잔액	1,200,000	현금회수	7,700,000		매출대체	0	기초잔액	500,000	
외상매출	8,000,000	기말잔액	1,500,000		기말잔액	1,200,000	현금수령	700,000	
	9,200,000		9,200,000			1,200,000		1,200,000	

매출		
	현금매출	2,000,000
	외상매출	8,000,000
	선수금매출대체	0
		10,000,000

- 매출로부터의 현금유입액 = ₩2,000,000 + ₩7,700,000 + ₩700,000 = ₩10,400,000
  (현금매출)   (매출채권회수)   (선수금수령)

- 상기 사례에서 현금매출에 대한 정보가 없을 경우 매출채권 T계정에서 외상매출을 '현금매출 및 외상매출의 합계'인 포괄손익계산서 매출금액으로 변경해서 기록한다. 이 경우 매출채권 계정에서 외상매출 ₩8,000,000을 매출액 ₩10,000,000으로 수정하면 현금이 유입된 현금매출 및 매출채권의 회수는 ₩9,700,0000이 된다.

사례 **매출로부터의 현금유입 Ⅱ**

- A회사의 전기와 당기 자료는 다음과 같다.

재무상태표 계정

계정과목	기초잔액	기말잔액
매출채권	1,200,000	1,500,000
대손충당금	(20,000)	(24,000)
선수금	500,000	1,200,000

포괄손익계산서 계정

계정과목	금액
매출액 주)	10,000,000
대손상각비	5,000

주) 현금매출 ₩2,000,000 포함
　 선수금 매출은 ₩0

- T계정을 이용하여 계산하면 매출로 인한 현금유입액은 다음과 같다.

매출채권

기초잔액	1,200,000	현금회수	7,699,000
외상매출	8,000,000	대손확정	1,000
		기말잔액	1,500,000
	9,200,000		9,200,000

대손충당금

대손충당금환입	0	기초잔액	20,000
매출채권 제거	1,000	대손상각	5,000
기말잔액	24,000		
	25,000		25,000

선수금

매출대체	0	기초잔액	500,000
기말잔액	1,200,000	현금수령	700,000
	1,200,000		1,200,000

매출

		현금매출	2,000,000
		외상매출	8,000,000
		선수금매출대체	0
			10,000,000

- 매출로부터의 현금유입액 = ₩2,000,000 + ₩7,699,000 + ₩700,000 = ₩10,399,000
　　　　　　　　　　　　　　(현금매출)　　(매출채권회수)　　(선수금수령)

사례 **매출로부터의 현금유입 Ⅲ**

- A회사의 전기와 당기 자료는 다음과 같다.

재무상태표 계정			포괄손익계산서 계정	
계정과목	기초잔액	기말잔액	계정과목	금액
매출채권	1,200,000	1,500,000	매출액[주]	10,000,000
대손충당금	(20,000)	(24,000)	대손상각비	5,000
선수금	500,000	1,200,000	외화환산이익	400
			외화환산손실	300
			외환차익	200
			외환차손	100

주) 현금매출 ₩2,000,000 포함
　　선수금 매출은 ₩0

- T 계정을 이용하여 계산하면 매출로 인한 현금유입액은 다음과 같다.

매출채권			
기초잔액	1,200,000	현금회수	7,699,200
외상매출	8,000,000	대손확정	1,000
외화환산이익	400	외화환산손실	300
외환차익	200	외환차손	100
		기말잔액	1,500,000
	9,200,600		9,200,600

대손충당금			
대손충당금환입	0	기초잔액	20,000
매출채권 제거	1,000	대손상각	5,000
기말잔액	24,000		
	25,000		25,000

선수금			
매출대체	0	기초잔액	500,000
기말잔액	1,200,000	현금수령	700,000
	1,200,000		1,200,000

매출			
		현금매출	2,000,000
		외상매출	8,000,000
		선수금매출대체	0
			10,000,000

- 매출로부터의 현금유입액 = ₩2,000,000 + ₩7,699,200 + ₩700,000 = ₩10,399,200
　　　　　　　　　　　　　　(현금매출)　　(매출채권회수)　　(선수금수령)

| 보충설명 | **매출채권 양도의 경우 매출로부터의 현금유입** |

- 기업은 매출채권을 만기가 도래하기 전에 금융기관에 양도하여 현금을 유입하는 경우가 있다.
- K-IFRS에서는 매출채권을 양도하여 매각하는 경우[주1] 매출채권에 대해 통제권 상실 여부 또는 위험과 보상 이전 여부에 따라 차입거래와 매각거래로 구분한다.
  (1) **매각거래**: 금융기관이 상환을 요구할 수 있는 소구권이 없는 경우, 실질적으로 매출채권을 처분한 매각거래로 인정하여 재무상태표의 기말 매출채권에서 양도한 매출채권을 제거하고 양도한 매출채권과 현금유입액의 차이는 포괄손익계산서에서 매출채권매각손실로 표시한다.
  (2) **차입거래**: 금융기관이 상환요구권을 갖고 있다면 매출채권을 담보로 차입한 차입거래로 보아 재무상태표의 매출채권은 변동이 없고 양도한 매출채권 장부금액은 차입금으로 표시되고 차입금과 현금유입액의 차이는 포괄손익계산서에서 이자비용으로 표시한다.
- 매각거래와 차입거래의 회계처리는 다음과 같다.

매각거래				차입거래			
(차) 현금	180	(대) 매출채권	200	(차) 현금	180	(대) 차입금	200
매각손실	20			이자비용	20		
↓				↓			
(1) 현금	200	매출채권	200	(1) 현금	200	차입금	200
(2) 매각손실	20	현금	20	(2) 이자비용	20	현금	20

주1) 일반기업회계기준은 일반적으로 매출채권의 양도 시 매각거래로 회계처리하고 그 내용을 주석에 공시한다.

- 따라서 매각거래와 차입거래의 현금흐름 영향은 다음과 같다.
  (1) **매각거래**: 매출채권의 양도를 매출채권이 회수된 것으로 보아 매출로부터의 현금유입액을 계산할 때 양도한 매출채권은 매출채권 T계정 대변의 기말매출채권에서 차감 표시하고 현금유입액에 가산하며, 매출채권처분손실은 현금지출로 보아 현금유입액에서 차감한다.
  (2) **차입거래**: 매출채권의 양도금액을 차입금 조달로 보아 재무활동으로 인한 현금흐름에 표시하고 매출로부터의 현금흐름을 계산 할 때 매출채권 T계정에 미치는 영향은 없다. 이자비용도 영업활동으로 인한 현금흐름에서 매출로부터의 현금유입이 아닌 이자지급액을 계산할 때 반영한다.

매출채권				매출채권처분손실	
기초잔액	×××	현금및매출채권회수	×××	발생	×××
현금및외상매출	×××	매출채권 매각	×××		
		기말잔액	×××		
	×××		×××		

매출로 인한 현금유입액 = 현금판매 현금유입액 + 외상판매 현금유입액
                        + 매출채권매각 현금유입액[주2] + 선수금 현금유입액

주2) 매출채권매각 장부금액 − 매출채권매각손실

계속 ☞

▶ **사례 : 매출채권양도(매각거래)와 매출로부터의 현금유입 - 영업활동 표시**

- A회사의 전기와 당기 자료는 다음과 같다.

재무상태표 계정			포괄손익계산서 계정	
계정과목	기초잔액	기말잔액	계정과목	금액
매출채권[주3]	1,200,000	1,500,000	매출액[주4]	10,000,000
선수금	500,000	1,200,000	매출채권매각손실	50,000

주3) 매출채권의 양도금액 ₩500,000은 매각거래로 회계처리하여 기말잔액에서 제외되어 있으며 매출채권매각손실은 ₩50,000 발생했다.
주4) 현금 매출 ₩2,000,000 포함되고 선수금 매출은 ₩0

- T계정을 이용하여 계산하면 매출로 인한 현금유입액은 다음과 같다.

매출채권				선수금			
기초잔액	1,200,000	현금회수	9,200,000	매출대체	0	기초잔액	500,000
		양도매출채권	500,000	기말잔액	1,200,000	현금수령	700,000
현금및외상매출	10,000,000	기말잔액	1,500,000		1,200,000		700,000
	11,200,000		11,200,000				

- 매출로부터의 현금유입액 = ₩9,200,000 + (₩500,000 − ₩50,000) + ₩700,000 = ₩10,350,000
                         (현금회수)   (매출채권매각현금유입) (선수금수령)

▶ **사례 : 매출채권양도(차입거래)와 현금유입 - 재무활동 표시**

- A회사의 전기와 당기 자료는 다음과 같다.

재무상태표 계정			포괄손익계산서 계정	
계정과목	기초잔액	기말잔액	계정과목	금액
매출채권[주5]	1,200,000	2,000,000	매출액[주6]	10,000,000
선수금	500,000	1,200,000	이자비용	50,000

주5) 매출채권의 양도금액 ₩500,000은 차입거래로 회계처리하고 있다.
주6) 현금 매출 ₩2,000,000 포함되고 선수금 매출은 ₩0

- T계정을 이용하여 계산하면 매출로 인한 현금유입액은 다음과 같다.

매출채권				선수금			
기초잔액	1,200,000	현금회수	9,200,000	매출대체	0	기초잔액	500,000
현금및외상매출	10,000,000	기말잔액	2,000,000	기말잔액	1,200,000	현금수령	700,000
	11,200,000		11,200,000		1,200,000		1,200,000

- 매출로부터의 현금유입액 = ₩9,200,000 + ₩700,000 = ₩9,900,000
                         (현금회수)   (선수금수령)

보충설명   증감분석법을 이용한 매출로부터의 현금유입

- 증감분석법을 이용한 매출로부터 유입된 현금은 포괄손익계산서 항목인 매출액에 관련 재무상태표 항목인 매출채권, 매출 관련 선수금, 매출채권 관련 대손충당금 등의 변동을 반영하여 다음과 같이 구한다.
- 즉 현금유입항목인 매출에서 (1) 매출채권 증가액은 현금유출에 해당하므로 차감하고 매출채권 감소액은 현금유입에 해당하므로 가산한다. 이때 외화환산손실과 외환차손은 매출채권에서 차감하고 외화환산이익과 외환차익은 매출채권에 가산한다. 또한 (2) 선수금 증가액은 현금유입에 해당하므로 가산하고 선수금 감소는 현금유출에 해당하므로 차감한다.

발생기준		현금기준 매출액
포괄손익계산서 계정과목	관련 재무상태표 계정과목	

현금매출
외상매출
대손상각비
대손충당금환입
외환차익
외환차손
외화환산이익
외화환산손실
	매출채권
	대손충당금
	선수금
		매출 현금유입액
		= 매출액(I/S)
		  − 매출채권 증가(+감소)
		    { + 외환차익
		      − 외환차손
		      + 외화환산이익
		      − 외화환산손실 }
		   + 대손충당금 증가(−감소)
		    { − 대손상각비
		      + 대손충당금환입 }
		   + 선수금의 증가(−감소)

▶ **사례 : 매출로부터의 현금유입 I**

- A회사의 전기와 당기 자료는 다음과 같다.

재무상태표 계정			포괄손익계산서 계정	
계정과목	기초잔액	기말잔액	계정과목	금액
매출채권	1,200,000	1,500,000	매출액	10,000,000
선수금	500,000	1,200,000		

- 증감분석법을 이용하여 계산하면 매출로 인한 현금유입액은 다음과 같다.

매출액(I/S)			10,000,000
조정			400,000
매출채권 증가		(300,000)	
선수금 증가		700,000	
			10,400,000

계속 ☞

▶ **사례 : 매출로부터의 현금유입 Ⅱ**

- A회사의 전기와 당기 자료는 다음과 같다.

재무상태표 계정			포괄손익계산서 계정	
계정과목	기초잔액	기말잔액	계정과목	금액
매출채권	1,200,000	1,500,000	매출액	10,000,000
대손충당금	(20,000)	(24,000)	대손상각비	5,000
선수금	500,000	1,200,000		

- 회수불가능한 매출채권의 제거액은 다음과 같다.

대손충당금			
매출채권 제거[주1]	1,000	기초	20,000
기말	24,000	당기설정	5,000
	25,000		25,000

주1) 매출채권 제거액 = 기초 + 당기설정 - 기말

- 증감분석법을 이용하여 계산하면 매출로 인한 현금유입액은 다음과 같다.

매출액(I/S)		10,000,000
조정		399,000
매출채권 증가	(300,000)	
대손충당금 증가[주2]	4,000	
대손상각비[주2]	(5,000)	
선수금 증가	700,000	
		10,399,000

주2) 매출채권 제거 : 대손충당금 증가 ₩4,000 - 대손상각비 ₩5,000 = (₩1,000)

▶ **사례 : 매출로부터의 현금유입 Ⅲ**

- A회사의 전기와 당기 자료는 다음과 같다. 외환차손익과 외화환산손익, 대손상각비는 매출채권과 관련된 금액이다.

재무상태표 계정			포괄손익계산서 계정	
계정과목	기초잔액	기말잔액	계정과목	금액
매출채권	1,200,000	1,500,000	매출액	10,000,000
대손충당금	(20,000)	(24,000)	대손상각비	5,000
선수금	500,000	1,200,000	외화환산이익	400
			외화환산손실	300
			외환차익	200
			외환차손	100

계속 ☞

- 회수불가능한 매출채권의 제거액은 다음과 같다.

　　　　　　　　　　대손충당금
　　매출채권 제거 주3)　1,000　　기초　　　　20,000
　　기말　　　　　　24,000　　당기설정　　 5,000
　　　　　　　　　　25,000　　　　　　　　25,000

　주3) 매출채권 제거액 = 기초 + 당기설정 − 기말

- 증감분석법을 이용하여 계산하면 매출로 인한 현금유입액은 다음과 같다.

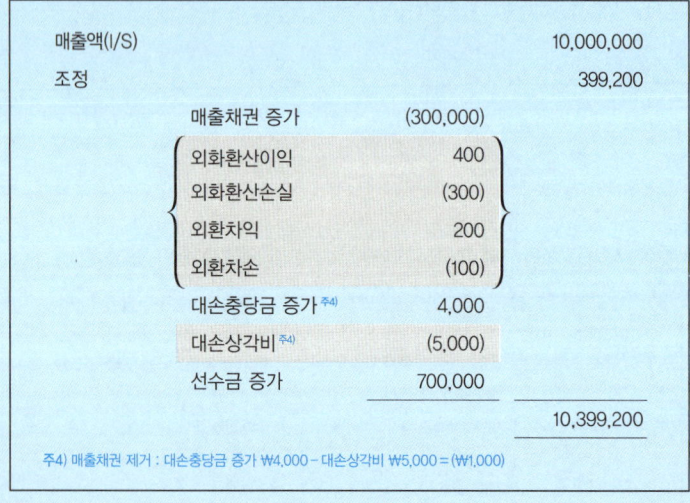

　　매출액(I/S)　　　　　　　　　　　　　　　10,000,000
　　조정　　　　　　　　　　　　　　　　　　　　399,200
　　　　매출채권 증가　　　　　(300,000)
　　　　외화환산이익　　　　　　　　400
　　　　외화환산손실　　　　　　　(300)
　　　　외환차익　　　　　　　　　　200
　　　　외환차손　　　　　　　　　(100)
　　　　대손충당금 증가 주4)　　　4,000
　　　　대손상각비 주4)　　　　　(5,000)
　　　　선수금 증가　　　　　　700,000
　　　　　　　　　　　　　　　　　　　　　　　10,399,200

　주4) 매출채권 제거 : 대손충당금 증가 ₩4,000 − 대손상각비 ₩5,000 = (₩1,000)

2.2. 매출원가로부터의 현금유출

- 매출원가로부터의 현금유출은 기업의 핵심 영업활동인 제품의 제조나 상품의 매입 또는 용역구입으로 인한 것이다. 즉, 현금구매와 외상구매 그리고 선급금에 의한 구매에서 유출된 것과 생산활동(제조원가)과 관련된 비용(종업원급여 등 기타비용)을 통해 유출된 현금을 말한다.
- 따라서 매출원가로부터의 현금유출액을 산출하기 위해서는 매출원가와 관련된 포괄손익계산서 계정과목과 매출원가 관련 재무상태표 계정과목을 파악해야 한다.
- 매출원가로부터의 현금유출을 계산하는데 필요한 포괄손익계산서 계정과목은 매출원가 또는 매입 그리고 재고자산감모손실, 재고자산평가손실, 재고자산평가충당금환입, 감가상각비 등 비현금비용과 외화환산손실, 외화환산이익, 외환차손, 외환차익이다. 단, 외화환산손실, 외화환산이익, 외환차손, 외환차익은 매입채무와 관련된 금액만을 반영하여야 한다.

| 현금지출 매출원가 계산 관련 포괄손익계산서 계정과목 | ⇒ | 매출원가, 매입, 재고자산감모손실, 재고자산평가손실, 재고자산평가충당금환입, 감가상각비, 외화환산손실, 외화환산이익, 외환차손, 외환차익 |

- 특히 당기에 발생한 매출원가에 현금지출이 수반되지 않는 비용(예: 재고자산감모손실, 재고자산평가손실, 감가상각비 등 비현금비용)과 현금유입이 없는 수익(예: 재고자산평가충당금환입 등 비현금수익)은 차감 또는 가산하여 조정하는 것을 잊지 않아야 한다.
- 재무상태표 계정과목은 재고자산, 외상판매 관련 매입채무, 재고자산구매 관련 선급금, 부가세대급금, 매출원가 관련 선급비용 및 미지급비용이다. 특히 재고자산을 총액이 아닌 순액으로 표시한 경우에는 재고자산감모손실과 재고자산평가손실, 재고자산평가손실환입 계정과목도 분석해야 한다.

| 현금지출 매출원가 계산 관련 재무상태표 계정과목 | ⇒ | 재고자산, 매입채무, 재고자산구매 관련 선급금, 매출원가 관련 선급비용과 미지급비용, 부가세대급금 |

- 매출원가로부터의 현금흐름과 관련된 계정과목의 회계기간 중 발생한 회계처리의 예는 다음과 같다.

(1) 현금 구매 :	(차)	매입(매출원가)	×××	(대) 현금	×××
		(부가세대급금 주)	×××)		
(2) 외상 구매					
매입 :		매입(매출원가)	×××	매입채무	×××
		(부가세대급금 주)	×××)		
재고자산평가손실 발생 :		재고자산평가손실	×××	재고자산	×××
재고자산평가손실환입 발생 :		재고자산	×××	평가손실충당금환입	×××
재고자산감모손실 발생 :		재고자산감모손실	×××	재고자산	×××
외화환산이익 발생 :		매입채무	×××	외화환산이익	×××
외화환산손실 발생 :		외화환산손실	×××	매입채무	×××
외환차익 발생 :		매입채무	×××	현금	×××
				외환차익	×××
외환차손 발생 :		매입채무	×××	현금	×××
		외환차손	×××		
현금 지급 :		매입채무	×××	현금	×××
(3) 선급금 구매					
선급금 지급 :		선급금	×××	현금	×××
매입인식(대체) :		매입	×××	선급금	×××
(4) 부가세대급금 상계 주)		부가세예수금	×××	부가세대급금	×××
(5) 기타비용 현금 지급 :		기타비용	×××	현금	×××
(6) 미지급비용 발생 :		기타비용	×××	미지급비용	×××
미지급비용 지급 :		미지급비용	×××	현금	×××
(7) 선급비용 지급 :		선급비용	×××	현금	×××
기타비용인식(대체) :		기타비용	×××	선급비용	×××

주) 부가세대급금을 매입과 분리하여 표시할 때의 분개표시임

- T계정법을 이용한 매출원가로부터 유출된 현금흐름은 매입활동을 통해 지급한 유출액과 기타비용(종업원급여 등 기타비용) 관련 유출액으로 구분할 수 있다.

- 매출원가로 인한 현금유출액을 계산하기 위해 활용하는 계정과목은 외상매입 관련 매입채무, 재고자산, 재고자산 구매 관련 선급금, 매출원가 관련 선급비용 및 미지급비용이다.

(1) 매입으로부터의 현금유출
- 매입 관련 현금유출은 재화나 용역을 구입하면서 지급한 금액으로 현금매입 및 외상매입과 선급금에 의한 매입을 통해 유출된 금액의 합계이다.
- 따라서 매입 관련 현금유출을 계산하기 위해서 활용하는 관련 T계정은 매입과 재무상태표 항목인 외상매입 관련 매입채무, 재고자산구매 관련 선급금이다.
- 먼저 매입채무 T계정에서 기초잔액과 기말잔액을 표시하고 당기에 발생한 현금매입 및 외상매입 금액을 대변에 반영하면 차액이 현금매입 및 매입채무지급으로 인해 유출된 현금이다.
- 현금구입 관련 매입을 구분하지 않고 외상매입과 합해서 당기에 발생한 매입(현금매입＋외상매입)총액으로 표시하면 매입채무계정에서 계산한 유출액은 '현금매입액과 외상매입의 현금지급액 합계금액'이다.

매입채무				선급금			
현금매입및매입채무 지급	×××	기초잔액	×××	기초잔액	×××	재고자산(매입)	×××
기말잔액	×××	현금및외상매입[주]	×××	현금지급	×××	기말잔액	×××
	×××		×××		×××		×××

주) 부가세대급금 포함

- 그러나 일반적으로 포괄손익계산서에는 매입금액이 표시되지 않고 매출원가만 표시되기 때문에 재고자산 T계정을 추가로 활용해서 발생기준 매입액을 산출한다.
    (1) 재고자산 T계정에서 기초잔액과 기말잔액을 표시하고 대변에 매출원가를 반영하면 차액은 당기에 발생한 현금매입 및 외상매입 금액이다. 이때 재고자산 대변에 기록하는 매출원가는 포괄손익계산서 매출원가에서 제조원가에 포함된 '임금 및 경비 발생액'을 차감한 금액으로 표시한다.
    (2) 재고자산 관련 평가손실 및 평가손실충당금환입, 재고자산감모손실은 추가적으로 재고자산이나 매출원가에 반영하여 순액으로 표시한다.
    (3) 매입채무와 관련된 외화환산이익과 외환차익은 매입채무계정 차변에, 외화환산손실과 외환차손은 대변에 반영하여 추가적으로 계산한다.

(4) 이때 외화매입채무 지급 시 발생하는 외환차손과 외환차익의 매입채무 T계정 표시방법은 다음과 같이 두 가지 방법으로 표시할 수 있다.

   1) 매입채무 T계정에서 외환차손은 대변에, 외환차익과 현금이 유출된 매입채무의 감소 금액은 차변에 표시한다.

   2) 매입채무 T계정에서 외환차손익은 표시하지 않고 매입채무의 장부금액의 감소금액만 차변에 표시한다.

- 특히 매입으로부터의 현금유출액을 계산할 때는 매입 관련 부가세대급금 총 발생금액(부가세예수금과 상계금액 포함)도 추가적으로 매입액에 포함해서 반영해야 한다.
- 만일 선급금을 지급하는 매입이 있는 경우에는 선급금 T계정에서 기초잔액과 기말잔액을 표시하고 당기에 매입으로 대체된 금액을 대변에 반영하면 선급금에 의해 유출된 금액이다.
- 재화나 용역구입에 따른 현금유출은 매입과 관련된 재무상태표 항목인 매입채무, 재고자산, 선급금 등을 통해 다음과 같이 구한다.

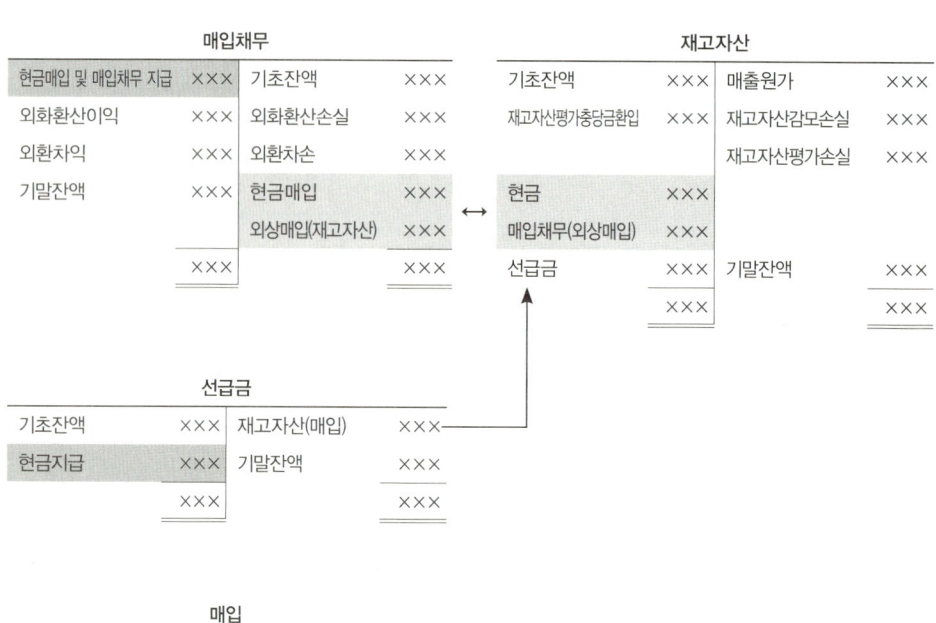

매입으로 인한 현금유출액 = 현금및외상매입 현금유출액 + 선급금구매 현금유출액
= 현금매입액 + 매입채무지급액 + 선급금지급액

사례 **매입으로부터의 현금유출 I**

- A회사의 전기와 당기 자료는 다음과 같다.

재무상태표 계정			포괄손익계산서 계정	
계정과목	기초잔액	기말잔액	계정과목	금액
재고자산	400,000	380,000	매출원가	6,000,000
선급금	1,000,000	1,500,000		
매입채무	800,000	600,000		

- T계정을 이용하여 계산하면 현금유출액은 다음과 같다.

매입채무				재고자산			
현금지급	6,180,000	기초잔액	800,000	기초잔액	400,000	매출원가	6,000,000
기말잔액	600,000	현금및외상매입(재고자산)	5,980,000 ↔ 매입채무	5,980,000	기말잔액	380,000
	6,780,000		6,780,000		6,380,000		6,380,000

선급금				매입			
기초잔액	1,000,000	재고자산	0	현금매입 ⎫ 외상매입 ⎭	5,980,000		
현금지급	500,000	기말잔액	1,500,000	선급금매입대체	0		
	1,500,000		1,500,000		5,980,000		

- 매입으로부터의 현금유출액 = ₩6,180,000 + ₩500,000 = ₩6,680,000
  (현금 및 매입채무지급)　(선급금지급)

> **사례** **매입으로부터의 현금유출 Ⅱ**

- A회사의 전기와 당기 자료는 다음과 같다.

재무상태표 계정			포괄손익계산서 계정	
계정과목	기초잔액	기말잔액	계정과목	금액
재고자산	400,000	380,000	매출원가	6,000,000
선급금	1,000,000	1,500,000	재고자산감모손실	200,000
매입채무	800,000	600,000	재고자산평가손실	400,000
			재고자산평가충당금환입	100,000
			외화환산이익	100,000
			외화환산손실	50,000
			외환차익	250,000
			외환차손	150,000

- T계정을 이용하여 계산하면 현금유출액은 다음과 같다.

매입채무				재고자산			
현금지급	6,530,000	기초	800,000	기초잔액	400,000	매출원가	6,000,000
외화환산이익	100,000	외화환산손실	50,000	재고자산평가충당금환입	100,000	재고자산감모손실	200,000
외환차익	250,000	외환차손	150,000			재고자산평가손실	400,000
기말잔액	600,000	현금및외상매입(재고자산)	6,480,000 ↔ 매입채무	6,480,000	기말잔액	380,000
	7,480,000		7,480,000		6,980,000		6,980,000

선급금				매입			
기초잔액	1,000,000	재고자산	0	현금매입 / 외상매입	6,480,000		
현금지급	500,000	기말잔액	1,500,000	선급금매입대체	0		
	1,500,000		1,500,000		6,480,000		

- 매입으로부터의 현금유출액 = ₩6,530,000 + ₩500,000 = ₩7,030,000
  　　　　　　　　　　　　　 (현금 및 매입채무지급) 　(선급금지급)

(2) 종업원급여 등 기타비용 관련 현금유출

- 기타비용 관련 현금유출은 당기에 현금지출이 수반된 제조원가에 포함된 종업원급여 등 기타비용 관련 금액으로 현금으로 직접 지급한 비용 및 미지급비용의 지급과 선급으로 지급한 비용의 합계이다.
- 기타비용 관련 현금유출을 계산하기 위해서 활용하는 T계정은 기타비용과 매출원가 관련 '선급비용과 미지급비용'이다. 이때 선급비용과 미지급비용은 제조원가 관련 금액만 구분하여 표시해야 한다.
- 선급비용 T계정에서 기초잔액과 기말잔액을 표시하고 당기에 발생한 기타비용 대체금액을 대변에 반영하면 차액이 당기에 지급한 현금유출액이다.
- 미지급비용 T계정에서 기초잔액과 기말잔액을 표시하고 당기에 발생한 기타비용금액(현금 및 미지급비용)을 대변에 반영하면 차액이 당기에 지급한 현금유출액이다.
- 이때 당기에 발생한 기타비용 중에 현금유출이 없는 비현금항목(예: 감가상각비, 주식보상비용, 퇴직급여 등)이 있는 경우에는 당기발생 기타비용에서 차감한 금액을 T계정에 기록해야 한다.
- 기타비용 관련 현금유출액은 일반적으로 포괄손익계산서 항목인 기타비용과 관련된 재무상태표 항목인 미지급비용과 선급비용 항목을 통해 다음과 같이 구한다.

기타비용 현금유출액 = 현금지급비용 + 미지급비용 지급 + 선급비용 지급

미지급비용				선급비용			
지급(현금)	×××	기초	×××	기초	×××	기타비용으로 대체	×××
기말	×××	기타비용발생^{주)}	×××	지급(현금)	×××	기말	×××
	×××		×××		×××		×××

주) 비용발생 = 당기발생 기타비용 − 비현금비용 − 선급비용의 기타비용 대체액

기타비용	
현금지급비용 발생	×××
비현금비용 발생	×××
(감가상각비 ×××)	
(대손상각비 ×××)	
(퇴직급여 ×××)	
(기타 등 ×××)	
미지급비용 발생	×××
선급비용 대체	×××
	×××

사례 | 기타비용 관련 현금유출 I

- A회사의 전기와 당기 자료는 다음과 같다. 단, 현금지급 비용은 없다.

재무상태표 계정			포괄손익계산서 계정	
계정과목	기초잔액	기말잔액	계정과목	금액
미지급비용	50,000	60,000	기타비용	2,000,000 주)

주) 비현금비용 ₩500,000원 포함

- T계정을 이용하여 계산하면 현금유출액은 다음과 같다.

미지급비용

지급(현금)	1,490,000	기초잔액	50,000
기말잔액	60,000	기타비용	1,500,000
	1,550,000		1,550,000

(2,000,000 − 500,000)

사례 | 기타비용 관련 현금유출 II

- A회사의 전기와 당기 자료는 다음과 같다. 단, 현금지급 비용은 없다.

재무상태표 계정			포괄손익계산서 계정	
계정과목	기초잔액	기말잔액	계정과목	금액
선급비용	50,000	60,000	기타비용	2,000,000 주)

주) 비현금비용 ₩500,000원 포함

- T계정을 이용하여 계산하면 현금유출액은 다음과 같다.

선급비용

기초잔액	50,000	기타비용	1,500,000
지급(현금)	1,510,000	기말잔액	60,000
	1,560,000		1,560,000

(2,000,000 − 500,000)

> **보충설명** 증감분석법을 이용한 매출원가로부터의 현금유출

- 매출원가로 인한 현금유출액은 포괄손익계산서 항목인 매출원가에 관련 재무상태표 항목 변동을 조정하고 현금유입이 없는 비현금비용이나 비현금수익은 차감 또는 가산하여 다음과 같이 구한다.

- 즉, 현금유출항목인 매출원가에서 1) 매입채무의 증가액은 현금유입에 해당하므로 차감하고 매입채무의 감소액은 현금유출에 해당하므로 가산한다. 이때 외화환산손실과 외환차손은 가산하고 외화환산이익과 외환차익은 차감한다. 2) 재고자산의 증가액은 현금유출에 해당하므로 가산하고 재고자산의 감소액은 현금유입에 해당하므로 차감한다. 이때 재고자산감모손실 및 재고자산평가손실은 가산하고 재고자산평가충당금환입은 차감한다. 3) 선급금의 증가액은 현금유출에 해당하므로 가산하고 선급금의 감소는 현금유입에 해당하므로 차감한다. 4) 이때 현금유출이 없는 비용항목인 감가상각비, 충당부채 관련 비용은 차감한다.

발생기준		현금기준 매출원가
포괄손익계산서 계정과목	관련 재무상태표 계정과목	

매출원가
 	
감가상각비
재고자산감모손실
재고자산평가손실
재고자산평가충당금환입
외화환산손실
외화환산이익
외환차손
외환차익
	재고자산
	매입채무
	선급금
	선급비용
	미지급비용
		매출원가 현금유출액
		= 매출원가(I/S)
		  + 재고자산의 증가(−감소)
		  + 재고자산감모손실
		  + 재고자산평가손실
		  − 재고자산평가충당금환입
		  − 매입채무의 증가(+감소)
		  + 외화환산손실
		  − 외화환산이익
		  + 외환차손
		  − 외환차익
		  + 선급금의 증가(−감소)
		  − 미지급비용의 증가(+감소)
		  + 선급비용의 증가(−감소)
		  − 감가상각비 등 비현금비용

▶ **사례** : 매출원가로부터의 현금유출 I

- A회사의 전기와 당기 자료는 다음과 같다.

재무상태표 계정			포괄손익계산서 계정	
계정과목	기초잔액	기말잔액	계정과목	금액
재고자산	400,000	380,000	매출원가	6,000,000
선급금	1,000,000	1,500,000		
매입채무	800,000	600,000		

계속 ☞

- 증감분석법을 이용하여 계산하면 매출원가로 인한 현금유출액은 다음과 같다.

```
매출액(I/S)                              6,000,000
  조정                                     680,000
      재고자산 감소        (20,000)
      선급금 증가          500,000
      매입채무 감소        200,000
                                        6,680,000
```

▶ **사례 : 매출원가로부터의 현금유출 Ⅱ**

- A회사의 전기와 당기 자료는 다음과 같다. 외환차손익과 외화환산손익은 매입채무와 관련된 금액이다.

재무상태표 계정			포괄손익계산서 계정	
계정과목	기초잔액	기말잔액	계정과목	금액
재고자산	400,000	380,000	매출원가 주)	6,000,000
선급금	1,000,000	1,500,000	재고자산감모손실	200,000
매입채무	800,000	600,000	재고자산평가손실	400,000
			재고자산평가충당금환입	100,000
			외화환산이익	100,000
			외화환산손실	50,000
			외환차익	250,000
			외환차손	150,000

주) 비현금비용 감가상각비 ₩300,000이 포함.

- 증감분석법을 이용하여 계산하면 매출원가로 인한 현금유출액은 다음과 같다.

```
매출액(I/S)                                    6,000,000
  조정                                         1,030,000
      재고자산 감소              (20,000)
    ⎧ 재고자산감모손실          200,000
    ⎨ 재고자산평가손실          400,000
    ⎩ 재고자산평가충당금환입   (100,000)
      매입채무 감소              200,000
    ⎧ 외화환산이익             (100,000)
    ⎨ 외화환산손실               50,000
    ⎨ 외환차익                 (250,000)
    ⎩ 외환차손                  150,000
      선급금 증가                500,000
                                              7,030,000
```

2.3. 판매비와관리비로부터의 현금유출

- 판매비와관리비로부터의 현금유출은 기업의 핵심활동 중 하나인 판매관리활동에서 발생하는 비용 관련 현금유출액이다.
- 따라서 판매비와관리비로부터의 현금유출액을 산출하기 위해서는 판매비와관리비 관련 포괄손익계산서 계정과목과 재무상태표 계정과목을 파악해야 한다.
- 판매비와관리비 관련해서 유출된 현금지급액을 계산하는데 필요한 포괄손익계산서 계정과목은 판매비와관리비이다. 이때 포괄손익계산서의 판매비와관리비 중에 현금유출과 관련 없는 비현금항목(예: 감가상각비, 대손상각비, 주식보상비용, 충당부채 관련 비용)이 있는 경우에는 판매비와관리비에서 제외하여 차감하고 현금유입과 관련 없는 비현금수익(대손충당금환입)이 있는 경우에는 가산해서 계산해야 한다.

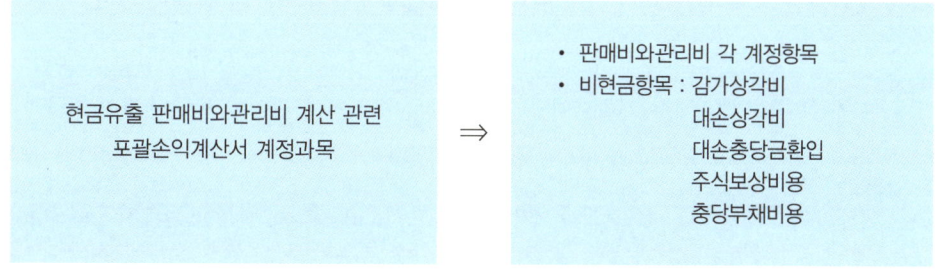

- 재무상태표 계정과목은 판매비와관리비 관련 선급비용과 미지급비용이다.

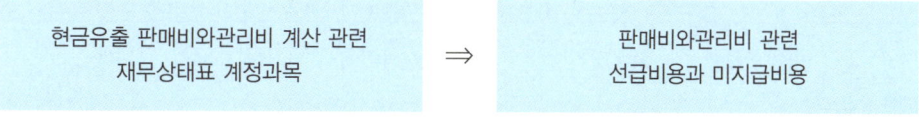

- 판매비와관리비로부터의 현금흐름과 관련된 계정과목의 회계기간 중 발생한 회계처리의 예는 다음과 같다.

(1) 판관비 발생	(차) 비용	×××	(대) 미지급비용	×××
(2) 판관비 지급	미지급비용	×××	현금	×××
(3) 판관비 선지급	선급비용	×××	현금	×××
(4) 판관비 비용인식	비용	×××	선급비용	×××

(5) 비현금손익 발생

충당금 설정 :	대손상각비	×××	대손충당금	×××
충당금 환입 :	대손충당금	×××	대손충당금환입	×××
감가상각비 인식 :	감가상각비	×××	감가상각누계액	×××
주식보상 :	주식보상비용	×××	주식선택권	×××
충당부채 설정 :	충당부채비용	×××	충당부채	×××

- 판매비와관리비 관련 현금유출액은 판매및관리활동과 관련해서 당기에 현금으로 지급한 현금유출액으로 현금으로 직접 지급한 비용 및 미지급비용의 지급과 선급으로 지급한 비용의 합계이다.
- T계정을 이용한 판매비와관리비로 인한 현금유출액을 계산하기 위해서 활용하는 관련 계정과목은 판매비와관리비, 판매비와관리비 관련 선급비용과 미지급비용이다. 이때 선급비용과 미지급비용은 판매비와관리비 관련 금액만 구분하여 표시해야 한다.
- 미지급비용 T계정에서 기초잔액과 기말잔액을 표시하고 당기에 발생한 판매비와관리비를 대변에 반영하면 차액이 당기에 유출된 금액이다.
- 선급비용 T계정에서 기초잔액과 기말잔액을 표시하고 당기에 발생한 판매비와관리비로 인식한 금액을 대변에 반영하면 차액이 당기에 선지급으로 유출된 금액이다.
- 이때 당기에 발생한 판매비와관리비 중에 현금지급과 관련없는 비현금항목(예: 감가상각비, 대손상각비, 주식보상비용, 충당부채 관련 비용 등 비현금비용이나 대손충당금환입 등 비현금수익)이 있는 경우에는 당기발생 판매비와관리비에서 제거하고 계산해야 한다.

- 판매비와관리비 관련 재무상태표 항목인 선급비용과 미지급비용의 계정을 통해 다음과 같이 구한다.

미지급비용			
현금지급	×××	기초잔액	×××
기말잔액	×××	판매비와관리비 주)	×××
	×××		×××

선급비용			
기초잔액	×××	판매비와관리비 대체	×××
현금지급	×××	기말잔액	×××
	×××		×××

주) 판매비와관리비 = 당기발생 판매비와관리비 − 비현금비용 + 대손충당금환입 − 선급비용의 판매비와관리비 대체액

기타비용	
현금지급비용 발생	×××
비현금비용 발생	×××
(감가상각비 ×××)	
(대손상각비 ×××)	
(퇴직급여 ×××)	
(기타 등 ×××)	
미지급비용 발생	×××
선급비용 대체	×××
	×××

사례 판매비와관리비로부터의 현금유출 I

- A회사의 전기와 당기 자료는 다음과 같다.

재무상태표 계정			포괄손익계산서 계정	
계정과목	기초잔액	기말잔액	계정과목	금액
선급보험료	800,000	600,000	보험료	2,000,000
미지급임차료	400,000	380,000	임차료	1,500,000

- T계정을 이용하여 계산하면 A회사의 판매비와관리비로 인한 현금유출액은 다음과 같다.

선급보험료			
기초잔액	800,000	보험료	2,000,000
현금지급	1,800,000	기말잔액	600,000
	2,600,000		2,600,000

미지급임차료			
현금지급	1,520,000	기초잔액	400,000
기말잔액	380,000	임차료	1,500,000
	1,900,000		1,900,000

- 판매비와관리비로부터의 현금유출액 = ₩1,800,000 + ₩1,520,000 = ₩3,320,000
  (보험료 관련 지급) (임차료 관련 지급)

| 사례 | **판매비와관리비로부터의 현금유출 Ⅱ** |

- A회사의 전기와 당기 자료는 다음과 같다.

재무상태표 계정			포괄손익계산서 계정	
계정과목	기초잔액	기말잔액	계정과목	금액
선급비용	800,000	600,000	판매비와관리비	2,000,000 주1)

주1) 감가상각비 등 비현금비용 ₩300,000 포함

- T계정을 이용하여 계산하면 A회사의 판매비와관리비로 인한 현금유출액은 다음과 같다.

선급보험료

기초잔액	800,000	판매비와관리비	1,700,000
현금지급	1,500,000	기말잔액	600,000
	2,300,000		2,300,000

(2,000,000 − 300,000)

- A회사의 전기와 당기의 자료는 다음과 같다.

재무상태표 계정			포괄손익계산서 계정	
계정과목	기초잔액	기말잔액	계정과목	금액
미지급비용	400,000	380,000	판매비와관리비	1,500,000 주2)

주2) 감가상각비 등 비현금비용 ₩155,000 포함

- T계정을 이용하여 계산하면 A회사의 판매비와관리비로 인한 현금유출액은 다음과 같다.

미지급비용

현금지급	1,365,000	기초잔액	400,000
기말잔액	380,000	판매비와관리비	1,345,000
	1,745,000		1,745,000

(1,500,000 − 155,000)

| 보충설명 | **증감분석법을 이용한 판매비와관리비로부터의 현금유출액** |

- 판매비와관리비로 인한 현금유출액은 포괄손익계산서 항목인 판매비와관리비에 1) 관련 재무상태표 항목인 영업 관련 선급비용의 증가 또는 미지급비용의 감소는 가산하고 선급비용의 감소 또는 미지급비용의 증가는 차감한다. 또한 2) 비현금비용 항목은 차감하고 대손충당금환입은 가산하여 다음과 같이 계산한다.

발생기준		현금기준 판매비와관리비
포괄손익계산서 계정과목	관련 재무상태표 계정과목	
판매비와관리비 { 대손상각비 감가상각비 주식보상비용 충당부채비용 대손충당금환입 }	선급비용(판관비관련) 미지급비용(판관비관련)	판매비와관리비 현금유출액 = 판매비와관리비(I/S) { − 감가상각비, 대손상각비, 주식보상비용, 충당부채비용 등 비현금비용 + 대손충당금환입 } − 미지급비용의 증가(+감소) + 선급비용의 증가(−감소)

▶ 사례 : 판매비와관리비로부터의 현금유출 Ⅰ

• A회사의 전기와 당기 자료는 다음과 같다.

재무상태표 계정			포괄손익계산서 계정	
계정과목	기초잔액	기말잔액	계정과목	금액
선급비용 미지급비용	800,000 400,000	600,000 380,000	판매비와관리비	3,500,000

• 증감분석법을 이용하여 계산하면 판매비와관리비로 인한 현금유출액은 다음과 같다.

판매비와관리비(I/S)		3,500,000
조정		(180,000)
선급비용 감소	(200,000)	
미지급비용 감소	20,000	
		3,320,000

▶ 사례 : 판매비와관리비로부터의 현금유출 Ⅱ

• A회사의 전기와 당기 자료는 다음과 같다.

재무상태표 계정			포괄손익계산서 계정	
계정과목	기초잔액	기말잔액	계정과목	금액
선급비용 미지급비용	800,000 400,000	600,000 380,000	판매비와관리비(선급비용 관련) 판매비와관리비(미지급비용 관련) 감가상각비 대손상각비 주식보상비용 수선충당비용	2,000,000 1,500,000 200,000 50,000 100,000 150,000

계속 ☞

- 증감분석법을 이용하여 계산하면 판매비와관리비로 인한 현금유출액은 다음과 같다.

판매비와관리비(I/S)			3,500,000
조정			(635,000)
	선급비용 감소	(200,000)	
	미지급비용 감소	20,000	
	비현금비용 항목		
	감가상각비	(200,000)	
	대손상각비	(5,000)	
	주식보상비용	(100,000)	
	수선충당비용	(150,000)	
			2,865,000

보충설명   성격별 포괄손익계산서와 현금흐름 관계

1. 포괄손익계산서의 기능별 표시방법과 성격별 표시방법

- K-IFRS 제1001호에서는 포괄손익계산서에서 매출원가와 판매비와관리비의 표시방법으로 성격별로 통합해서 표시하는 방법과 기능별로 세분화해서 표시하는 방법을 제시하고 있으며 이 중 하나를 기업이 선택할 수 있도록 하고 있다.

- 기능별 표시방법을 선택하는 경우에는 매출원가와 판매비와관리비 관련 성격별 항목을 다음과 같이 주석에 공시하도록 하고 있다.

기능별 표시방법		성격별 표시방법	
매출원가	×××	(a) 제품과 재공품의 변동	×××
판매비와 일반관리비	×××	(b) 원재료와 소모품의 사용	×××
		(c) 종업원급여	×××
		(d) 감가상각비와 기타상각비	×××
		(e) 기타비용	×××

▶ **사례** : 비용의 성격별 표시방법과 주석공시 예

(단위 : 천원)

구분	전기	당기
제품과 재공품의 변동	(95,753)	4,363,391
원재료와 저장품의 사용액	50,284,309	95,462,859
상품의 판매	92,540,200	191,537,269
종업원급여	16,374,278	35,608,596
감가상각, 상각 및 손상차손	3,607,813	7,204,518
물류비	1,070,487	2,410,692
광고비 및 판매촉진비	695,547	1,089,153
운용리스료 및 임차료	136,182	207,222
경상연구개발비	154,395	318,146
기타	15,765,438	29,803,458
매출원가와 판매비와관리비의 합계	180,532,896	368,005,304

2. 성격별 포괄손익계산서와 현금흐름의 관계

- 다음 표시방법 중 (a)와 (b)는 재화나 용역 구입에 따른 현금유출과 관련이 있으며, (c)는 종업원과 관련된 현금유출과 관련이 있고 (d)와 (e)는 매출원가 및 판매비와관리비 관련 기타현금유출이다.

구분	직접법				간접법
	성격별		기능별		
	㉮ 재화와 용역의 구입에 따른 현금유출	㉯ 종업원과 관련된 현금유출	㉰ 매출원가	㉱ 판매비와관리비	㉲ 간접법 조정항목
(a) 제품과 재공품의 변동	관련(a)		관련		
(b) 원재료와 소모품 사용	관련(b)		관련		
(c) 종업원급여		관련(c)	관련	관련	
(d) 감가상각비와 기타 상각비용[주]			관련	관련	관련(d)
(e) 기타비용			관련	관련	관련(e)

주) 현금의 유출이 없는 비용이며 간접법에서 별도항목으로 조정함.

> **보충설명** 퇴직급여로부터의 현금유출

- 퇴직급여 관련 현금유출은 종업원퇴직급여제도와 관련된 현금유출을 의미하며 퇴직급여제도에는 확정기여제도(DC Plan: Defined Contribution Plan)와 확정급여제도(DB Plan: Defined Benefit Plan)가 있다.

(1) 확정기여제도
- 확정기여제도에서 회사는 매기 일정액을 외부의 기금에 사외적립자산으로 납부하기만 하면 사외기금이 종업원에게 퇴직급여를 지급하지 못하더라도 기업이 추가적으로 부담할 책임은 없다.
- 확정기여제도의 현금유출을 산출하기 위한 포괄손익계산서 계정과목은 퇴직급여이고 재무상태표 계정과목은 미지급급여, 선급비용이다.
- 확정기여제도로부터의 현금흐름과 관련된 계정과목의 회계기간 중 발생한 회계처리의 예는 다음과 같다.

(1) 기여금 지급	(차) 퇴직급여	×××	(대) 현금	×××
(2) 미납기여금 인식	퇴직급여	×××	미지급급여	×××
(3) 초과기여금 인식	선급비용	×××	퇴직급여	×××

- T계정에서 미지급급여, 선급비용 각각의 기초잔액과 기말잔액을 표시하고 당기 발생한 퇴직급여 관련 손익금액을 반영하면 차액이 당기에 납부한 현금유출액이다.

미지급비용				선급비용			
납부(현금)	×××	기초잔액	×××	기초잔액	×××	퇴직급여	×××
기말잔액	×××	퇴직급여	×××	납부(현금)	×××	기말잔액	×××
	×××		×××		×××		×××

▶ **사례 : 확정기여제도 관련 현금유출**
- A회사는 확정기여제도를 도입 중이며 당기에 납부해야 할 기여금은 ₩10,000이다. 전기까지 미납부한 금액은 없으며 기말 현재 납부하지 못한 금액은 ₩4,000이다.
- T계정을 이용하여 계산하면 확정기여제도와 관련된 현금유출액은 다음과 같다.

미지급급여			
납부(현금)	6,000	기초잔액	0
기말잔액	4,000	퇴직급여	10,000
	10,000		10,000

- 확정기여제도 현금유출액 = ₩6,000

계속 ☞

(2) 확정급여제도

- 확정기여제도 이외의 모든 퇴직급여제도로 기업이 퇴직급여와 관련된 사외적립기금의 운용을 책임지기 때문에 기금의 운용실적에 따라 부담할 금액이 달라진다. 이때 기업은 실질적으로 제도와 관련된 보험수리적위험과 투자위험을 부담한다.
- 확정급여제도의 현금유출을 산출하기 위한 포괄손익계산서의 계정과목은 퇴직급여이고 재무상태표 계정과목은 순확정급여부채, 사외적립자산, 재측정요소(OCI)이다.
- 확정급여제도로부터의 현금흐름과 관련된 계정과목의 회계기간 중 발생한 회계처리의 예는 다음과 같다.

(1) 당기 및 과거근무원가 인식	(차) 퇴직급여	×××	(대) 확정급여채무	×××
(2) 확정급여채무의 이자비용 인식	퇴직급여	×××	확정급여채무	×××
(3) 사외적립자산 출연	사외적립자산	×××	현금	×××
(4) 사외적립자산의 이자수익 인식	사외적립자산	×××	퇴직급여	×××
(5) 퇴직금 지급	확정급여채무	×××	사외적립자산	×××
(6) 정산으로 인한 손익	확정급여채무	×××	사외적립자산	×××
	퇴직급여	×××	현금	×××
(7) 확정급여채무 재측정요소	재측정요소(보험수리손실)(OCI)	×××	확정급여채무	×××
(8) 사외적립자산 재측정요소	사외적립자산	×××	재측정요소(OCI)	×××

- T계정에서 확정급여채무, 사외적립자산 각각의 기초잔액과 기말잔액을 표시하고 당기 발생한 퇴직급여 관련 손익금액을 반영하면 차액이 당기에 납부한 현금유출액이다.

확정급여채무				사외적립자산			
사외적립자산(지급)	×××	기초잔액	×××	기초잔액	×××	확정급여채무	×××
		퇴직급여(근무원가, 이자비용)	×××	출연(현금)	×××		
기말잔액	×××	재측정요소(보험수리적손실)	×××	퇴직급여(이자수익)	×××		
	×××		×××	재측정요소	×××	기말잔액	×××
					×××		×××

계속 ☞

▶ **사례**: 확정급여제도 관련 현금유출

- A회사는 2X05년에 설립되었으며 2X06년 말에 확정급여제도를 도입하였다.

  ⟨2X05년⟩
  당기근무원가: ₩9,000
  사외적립자산 출연: ₩8,800

  ⟨2X06년⟩
  당기근무원가: ₩9,500
  퇴직금 지급: ₩200
  사외적립자산 기말잔액: ₩16,480
  할인율: 10%

- 회계처리

  ⟨2X05년⟩

당기근무원가 인식	(차) 퇴직급여	9,000	(대) 확정급여채무	9,000
사외적립자산 출연	사외적립자산	8,800	현금	8,800

  ⟨2X06년⟩

당기근무원가 인식	퇴직급여	9,500	확정급여채무	9,500
사외적립자산 출연	사외적립자산	7,000	현금	7,000
퇴직금 지급	확정급여채무	200	사외적립자산	200
이자비용 인식 주1)	퇴직급여	900	확정급여채무	900
이자수익 인식 주2)	사외적립자산	880	퇴직급여	880

  주1) 기초 확정급여채무 × 할인율 = ₩9,000 × 10% = ₩900
  주2) 기초 사외적립자산 × 할인율 = ₩8,800 × 10% = ₩880

- T계정을 이용하여 계산하면 확정급여제도와 관련된 2X06년 현금유출액은 다음과 같다.

  확정급여채무

사외적립자산	200	기초잔액	9,000
기말잔액	19,200	퇴직급여	10,400
	19,400		19,400

  사외적립자산

기초잔액	8,800	확정급여채무	200
출연(현금)	7,000		
퇴직급여	880	기말잔액	16,480
	16,680		16,680

- 2X06년 확정급여제도 관련 현금유출액 = ₩7,000

2.4. 기타-단기매매(FVPL)금융자산의 취득과 처분으로부터의 현금흐름

- '당기손익-공정가치 측정 금융자산(FVPL)' 중 단기매매목적으로 보유하는 금융자산의 취득과 처분으로부터의 유출이나 유입된 현금흐름은 영업활동으로 인한 현금흐름에서 표시한다.
- 2018 회계연도부터 적용되는 K-IFRS 제1109호 '금융상품'에서 단기매매금융자산은 '당기손익-공정가치 측정 지정 금융자산'과 함께 '당기손익-공정가치 측정 금융자산'의 구성요소 항목으로 구분 표시하도록 하고 있다.
- 단기매매금융자산의 취득과 처분으로 인한 현금 유출이나 유입을 계산하는데 필요한 재무상태표 계정과목은 단기매매금융자산과 관련 미수금과 미지급금이고, 포괄손익계산서 계정과목은 단기매매금융자산 관련 평가손실과 평가이익이다.

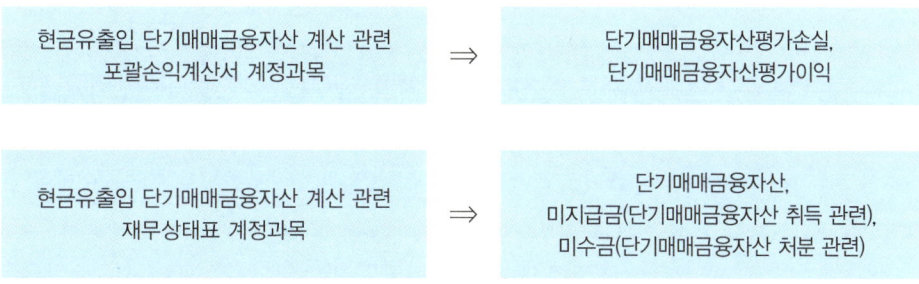

- 단기매매금융자산으로부터의 현금흐름과 관련된 계정과목의 회계기간 중 발생한 회계처리의 예는 다음과 같다.

```
(1) 취득      (차) 단기매매금융자산   ×××   (대) 현금 또는 미지급금   ×××
(2) 평가          단기매매금융자산   ×××        평가이익(NI)         ×××
                 평가손실(NI)       ×××        단기매매금융자산      ×××
(3) 처분
  〈평가〉        단기매매금융자산   ×××        평가이익(NI)         ×××
                 평가손실(NI)       ×××        단기매매금융자산      ×××
  〈처분〉        현금 또는 미수금   ×××        단기매매금융자산      ×××
```

- T계정법을 사용한 단기매매금융자산의 취득 및 처분 관련 현금유출입 계산방법은 다음과 같다.

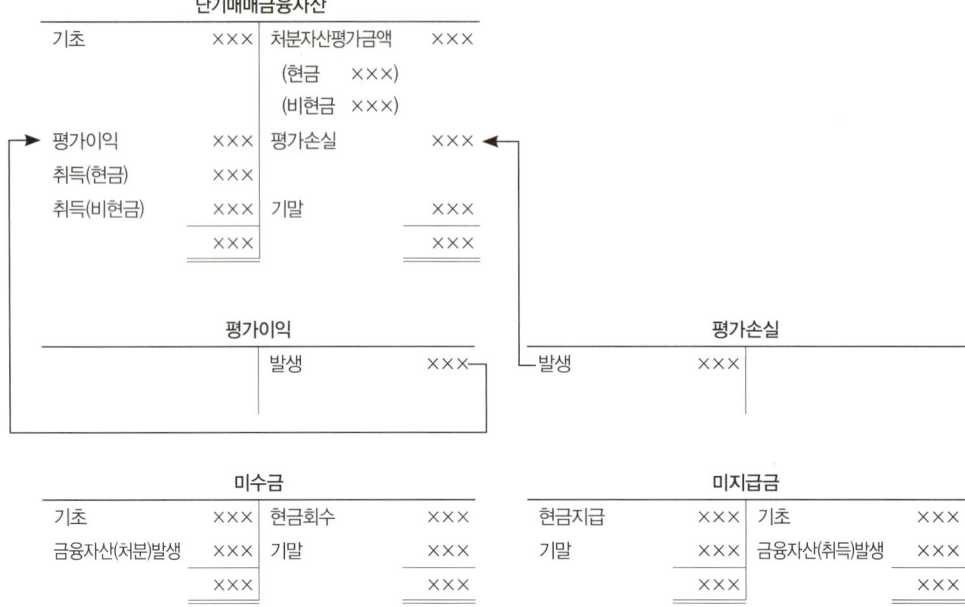

- 단기매매금융자산의 취득과 처분으로 인한 현금흐름을 계산하기 위해서 활용하는 T계정은 단기매매금융자산, 단기매매금융자산 관련 '미지급금과 미수금'이다.

(1) 단기매매(FVPL)금융자산 처분으로 인한 현금유입액

- 단기매매금융자산의 T계정에서 기초잔액과 기말잔액을 표시하고 회계기간 중 취득금액을 차변에 기록하여 처분대상자산의 평가금액을 산출하고 처분금액 중 비현금거래를 차감하면 차액이 처분으로 인한 현금유입액이다.
- 즉 단기매매금융자산은 처분과 관련하여 평가, 처분이라는 회계처리 과정을 거치게 되며 단기매매금융자산의 처분과 관련된 현금유입액은 단기매매금융자산 처분시점의 평가액에 해당한다. 이때 비현금거래가 있는 경우에는 단기매매금융자산의 처분과 관련된 미수금의 발생금액을 반영하여 다음과 같이 계산한다.

> 단기매매금융자산 처분으로 인한 현금흐름
> = 처분대상 금융자산 처분시점 평가액 − 처분대상 금융자산 관련 미수금 발생액

(2) 단기매매(FVPL)금융자산 취득으로 인한 현금유출액

- 단기매매금융자산의 T계정에서 기초잔액과 기말잔액을 표시하고 당기 회계기간 중에 처분한 자산의 평가금액을 조정하고 평가이익이나 평가손실을 반영한다. 취득금액 중 비현금거래를 차감하면 차액이 취득으로 인한 현금유출액이다.
- 이때 비현금거래가 있는 경우에는 단기매매금융자산의 취득과 관련된 미지급금의 발생금액을 반영하여 다음과 같이 계산한다.

> 단기매매금융자산 취득으로 인한 현금흐름
> = (기말 금융자산 − 기초 금융자산) + 처분된 금융자산의 평가액 − (당기평가이익 − 당기평가손실)
>   − 금융자산 취득 관련 미지급금 발생액

예제 01

단기매매금융자산 취득과 처분

- 다음은 A회사의 2X05년과 2X06년도 영업활동과 관련된 재무상태표와 포괄손익계산서 항목에 대한 정보 중 일부 발췌한 것이다. 2X06년 단기매매금융자산 일부를 처분하였으며 2X06년에 취득한 단기매매금융자산은 없다.

재무상태표	2X05년	2X06년	증감
단기매매금융자산	480,000	489,000	9,000

포괄손익계산서		2X06년	
평가이익		125,000	

요구사항. T계정법을 이용하여 단기매매금융자산의 취득 및 처분과 관련된 영업활동으로 인한 현금흐름을 나타내라.

해설

⟨ 평가 ⟩ 단기매매금융자산 125,000   평가이익(NI) 125,000

단기매매금융자산				평가이익(NI)	
기초	480,000	처분	116,000	발생	125,000
평가이익	125,000				
취득(현금)	0				
취득(비현금)	0	기말	489,000		
	605,000		605,000		

⟨ 처분 ⟩ 현금 116,000   단기매매금융자산 116,000

1) 단기매매금융자산 처분으로 인한 현금유입: ₩116,000
2) 단기매매금융자산 취득으로 인한 현금유출: ₩0

- 단기매매금융자산의 처분으로 인한 현금유입액은 ₩116,000이고 단기매매금융자산의 취득으로 인한 현금유출액은 ₩0이다. 따라서 영업활동으로 인한 현금흐름은 ₩116,000이며 다음과 같이 표시한다.

〈 현금흐름표 〉

영업활동으로 인한 현금흐름	116,000
1) 영업활동으로 인한 현금유입액	
단기매매금융자산 처분	116,000
2) 영업활동으로 인한 현금유출액	
단기매매금융자산 취득	0

2.5. 영업활동에서 창출된 현금흐름

- 매출로부터의 현금유입액, 매출원가로부터의 현금유출액, 판매비와관리비로부터의 현금유출액 그리고 '단기매매목적 당기손익-공정가치 측정 금융자산'으로부터의 현금유출입액을 계산하면 영업활동에서 창출된 현금흐름이 산출된다.

> 영업활동에서 창출된 현금흐름 = 매출로부터의 현금유입액 − 매출원가로부터의 현금유출액
> 　　　　　　　　　　　　　　− 판매비와관리비로부터의 현금유출액
> 　　　　　　　　　　　　　　± 단기매매금융자산으로부터의 현금유출입액

3. 별도표시 항목으로부터의 현금흐름

3.1. 이자수익으로부터의 현금유입(이자수취)

- 이자수익과 관련해서 유입된 현금유입액은 이자수익 중에서 당기에 현금으로 수취한 유입액으로 별도 구분표시한다.

- 이자수취를 계산하는데 필요한 포괄손익계산서 계정과목은 이자수익이다.
- 이때 이자수익에는 현금유입이 없는 비현금항목인 장기미수금 관련 현재가치차금의 상각에 해당하는 금액이나 채무증권인 금융자산을 할인 취득한 경우의 차이 조정을 위한 상각금액이 포함되어 있다.
- 또한 실무에서 거의 발생하지 않지만 채무증권인 금융자산을 할증취득한 경우 차이조정을 위한 해당금액은 현금이 유입되었는데도 이자수익에서 제외되어있다.

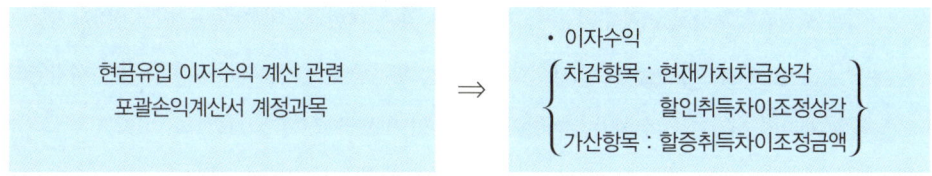

- 이자수취를 계산하는데 필요한 재무상태표 계정과목은 이자수익과 관련되어 있는 선수수익(선수이자) 및 미수수익(미수이자)이다.

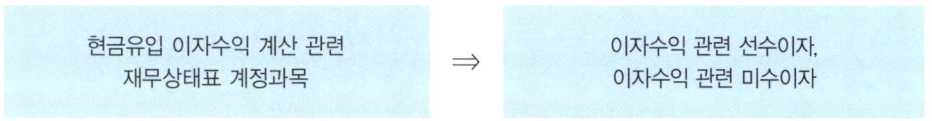

- 이자수익으로부터의 현금유입(이자수취)과 관련된 계정과목의 회계기간 중 발생한 회계처리의 예는 다음과 같다.

(1) 이자수익 발생	(차) 미수이자	×××	(대) 이자수익	×××
(2) 미수이자 수령	현금	×××	미수이자	×××
(3) 이자 선수령	현금	×××	선수이자	×××
(4) 선수이자의 이자수익 인식	선수이자	×××	이자수익	×××
(5) 현재가치차금상각	현재가치차금	×××	이자수익 (현재가치차금상각)	×××
(6) 금융자산(채무증권) 취득가액과 액면가액 차이 조정				
1) 채무증권 할인취득차이상각	현금	×××	이자수익(차이조정상각)	×××
	채무증권(금융자산)	×××		
2) 채무증권 할증취득차이상각	현금	×××	이자수익	×××
			채무증권-금융자산 (차이조정금액)	×××

- 이자수익 관련 현금유입액은 이자수익 중에서 당기에 현금으로 유입된 금액으로 현금으로 직접 수취한 이자수익 및 미수이자 회수금액과 선수이자로 받은 이자수익의 합계이다.
- 이자수익 관련 현금유입액을 계산하기 위해 활용하는 포괄손익계산서 계정과목은 이자수익이고 재무상태표 계정과목은 미수수익(미수이자)과 선수수익(선수이자)이 있다.
- 이자수익과 관련되어 있는 미수수익과 선수수익의 T계정에서 기초잔액과 기말잔액을 표시하고 당기에 발생한 이자수익을 차변에 반영하면 차액이 당기에 수취한 현금이다.
- 이때 포괄손익계산서 이자수익 중에 포함되어 있는 비현금거래 항목인 '현금유입이 없는 장기미수금 관련 현재가치차금상각액'과 '할인취득한 채무증권 관련 차이조정을 위한 상각금액'은 차감하여 미수이자나 선수이자 T계정의 이자수익 발생금액으로 기록한다. 그리고 현금유입이 있는데도 포괄손익계산서 이자수익에서 제외된 '할증취득한 채무증권 관련 차이조정을 위한 해당 금액'은 가산하여 미수이자나 선수이자 T계정의 이자수익 발생금액으로 기록한다.
- 즉 선수이자와 미수이자 T계정의 이자수익 발생금액은 비현금거래를 제외한 현금 및 미수이자를 합계한 금액이다.
- 이자수취로 인한 현금유입액은 포괄손익계산서 항목인 이자수익과 관련 재무상태표 항목인 미수수익과 선수수익, 그리고 비현금항목을 통해 다음과 같이 구한다.

선수이자				미수이자			
이자수익발생(선수)	×××	기초잔액	×××	기초잔액	×××	수취(현금)	×××
기말잔액	×××	수취(현금)	×××	이자수익발생(미수)	×××	기말잔액	×××
	×××		×××		×××		×××

이자수익			현재가치차금			
현금수취이자발생	×××	상각(이자수익)	×××	기초잔액	×××
비현금수익발생	×××	기말잔액	×××	당기발생	×××
(현재가치차금상각 ×××)			×××		×××
(할인취득조정상각 ×××)					
미수이자발생	×××				
선수이자대체	×××				
	×××				

사례: 이자수익으로부터의 현금유입 I

- A회사의 전기와 당기 자료는 다음과 같다. 단, 현금으로 직접 수취한 이자수익은 없다.

	재무상태표 계정		포괄손익계산서 계정	
계정과목	기초잔액	기말잔액	계정과목	금액
미수이자	10,000	16,000	이자수익	100,000

- T계정을 이용하여 계산한 A회사의 이자수익으로 인한 현금유입액은 다음과 같다.

미수이자			
기초잔액	10,000	수취(현금)	94,000
이자수익(미수)	100,000	기말잔액	16,000
	110,000		110,000

- 이자수익 관련 현금유입액 = ₩94,000

사례: 이자수익으로부터의 현금유입 II

- A회사의 전기와 당기 자료는 다음과 같다. 단, 현금으로 직접 수취한 이자수익은 없다.

	재무상태표 계정		포괄손익계산서 계정	
계정과목	기초잔액	기말잔액	계정과목	금액
선수이자	42,000	30,000	이자수익	100,000

- T계정을 이용하여 계산한 A회사의 이자수익으로 인한 현금유입액은 다음과 같다.

선수이자			
이자수익(선수)	100,000	기초잔액	42,000
기말잔액	30,000	수취(현금)	88,000
	130,000		130,000

- 이자수익 관련 현금유입액 = ₩88,000

사례: 이자수익으로부터의 현금유입 III

- A회사의 전기와 당기 자료는 다음과 같다. 단, 현금으로 직접 수취한 이자수익은 없다.

	재무상태표 계정		포괄손익계산서 계정	
계정과목	기초잔액	기말잔액	계정과목	금액
미수이자	10,000	16,000	이자수익	100,000
선수이자	42,000	30,000		

- T계정을 이용하여 계산한 A회사의 이자수익으로 인한 현금유입액은 다음과 같다.

미수이자			
기초잔액	10,000	수취(현금)	×-6,000
이자수익(미수)	×	기말잔액	16,000
	10,000+×		10,000+×

선수이자			
이자수익(선수)	100,000-×	기초잔액	42,000
기말잔액	30,000	수취(현금)	88,000-×
	130,000-×		130,000-×

- 이자수익 관련 현금유입액 : 0 + (×-6,000) + (88,000-×) = ₩82,000
  (현금수취) (미수이자수취) (선수이자수취)

사례 이자수익으로부터의 현금유입 Ⅳ

- A회사의 전기와 당기 자료는 다음과 같다. 단, 현금으로 직접 수취한 이자수익은 없다.

재무상태표 계정			포괄손익계산서 계정	
계정과목	기초잔액	기말잔액	계정과목	금액
미수이자	10,000	16,000	이자수익^{주)}	100,000
선수이자	42,000	30,000		

주) 할인취득차이조정상각 금액 ₩10,000 포함

- T계정을 이용하여 계산한 A회사의 이자수익으로 인한 현금유입액은 다음과 같다.

미수이자			
기초잔액	10,000	수취(현금)	×-6,000
이자수익(미수)	×	기말잔액	16,000
	10,000+×		10,000+×

선수이자			
이자수익(선수)	90,000-×	기초잔액	42,000
기말잔액	30,000	수취(현금)	78,000-×
	120,000-×		120,000-×

이자수익	
현금수취이자발생	0
비현금수익발생	10,000
(할인취득조정상각 10,000)	
미수이자발생	×
선수이자대체	90,000-×
	100,000

- 이자수익 관련 현금유입액 : 0 + (×-6,000) + (78,000-×) = ₩72,000
  (현금수취) (미수이자수취) (선수이자수취)

사례 | 이자수익으로부터의 현금유입 Ⅴ

- A회사의 전기와 당기 자료는 다음과 같고 회계연도 중에 할증취득차이조정상각금액 ₩10,000이 발생하였다. 단, 현금으로 직접 수취한 이자수익은 없다.

재무상태표 계정			포괄손익계산서 계정	
계정과목	기초잔액	기말잔액	계정과목	금액
미수이자	10,000	16,000	이자수익	100,000
선수이자	42,000	30,000		

- T계정을 이용하여 계산한 A회사의 이자수익으로 인한 현금유입액은 다음과 같다.

미수이자

기초잔액	10,000	수취(현금)	x−6,000
이자수익(미수)	x	기말잔액	16,000
	10,000+x		10,000+x

선수이자

이자수익(선수)	100,000−x	기초잔액	42,000
기말잔액	30,000	수취(현금)	88,000−x
	130,000−x		130,000−x

이자수익

현금수취이자발생	0
비현금수익발생	0
미수이자발생	x
선수이자대체	100,000−x
	100,000

채무증권

현금(이자수익)	10,000
	10,000

⟨표면금리 > 시장이자율⟩	(차) 현금	×××	(대) 이자수익	×××
			채무증권	10,000

- 이자수익 관련 현금유입액 = 0 + (x−6,000) + (88,000−x) + 10,000 = ₩92,000
  (현금수취) (미수이자수취) (선수이자수취) (채무증권)

사례 **이자수익으로부터의 현금유입 Ⅵ**

- A회사의 전기와 당기 자료는 다음과 같다. 단, 현금으로 직접 수취한 이자수익은 없다.

재무상태표 계정			포괄손익계산서 계정	
계정과목	기초잔액	기말잔액	계정과목	금액
미수이자	10,000	16,000	이자수익	100,000
선수이자	42,000	30,000		
현재가치차금	200,000	195,000		

- T계정을 이용하여 이자수익 관련 현금유입액을 계산하면 다음과 같다.

미수이자			
기초잔액	10,000	수취(현금)	x−6,000
이자수익(미수)	x	기말잔액	16,000
	10,000+x		10,000+x

선수이자			
이자수익(선수)	95,000−x	기초잔액	42,000
기말잔액	30,000	수취(현금)	83,000−x
	125,000−x		125,000−x

이자수익			
현금수취이자발생	0		
비현금수익발생	5,000		
(현재가치금상각 5,000)			
미수이자발생	x		
선수이자대체	95,000−x		
	100,000		

현재가치차금			
상각(이자수익)	5,000	기초잔액	200,000
기말잔액	195,000	당기발생	0
	200,000		200,000

- 이자수익 관련 현금유입액 : 0 + (x−6,000) + (83,000−x) = ₩77,000
                  (현금수취) (미수이자수취) (선수이자수취)

보충설명 증감분석법을 이용한 이자수익으로부터의 현금유입

- 이자수취로 인한 현금유입액은 현금유입 항목인 포괄손익계산서의 이자수익에 1) 관련 재무상태표 항목인 선수이자 증가와 미수이자의 감소는 가산하고 선수이자의 감소와 미수이자의 증가는 차감한다. 또한 2) 비현금항목인 현재가치차금상각, 할인취득차이조정상각은 이자수익에서 차감하고 할증취득차이조정상각은 이자수익에서 가산하여 현금유입액을 다음과 같이 계산한다.

발생기준		현금기준 이자수익
포괄손익계산서 계정과목	관련 재무상태표 계정과목	
이자수익 (현재가치차금상각 할인취득차이조정상각 할증취득차이조정상각)	선수수익(이자수익 관련) 미수수익(이자수익 관련)	이자수익의 현금유입액 = 이자수익(I/S) − 현재가치차금상각 − 할인취득차이조정상각 + 할증취득차이조정상각 − 미수이자의 증가(+감소) + 선수이자의 증가(−감소)

▶ **이자수익으로부터의 현금유입 I(이자수취액)**

- A회사의 전기와 당기 자료는 다음과 같다.

재무상태표 계정			포괄손익계산서 계정	
계정과목	기초잔액	기말잔액	계정과목	금액
미수이자	42,000	30,000	이자수익	100,000
선수이자	10,000	16,000		

- 증감분석법을 이용하여 계산하면 이자수익과 관련된 현금유입은 다음과 같다.

이자수익(I/S)		100,000
조정		(18,000)
선수이자 감소	(12,000)	
미수이자 증가	(6,000)	
		82,000

계속 ☞

▶ **사례**: 이자수익으로부터의 현금유입 Ⅱ (이자수취액)

- A회사의 전기와 당기 자료는 다음과 같다.

재무상태표 계정			포괄손익계산서 계정	
계정과목	기초잔액	기말잔액	계정과목	금액
선수이자	42,000	30,000	이자수익^{주)}	100,000
미수이자	10,000	16,000		

주) 현재가치차금상각 ₩5,000 포함

- 증감분석법을 이용하여 계산하면 이자수익과 관련된 현금유입은 다음과 같다.

이자수익(I/S)		100,000
조정		(23,000)
선수이자 감소	(12,000)	
미수이자 증가	(6,000)	
현재가치차금상각	(5,000)	
		77,000

3.2. 배당금수익으로부터의 현금유입(배당금수취)

- 배당수익과 관련해서 유입된 현금유입액은 현금유입 항목인 포괄손익계산서 배당금수익 중에서 당기에 현금으로 수취한 배당금 관련 수취금액으로 별도 구분표시한다. 지분법을 적용하는 기업이 작성하는 개별재무제표에서는 배당금수취 시 배당수익으로 인식하지 않고 투자주식의 감소로 회계처리하며, 투자주식과 관련되어 수취한 배당금은 투자활동으로 표시한다.
- 배당금수익으로부터의 현금유입을 계산하기 위한 포괄손익계산서 계정과목은 배당금수익이며 재무상태표 계정과목은 미수배당금이다.

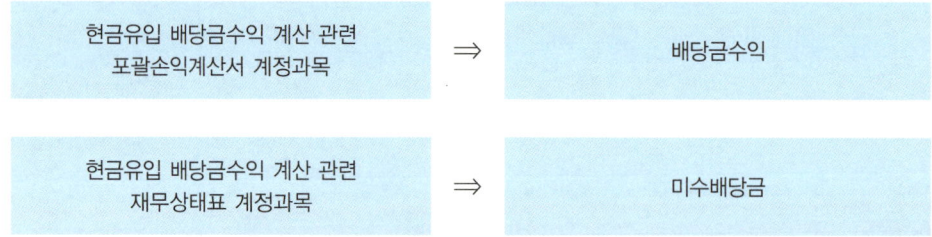

- 배당금수취로부터의 현금흐름(배당금수취)과 관련된 계정과목의 회계기간 중 발생한 회계처리의 예는 다음과 같다.

(1) 배당결정	(차) 미수배당금	×××	(대) 배당금수익	×××
(2) 배당금수취	현금	×××	미수배당금	×××

- 배당금수익과 관련되어 있는 미수배당금 T계정에서 기초잔액과 기말잔액을 표시하고 당기에 발생한 배당금수익을 차변에 반영하면 차액이 당기에 수취한 현금이다.
- 배당금수령으로 인한 현금유입액은 포괄손익계산서 항목인 배당금수익과 관련 재무상태표 항목인 미수배당금을 통해 다음과 같이 구한다.

미수배당금

기초잔액	×××	수취(현금)	×××
배당금수익	×××	기말잔액	×××
	×××		×××

사례 배당금수익으로부터의 현금유입

- A회사의 전기와 당기 자료는 다음과 같다.

재무상태표 계정			포괄손익계산서 계정	
계정과목	기초잔액	기말잔액	계정과목	금액
미수배당금	50,000	60,000	배당금수익	110,000

- T계정을 이용하여 계산하면 배당과 관련된 현금유입은 다음과 같다.

  미수배당금

기초잔액	50,000	수취(현금)	100,000
배당금수익	110,000	기말잔액	60,000
	160,000		160,000

- 배당금수익으로부터 현금유입액 : ₩50,000 + ₩110,000 − ₩60,000 = ₩100,000
  (기초미수배당금)   (배당금수익)   (기말미수배당금)

> **보충설명** 증감분석법을 이용한 배당금수익으로부터의 현금유입액

- 배당금수취로 인한 현금유입액은 현금유입 항목인 포괄손익계산서의 배당금수익에 관련 재무상태표 항목인 미수배당금 증가는 차감하고 미수배당금 감소는 가산하여 다음과 같이 계산한다.

발생기준		현금기준 수입배당
포괄손익계산서 계정과목	관련 재무상태표 계정과목	
배당금수익	미수배당금	배당금수익의 현금유입액 = 배당금수익(I/S) − 미수배당금의 증가(+ 감소)

▶ **사례** : 이자수익으로부터의 현금유입(이자수취액)

- A회사의 전기와 당기 자료는 다음과 같다.

재무상태표 계정			포괄손익계산서 계정	
계정과목	기초잔액	기말잔액	계정과목	금액
미수배당금	50,000	60,000	배당금수익	110,000

- 증감분석법을 이용하여 계산하면 배당과 관련된 현금유입은 다음과 같다.

```
배당금수익(I/S)                              110,000
조정                                         (10,000)
    미수배당금 증가        (10,000)
                                             100,000
```

3.3. 이자비용으로부터의 현금유출(이자지급)

- 이자비용과 관련해서 유출된 현금유출액은 이자비용 중에서 당기에 현금으로 지급한 이자비용 관련 유출액으로 별도 구분표시한다.
- 이자지급액을 계산하는데 필요한 포괄손익계산서 계정과목은 이자비용이다. 이때 이자비용에는 현금유출이 없는 비현금항목이 포함되어 있다. 즉, 사채할인발행차금상각과 장기미지급금 관련 현재가치차금상각, 그리고 전환권조정상각 및 신주인수권조정상각이 포함되어 있다.

- 또한 실무에서는 아주 드물게 발생하는 경우이지만 사채를 할증발행하는 경우에 발생한 사채할증발행차금환입은 현금이 유출되었는데도 이자비용에서 제외되어 있다.

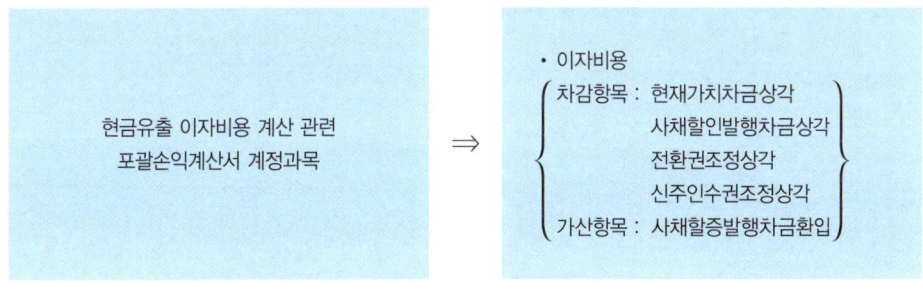

- 이자지급액을 계산하는데 필요한 재무상태표 계정과목은 이자비용과 관련 있는 선급비용과 미지급비용이다. 이때 선급비용과 미지급비용은 이자비용과 관련된 금액만 구분하여 표시해야 한다.

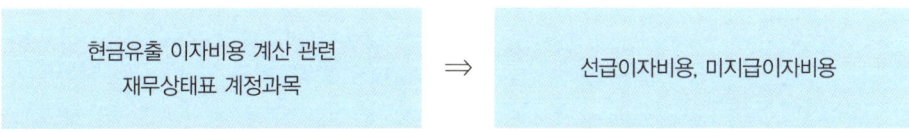

- K-IFRS 제1023호 '차입원가'에 따라 회계기간 동안 지급한 이자금액은 당기비용으로 회계처리하거나 자본화하여 자산으로 인식한 경우 모두 이자지급액에 포함해서 총지급액으로 표시한다.
- 이자비용으로부터의 현금흐름(이자지급)과 관련된 계정과목의 회계기간 중 발생한 회계처리의 예는 다음과 같다.

(1) 이자지급 발생	(차) 이자비용	×××	(대) 미지급이자	×××
(2) 미지급이자 지급	미지급이자	×××	현금	×××
(3) 이자 선지급	선급이자	×××	현금	×××
(4) 선급이자의 이자비용 인식	이자비용	×××	선급이자	×××
(5) 차입원가 발생	건설중인자산(차입원가)	×××	현금 또는 미지급비용	×××
(6) 현재가치차금상각	이자비용(유효이자액)	×××	현재가치차금(상각액)	×××
(7) 사채할인발행차금상각	이자비용(유효이자액)	×××	현금(표시이자액)	×××
			사채할인발행차금(상각액)	×××

(8) 사채할증발행차금환입	이자비용(유효이자액)	×××	현금(표시이자액)	×××
	사채할증발행차금(환입액)	×××		
(9) 이자비용(전환권조정상각)	이자비용	×××	전환권조정	×××
(10) 이자비용(신주인수권조정상각)	이자비용	×××	신주인수권조정	×××

- 이자비용 관련 현금유출액은 이자비용 중에서 당기에 현금으로 유출된 금액으로 현금으로 직접 지급한 이자비용 및 미지급이자의 지급액과 선급으로 지급한 이자비용의 합계이다.
- 이자지급으로 인한 현금유출액을 계산하기 위해 활용하는 포괄손익계산서 계정과목은 이자비용이고 재무상태표 계정과목은 선급비용(선급이자)과 미지급비용(미지급이자)이다.
- 이자비용과 관련되어 있는 선급비용과 미지급비용의 T계정에서 기초잔액과 기말잔액을 표시하고 당기에 발생한 이자비용(차입원가 포함)을 각각 대변에 반영하면 차액이 당기에 지급해서 유출된 현금이다.
- 이때 포괄손익계산서 이자비용 중에 포함되어 있지만 현금유출이 없는 비현금거래 항목인 사채할인발행차금상각과 현재가치차금상각, 전환권조정상각 및 신주인수권조정상각은 차감하여 미지급이자와 선급이자 T계정의 이자발생금액으로 기록한다. 그리고 포괄손익계산서 이자비용에서 제외된 현금유출이 있는 사채할증발행차금환입은 가산하여 미지급이자와 선수이자 T계정의 이자발생금액으로 기록한다.
- 즉 선급이자와 미지급이자 T계정의 이자비용 발생금액은 비현금거래를 제외한 현금 및 미지급이자를 합계한 금액이다.
- 이자지급으로 인한 현금유출액은 포괄손익계산서 항목인 이자비용과 관련 재무상태표 항목인 선급비용(선급이자), 미지급비용(미지급이자), 그리고 비현금비용 항목을 통해 다음과 같이 구한다.

선급이자				미지급이자			
기초잔액	×××	이자비용발생(선급)	×××	지급(현금)	×××	기초잔액	×××
지급(현금)	×××	기말잔액	×××	기말잔액	×××	이자비용발생(미지급)	×××
	×××		×××		×××		×××

이자비용			현재가치차금			
현금지급이자발생	×××		기초잔액	×××	상각(이자수익)	×××
비현금비용발생	×××		당기발생	×××	기말잔액	×××
(현재가치차금상각)	×××			×××		×××
(사채할인발행차금상각)	×××					
(전환권조정상각)	×××					
(신주인수권조정상각)	×××					
미지급이자발생	×××					
선급이자대체	×××					
	×××					

사채할인발행차금				사채할증발행차금			
기초	×××	상각	×××	환입	×××	기초	×××
		사채상환	×××	사채상환	×××		
사채발행	×××	기말	×××	기말	×××	사채	×××
	×××		×××		×××		×××

전환권조정				신주인수권조정			
기초	×××	상각(이자비용)	×××	기초	×××	상각(이자비용)	×××
		전환	×××			상환	×××
발행	×××	기말	×××	발행	×××	기말	×××
	×××		×××		×××		×××

사례 **이자비용으로부터의 현금유출 I**

- A회사 전기와 당기 자료는 다음과 같다. 단, 현금으로 직접 지급한 이자비용은 없다.

재무상태표 계정			포괄손익계산서 계정	
계정과목	기초잔액	기말잔액	계정과목	금액
미지급이자	30,000	38,000	이자비용	80,000

- T계정을 이용하여 계산한 A회사의 이자비용으로 인한 현금유출액은 다음과 같다.

미지급이자			
지급(현금)	72,000	기초잔액	30,000
기말잔액	38,000	이자비용(미지급)	80,000
	110,000		110,000

사례: 이자비용으로부터의 현금유출 Ⅱ

- A회사의 전기와 당기 자료는 다음과 같다. 단, 현금으로 직접 지급한 이자비용은 없다.

재무상태표 계정			포괄손익계산서 계정	
계정과목	기초잔액	기말잔액	계정과목	금액
선급이자	8,000	15,000	이자비용	80,000

- T계정을 이용하여 계산한 A회사의 이자비용으로 인한 현금유출액은 다음과 같다.

선급이자			
기초잔액	8,000	이자비용(선급)	80,000
지급(현금)	87,000	기말잔액	15,000
	95,000		95,000

사례: 이자비용으로부터의 현금유출 Ⅲ

- A회사의 전기와 당기 자료는 다음과 같다. 단, 현금으로 직접 지급한 이자비용은 없다

재무상태표 계정			포괄손익계산서 계정	
계정과목	기초잔액	기말잔액	계정과목	금액
미지급이자	30,000	38,000	이자비용	80,000
선급이자	8,000	15,000		

- T계정을 이용하여 계산한 A회사의 이자비용으로 인한 현금유출액은 다음과 같다.

미지급이자				선급이자			
지급(현금)	$x-8,000$	기초잔액	30,000	기초잔액	8,000	이자비용(선급)	$80,000-x$
기말잔액	38,000	이자비용(미지급)[주]	x	지급(현금)	$87,000-x$	기말잔액	15,000
	$30,000+x$		$30,000+x$		$95,000-x$		$95,000-x$

주) 포괄손익계산서 이자비용 – 이자비용 대체 선급이자

- 이자비용 관련 현금유출액 : 0 + ($x-8,000$) + ($87,000-x$) = ₩79,000
                                (현금지급)   (미지급이자지급) (선급이자지급)

사례 이자비용으로부터의 현금유출 Ⅳ

- A회사의 전기와 당기 자료는 다음과 같다. 단, 현금으로 직접 지급한 이자비용은 없다.

재무상태표 계정			포괄손익계산서 계정	
계정과목	기초잔액	기말잔액	계정과목	금액
미지급이자	30,000	38,000	이자비용 주1)	80,000
선급이자	8,000	15,000		
사채할인발행차금	15,000	12,000		
전환권조정	20,000	16,000		
신주인수권조정	12,000	9,000		

주1) 사채할인발행차금상각 ₩3,000
　　전환권조정상각 ₩4,000
　　신주인수권조정상각 ₩3,000 포함

- T계정을 이용하여 계산하면 이자와 관련된 현금유출은 다음과 같다.

미지급이자				선급이자			
지급(현금)	x−8,000	기초잔액	30,000	기초잔액	8,000	이자비용(선급)	70,000−x
기말잔액	38,000	이자비용(미지급) 주2)	x	지급(현금)	77,000−x	기말잔액	15,000
	30,000+x		30,000+x		85,000−x		85,000−x

주2) 포괄손익계산서 이자비용 − 이자비용 대체 선급이자

이자비용	
현금지급이자발생	0
비현금비용발생	10,000
(사채할인발행차금상각 3,000)	
(전환권조정상각 4,000)	
(신주인수권조정상각 3,000)	
미지급이자발생	x
선급이자대체	70,000−x
	80,000

- 이자비용 관련 현금유출액 : 0 + (x−8,000) + (77,000−x) = ₩69,000
　　　　　　　　　　　　(현금지급)　(미지급이자지급)　(선급이자지급)

사례 이자비용으로부터의 현금유출 V

- A회사의 전기와 당기 자료는 다음과 같다. 단, 현금으로 직접 지급한 이자비용은 없다.

재무상태표 계정

계정과목	기초잔액	기말잔액
미지급이자	30,000	38,000
선급이자	8,000	15,000
사채할증발행차금	120,000	110,000

포괄손익계산서 계정

계정과목	금액
이자비용 주1)	80,000

주1) 사채할증발행차금환입 ₩10,000 발생

- T계정을 이용하여 계산하면 이자와 관련된 현금유출은 다음과 같다.

미지급이자

지급(현금)	x−8,000	기초잔액	30,000
기말잔액	38,000	이자비용(미지급) 주2)	x
	30,000+x		30,000+x

주2) 포괄손익계산서 이자비용 − 이자비용 대체 선급이자

선급이자

기초잔액	8,000	이자비용(선급)	80,000−x
지급(현금)	87,000−x	기말잔액	15,000
	95,000−x		95,000−x

이자비용

현금지급이자발생	0
비현금비용	0
미지급이자발생	x
선급이자대체	80,000−x
	80,000

사채할증발행차금

상각이자비용(현금)	10,000
	10,000

〈사채할증발행차금환입〉 (차) 이자비용 ××× (대) 현금 ×××
　　　　　　　　　　　　　　사채할증발행차금(환입액) 10,000

- 이자비용 관련 현금유출액 : 0 + (x−8,000) + (87,000−x) + 10,000 = ₩89,000
　　　　　　　　　　　　　(현금지급) (미지급이자지급) (선급이자지급) (사채할증발행차금환입)

사례 **이자비용으로부터의 현금유출 Ⅵ**

- A회사의 전기와 당기 자료는 다음과 같다. 단, 현금으로 직접 지급한 이자비용은 없다.

재무상태표 계정			포괄손익계산서 계정	
계정과목	기초잔액	기말잔액	계정과목	금액
미지급이자	30,000	38,000	이자비용 주1)	80,000
선급이자	8,000	15,000		
현재가치할인차금	120,000	110,000		

주1) 현재가치할인차금상각 ₩10,000 포함

- T계정을 이용하여 계산하면 이자와 관련된 현금유출은 다음과 같다.

미지급이자				선급이자			
지급(현금)	x−8,000	기초잔액	30,000	기초잔액	8,000	이자비용(선급)	70,000−x
기말잔액	38,000	이자비용(미지급) 주2)	x	지급(현금)	77,000−x	기말잔액	15,000
	30,000+x		30,000+x		85,000−x		85,000−x

주2) 포괄손익계산서 이자비용 − 이자비용 대체 선급이자

이자비용	
현금지급이자발생	0
비현금비용발생	10,000
(현재가치차금상각 10,000)	
미지급이자발생	x
선급이자대체	70,000−x
	80,000

- 이자비용 관련 현금유출액 : 0 + (x−8,000) + (77,000−x) = ₩69,000
  　　　　　　　　　　　　(현금지급)　(미지급이자지급)　(선급이자지급)

보충설명 **증감분석법을 이용한 이자비용으로부터의 현금유출액**

- 이자지급으로 인한 현금유출액은 현금유출 항목인 포괄손익계산서의 이자비용에 1) 관련 재무상태표 항목인 선급비용의 증가와 미지급비용의 감소는 가산하고 선급비용의 감소와 미지급비용의 증가는 차감한다. 또한 2) 현재가치차금상각이나 사채할인발행차금상각, 전환권조정상각 및 신주인수권조정상각 등의 비현금비용이 있는 경우는 차감하고 사채할증발행차금환입은 가산하여 현금유출액을 다음과 같이 계산한다.

계속 ☞

발생기준		현금기준 매출액
포괄손익계산서 계정과목	관련 재무상태표 계정과목	
이자비용 { 현재가치차금상각 / 사채할인발행차금상각 / 전환권조정상각 / 신주인수권조정상각 / 사채할증발행차금환입 }	선급비용(이자비용관련) / 미지급비용(이자비용관련) / (차입원가)	이자비용의 현금유출액 = 이자비용(I/S) { + 차입원가(자산) / − 현재가치차금상각 / − 사채할인발행차금상각 / − 전환권조정상각 / − 신주인수권조정상각 / + 사채할증발행차금환입 } − 미지급이자의 증가(+감소) + 선급이자의 증가(−감소)

▶ **사례 : 이자비용으로부터의 현금유출 Ⅰ**

- A회사의 전기와 당기 자료는 다음과 같다.

재무상태표 계정			포괄손익계산서 계정	
계정과목	기초잔액	기말잔액	계정과목	금액
미지급이자	30,000	38,000	이자비용	80,000
선급이자	8,000	15,000		

- 증감분석법을 이용하여 계산하면 이자지급과 관련된 현금유출은 다음과 같다.

이자비용(I/S)			80,000
조정			(1,000)
	미지급이자 증가	(8,000)	
	선급이자 증가	7,000	
			79,000

▶ **사례 : 이자비용으로부터의 현금유출 Ⅱ**

- A회사의 전기와 당기 자료는 다음과 같다.

재무상태표 계정			포괄손익계산서 계정	
계정과목	기초잔액	기말잔액	계정과목	금액
미지급이자	30,000	38,000	이자비용[주]	80,000
선급이자	8,000	15,000		
현재가치차금	120,000	110,000		

주) 현재가치차금상각 ₩10,000 포함

- 증감분석법을 이용하여 계산하면 이자지급과 관련된 현금유출은 다음과 같다.

이자비용(I/S)		80,000
조정		(11,000)
미지급이자 증가	(8,000)	
선급이자 증가	7,000	
현재가치차금상각	(10,000)	
		69,000

3.4. 법인세비용으로부터의 현금유출(법인세납부)

- 법인세비용과 관련해서 유출된 현금유출액은 법인세비용 중에서 현금으로 당기에 지급한 법인세비용 관련 유출액으로 별도 구분표시한다. 단, 이때 자본거래로 인한 법인세납부와 부동산처분 등 투자활동과 관련된 법인세납부액은 영업활동에서 제외한다.
- 법인세납부액을 계산하는데 필요한 포괄손익계산서 계정과목은 법인세비용(법인세추납액이나 법인세환급액 포함)이고, 재무상태표의 계정과목은 미지급법인세, 선급법인세, 미수환급법인세, 이연법인세자산, 이연법인세부채이다.

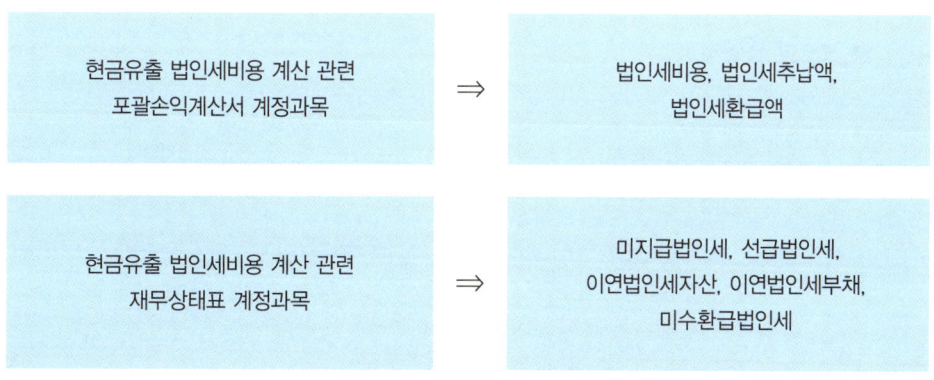

- 법인세납부로부터의 현금흐름과 관련된 계정과목의 회계기간 중 발생한 회계처리의 예는 다음과 같다.

(1) 법인세비용 인식 및 이연법인세 인식	(차)	법인세비용 이연법인세자산	××× ×××	(대) 미지급법인세 이연법인세부채	××× ×××
(2) 법인세납부		미지급법인세	×××	현금	×××
(3) 법인세선납		선급법인세	×××	현금	×××
(4) 법인세추납 발생		법인세추납(법인세비용)	×××	미지급법인세	×××
(5) 법인세환급 발생		미수환급법인세	×××	법인세환급(법인세비용)	×××

- T계정을 이용한 법인세지급으로 인한 현금유출액을 계산하기 위해 활용하는 계정과목은 재무상태표 항목인 선급법인세와 미지급법인세, 미수환급법인세, 이연법인세자산, 이연법인세부채이다.

- 법인세비용과 관련되어 있는 선급법인세와 미지급법인세의 T계정에서 각각의 기초잔액과 기말잔액을 표시하고 당기에 발생한 법인세비용을 대변에 반영하면 차액이 당기에 지급해서 유출된 현금이다. 만일 법인세환급액이 있는 경우에는 미수환급법인세 T계정에서 법인세 수령금액을 산출해서 반영한다. 이때 포괄손익계산서 법인세비용과 관련해서 이연법인세자산, 이연법인세부채가 있는 경우에는 추가적으로 분석해서 반영해야 한다.

- 법인세지급으로 인한 현금유출액은 포괄손익계산서 항목인 법인세비용 계정과 관련 재무상태표 항목인 선급법인세, 미지급법인세, 미수환급법인세, 이연법인세자산, 이연법인세부채 계정을 통해 다음과 같이 구한다.

미지급법인세				선급법인세			
지급(현금)	×××	기초잔액	×××	기초잔액	×××	법인세비용	×××
기말잔액	×××	법인세비용	×××	지급(현금)	×××	기말잔액	×××
	×××		×××		×××		×××

미수환급법인세				이연법인세자산			
기초잔액	×××	현금수령	×××	기초잔액	×××	법인세비용	×××
법인세환급	×××	기말잔액	×××	미지급법인세	×××	기말잔액	×××
	×××		×××		×××		×××

이연법인세부채				법인세비용			
미지급법인세	×××	기초잔액	×××	미지급법인세발생	×××	이연법인세자산	×××
기말잔액	×××	법인세비용	×××	선급법인세대체	×××		
	×××		×××	이연법인세부채	×××		

사례: 법인세비용으로부터의 현금유출 I

- A회사의 전기와 당기 자료는 다음과 같다.

재무상태표 계정			포괄손익계산서 계정	
계정과목	기초잔액	기말잔액	계정과목	금액
미지급법인세	100,000	110,000	법인세비용	180,000

- T계정을 이용하여 계산한 A회사의 법인세비용으로부터의 현금유출액은 다음과 같다.

미지급법인세			
지급(현금)	170,000	기초잔액	100,000
기말잔액	110,000	법인세비용	180,000
	280,000		280,000

사례 **법인세비용으로부터의 현금유출 Ⅱ**

- A회사의 전기와 당기 자료는 다음과 같다.

재무상태표 계정			포괄손익계산서 계정	
계정과목	기초잔액	기말잔액	계정과목	금액
미지급법인세	100,000	110,000	법인세비용(주)	180,000
선급법인세	24,000	32,000	법인세 환수액	0
미수환급법인세	0	0		
이연법인세자산	80,000	100,000		
이연법인세부채	0	0		

주) 법인세추납액 ₩20,000 포함

- T계정을 이용하여 계산한 A회사의 법인세비용으로부터의 현금유출액은 다음과 같다.

미지급법인세					이연법인세자산			
지급(현금)	190,000	기초잔액	100,000		기초잔액	80,000	법인세비용	0
		이연법인세자산	20,000		미지급법인세	20,000	기말잔액	100,000
기말잔액	110,000	법인세비용	180,000			100,000		100,000
	300,000		300,000					

선급법인세					이연법인세부채			
기초잔액	24,000	법인세비용	0		미지급법인세	0	기초잔액	0
지급(현금)	8,000	기말잔액	32,000		기말잔액	0	법인세비용	0
	32,000		32,000			0		0

- 법인세비용 관련 현금유출액 : ₩190,000 + ₩8,000 = ₩198,000
  (미지급법인세 현금지급) (선급법인세 현금지급)

보충설명 **증감분석법을 이용한 법인세비용으로부터의 현금유출액**

- 포괄손익계산서 항목인 법인세납부로 인한 현금유출액은 현금유출 항목인 영업활동에서 발생한 법인세비용(법인세추납액 포함)에 1) 재무상태표 항목인 선급법인세의 증가와 미지급법인세의 감소, 이연법인세자산의 증가, 이연법인세부채의 감소는 가산하고 2) 선급법인세의 감소와 미지급법인세의 증가, 이연법인세자산의 감소, 이연법인세부채의 증가, 법인세환급액은 차감해서 현금유출액을 다음과 같이 구한다.

발생기준		현금기준 법인세비용
포괄손익계산서 계정과목	관련 재무상태표 계정과목	
법인세비용 법인세추납액 법인세환급	선급법인세 미지급법인세 이연법인세자산 이연법인세부채	법인세비용의 현금유출액 = 법인세비용(I/S) + 법인세추납액 − 법인세환급액 − 미지급법인세 증가(+감소) + 선급법인세 증가(−감소) + 미수환급법인세 증가(−감소) + 이연법인세자산 증가(−감소) − 이연법인세부채 증가(+감소)

▶ 사례: **법인세비용으로부터의 현금유출 I**

- A회사의 전기와 당기 자료는 다음과 같다.

재무상태표 계정			포괄손익계산서 계정	
계정과목	기초잔액	기말잔액	계정과목	금액
미지급법인세	100,000	110,000	법인세비용	180,000
선급법인세	24,000	32,000		

- 증감분석법을 이용하여 계산하면 법인세 납부와 관련된 현금유출은 다음과 같다.

법인세비용(I/S)		180,000
조정		(2,000)
미지급법인세 증가	(10,000)	
선급법인세 증가	8,000	
		178,000

▶ 사례: **법인세비용으로부터의 현금유출 II**

- A회사의 전기와 당기 자료는 다음과 같다.

재무상태표 계정			포괄손익계산서 계정	
계정과목	기초잔액	기말잔액	계정과목	금액
미지급법인세	100,000	110,000	법인세비용[주]	180,000
선급법인세	24,000	32,000	법인세환수액	0
이연법인세자산	80,000	100,000	주) 법인세추납액 ₩20,000 포함	
이연법인세부채	0	0		

계속 ▷

- 증감분석법을 이용하여 계산하면 법인세납부와 관련된 현금유출은 다음과 같다.

법인세비용(I/S)		180,000
조정		18,000
	미지급법인세 증가	(10,000)
	선급법인세 증가	8,000
	이연법인세자산 증가	20,000
	이연법인세부채 증가	0
		198,000

4. 영업활동으로 인한 현금흐름

- 직접법에서 영업활동에서 창출된 현금흐름에 별도표시 항목인 이자지급과 법인세납부액을 차감하고 이자수취 및 배당금수취를 가산하여 영업활동으로 인한 현금흐름을 계산한다.

> 영업활동으로 인한 현금흐름 = 영업활동에서 창출된 현금흐름 + 별도표시 항목 조정

5. 직접법에 의한 영업활동으로 인한 현금흐름 표시

- 지금까지의 사례를 이용하여 직접법에 의해 작성·표시된 영업활동으로 인한 현금흐름은 다음과 같다.

⟨ 직접법 영업활동으로 인한 현금흐름 ⟩

영업활동으로 인한 현금흐름	
매출로부터의 현금유입	10,399,200
매출원가로부터의 현금유출	7,030,000
판매비와관리비로부터의 현금유출	2,865,000
단기매매금융자산으로부터의 현금유입	116,000
영업활동에서 창출된 현금흐름	620,200
이자수취	77,000
배당금수취	100,000
이자지급	(69,000)
법인세납부	(198,000)
영업활동으로 인한 현금흐름	**530,200**

예제 02

직접법을 이용한 영업활동으로 인한 현금흐름 – T계정법

- 다음은 K사의 영업활동으로 인한 현금흐름을 산출하기 위한 포괄손익계산서, 재무상태표 항목의 증감과 추가자료이다.

포괄손익계산서		재무상태표항목 증감	
매출액	20,000	매출채권 증가(순액기준)	115
매출원가	14,900	재고자산 감소	205
판매비와관리비	2,700	선급비용(매출원가) 증가	45
영업이익	2,400	선급비용(판관비) 증가	25
금융수익(이자수익)	80	매입채무 감소	220
배당금수익	20	선수금(영업관련) 증가	100
금융비용(이자비용)	320	미지급비용(매출원가) 감소	10
외환차익(매출채권)	20	미수이자 증가	10
외환차익(기타수익)	10	선수이자 감소	5
외환차손(매입채무)	30	미지급이자 감소	15
외환차손(기타비용)	20	선급이자 증가	10
유형자산처분이익	80	미지급법인세 증가	245
유형자산처분손실	125	법인세추납액	25
법인세차감전이익	2,115	미수배당금 증가	3
법인세비용	800		
당기순이익	1,315		

계속 ▷

- 추가자료는 다음과 같다.

  1. 감가상각비(매출원가에 포함)　　　　　　　　100
  2. 대손상각비(판매비와관리비에 포함)　　　　　250
  3. 사채할인발행차금상각(이자비용에 포함)　　　　5
  4. 현재가치할증차금상각(이자수익에 포함)　　　 15
  5. 상각으로 인한 매출채권 제거액 없음
  6. 매출원가에서 기타비용으로 대체된 금액　　 255
     (선급비용 관련 150, 미지급비용 관련 105)

  요구사항. K사의 영업활동으로 인한 현금흐름을 T계정을 이용하여 직접법으로 작성하라.

해설

1. 매출로부터의 현금유입액
   - K회사의 전기와 당기 자료는 다음과 같다.

	재무상태표 계정			포괄손익계산서 계정	
계정과목	기초잔액	기말잔액	계정과목	금액	
매출채권	0	365	매출액 주1)	20,000	
대손충당금	(0)	(250)	대손상각비	250	
선수금	0	100			

주1) 현금매출과 선수금매출은 ₩0

   - T계정을 이용하여 계산하면 매출로 인한 현금유입액은 다음과 같다.

매출채권				대손충당금			
기초잔액	0	현금회수	19,655	매출채권 제거	0	기초잔액	0
외상매출	20,000	대손확정	0	기말잔액	250	대손상각	250
외환차익	20	기말잔액	365				
	20,020		20,020		250		250

선수금				매출	
매출대체	0	기초잔액	0	현금매출	0
기말잔액	100	현금수령	100	외상매출	20,000
	100		100	선수금매출	0
					20,000

   - 매출로부터의 현금유입액 = ₩19,655 + ₩100 = ₩19,755
     　　　　　　　　　　　　　(매출채권회수)　(선수금수령)

2. 매출원가로부터의 현금유출액

   (1) 매입으로부터의 현금유출액
   - K회사의 전기와 당기 자료는 다음과 같다.

재무상태표 계정			포괄손익계산서 계정	
계정과목	기초잔액	기말잔액	계정과목	금액
재고자산	500	295	매출원가	14,900
매입채무	800	580		

   - T계정법을 이용하여 계산하면 매입으로 인한 현금유출액은 다음과 같다.

매입채무					재고자산			
현금지급	14,945	기초잔액	800		기초잔액	500	매출원가	14,900
		외환차손	30					
기말잔액	580	매입(재고자산)	14,695	↔	매입채무	14,695	기말잔액	295
	15,525		15,525			15,195		15,195

   - 매입으로부터의 현금유출액 = ₩14,945 + ₩0 = ₩14,945
     (현금및매입채무지급)   (선급금지급)

   (2) 기타비용으로부터의 현금유출액
   - K회사의 전기와 당기 자료는 다음과 같다.

재무상태표 계정			포괄손익계산서 계정	
계정과목	기초잔액	기말잔액	계정과목	금액
선급비용	50	95	매출원가 주2)	14,900
			주2) 선급비용대체 ₩150	

   - T계정을 이용하여 계산하면 기타비용으로 인한 현금유출액은 다음과 같다.

선급비용			
기초잔액	50	발생	150
현금지급	195	기말잔액	95
	245		245

재무상태표 계정			포괄손익계산서 계정	
계정과목	기초잔액	기말잔액	계정과목	금액
미지급비용	40	30	매출원가 주3)	14,900
			주3) 미지급비용대체 ₩105	

- T계정을 이용하여 계산하면 기타비용으로 인한 현금유출액은 다음과 같다.

	미지급비용		
현금지급	115	기초잔액	40
기말잔액	30	발생	105
	145		145

- 매출원가로부터의 현금유출액 = ₩14,945 + ₩195 + ₩115 − ₩100 = ₩15,155
  (현금및매입채무지급) (선급비용지급) (미지급비용지급) (감가상각비)

3. 판매비와관리비로부터의 현금유출액
   - K회사의 전기와 당기 자료는 다음과 같다.

재무상태표 계정			포괄손익계산서 계정	
계정과목	기초잔액	기말잔액	계정과목	금액
선급비용	100	125	판매비와관리비[주4]	2,700

주4) 대손상각비 ₩250 포함

- T계정을 이용하여 계산하면 판매비와관리비로 인한 현금유출액은 다음과 같다.

	선급비용		
기초잔액	100	판매비와관리비	2,450
현금지급	2,475	기말잔액	125
	2,575		2,575

- 판매비와관리비로부터의 현금유출액 = ₩2,475

4. 이자수익으로부터의 현금유입액
   - K회사의 전기와 당기 자료는 다음과 같다.

재무상태표 계정			포괄손익계산서 계정	
계정과목	기초잔액	기말잔액	계정과목	금액
미수이자	300	310	이자수익	80
선수이자	200	195		
현재가치차금	150	135		

- T계정을 이용하여 이자수익 관련 현금유입액을 계산하면 다음과 같다.

미수이자			
기초잔액	300	수취(현금)	x−10
이자수익[주5]	x	기말잔액	310
	300+x		300+x

선수이자			
이자수익	65−x	기초잔액	200
기말잔액	195	수취(현금)	60−x
	260−x		260−x

주5) 포괄손익계산서 이자수익 − 선수이자 대체액

이자수익	
현금수취이자발생	0
비현금수익발생	15
(현재가치차금상각 15)	
미수이자발생	x
선수이자대체	65−x
	80

현재가치차금			
상각(이자수익)	15	기초잔액	150
기말잔액	135	당기발생	0
	150		150

- 이자수익 관련 현금유입액 : (x−10) + (60−x) = ₩50
                        (미수이자수취)   (선수이자수취)

5. 이자지급으로부터의 현금유출액

- K회사의 전기와 당기 자료는 다음과 같다. 단, 현금지급 이자비용은 없다.

재무상태표 계정			포괄손익계산서 계정	
계정과목	기초잔액	기말잔액	계정과목	금액
미지급이자	500	485	이자비용[주6]	320
선급이자	250	260	주6) 사채할인발행차금상각 ₩5 포함	
사채할인발행차금	150	145		

- T계정을 이용하여 계산하면 이자와 관련된 현금유출은 다음과 같다.

미지급이자			
지급(현금)	x+15	기초잔액	500
기말잔액	485	이자비용[주7]	x
	500+x		500+x

선급이자			
기초잔액	250	이자비용	315−x
지급(현금)	325−x	기말잔액	260
	575−x		575−x

주7) 포괄손익계산서 이자비용 − 이자비용 대체 선급이자

이자비용	
현금지급이자발생	0
비현금비용발생	5
(사채할인발행차금상각 5)	
미지급이자발생	x
선급이자대체	315−x
	320

- 이자지급으로부터의 현금유출액 : (x+15) + (325−x) = ₩340
                         (미지급이자지급) (선급이자지급)

6. 배당수익으로부터의 현금유입액
   - K회사의 전기와 당기 자료는 다음과 같다.

	재무상태표 계정		포괄손익계산서 계정	
계정과목	기초잔액	기말잔액	계정과목	금액
미수배당금	100	103	배당금수익	20

   - T계정을 이용하여 계산하면 배당과 관련된 현금유입은 다음과 같다.

미수배당금			
기초잔액	100	수취(현금)	17
배당금수익	20	기말잔액	103
	120		120

   - 배당금수익으로부터 현금유입액 = ₩17

7. 법인세비용으로부터의 현금유출액
   - K회사의 전기와 당기 자료는 다음과 같다.

	재무상태표 계정		포괄손익계산서 계정	
계정과목	기초잔액	기말잔액	계정과목	금액
미지급법인세	300	545	법인세비용	800

   - T계정을 이용하여 계산한 A회사의 법인세비용으로부터의 현금유출액은 다음과 같다.

미지급법인세			
지급(현금)	555	기초잔액	300
기말잔액	545	법인세비용	800
	1,100		1,100

   - 법인세비용으로부터의 현금유출액 = ₩555 + ₩25 = ₩580
     (미지급법인세지급) (법인세추납액)

8. 직접법에 의한 K사의 영업활동으로 인한 현금흐름은 다음과 같이 작성 표시한다.

〈 직접법 영업활동으로 인한 현금흐름 〉

매출로부터의 현금유입	19,755
매출원가로부터의 현금유출	(15,155)
판매비와관리비로부터의 현금유출	(2,475)
영업활동에서 창출된 현금흐름	**2,125**
이자비용으로부터의 현금유출	(340)
이자수익으로부터의 현금유입	50
배당금수익으로부터의 현금유입	17
법인세비용으로부터의 현금유출	(580)
영업활동으로 인한 현금흐름	**1,272**

사례 | **영업이익은 많은데…통장에 입금된 돈은?**

- A사는 2X03~2X12년 누적 영업이익이 6199억원으로 같은 기간 누적 영업활동으로 인한 현금흐름(5602억원)보다 597억원 규모가 컸다. 최근 들어 영업이익과 영업활동창출현금흐름 간 격차가 이전 10년보다 약 15배 가량 커졌다.
  이 같은 차이의 급증은 대금 결제조건에 급격한 변화가 나타나거나 외상으로 매출을 키웠을 경우 나타난다. 이를 의도적으로 할 경우 '분식회계'로 부른다. 정상적 기업에선 장기적으로 볼 때 영업이익과 영업활동창출현금흐름 누적액 간의 격차는 0으로 수렴한다.

- 물론 A사가 영위하는 수주산업의 특성상 '들어올 것'을 미리 손익으로 반영한 영업이익과 현금으로 '들어온 것'만을 반영한 영업활동창출현금흐름 사이의 시차 발생은 피할 수 없다. A사는 국내외 정부로부터 수주해 전체 계약금의 15~20%를 선수금으로 받고 공정의 진행률에 따라 이익을 나눠 인식한다. 발주처로부터 실제 돈이 들어오는 시점은 일반적으로 이익 발생시점보다 늦은 것이 일반적이다. 국내 수주는 국가를 대상으로 한 사업이라 대금의 회수 지연이 거의 발생하지 않는다. 하지만 해외수주는 회수지연이 자주 발생해 이익을 회계기준에 맞지 않게 선반영하기가 쉽다.

(※출처: 머니투데이)

6. 학습정리 – 기억해야 할 핵심 이슈

- ☞ 영업활동으로 인한 현금흐름의 작성방법 중 직접법과 간접법의 차이를 설명할 수 있어야 한다.
- ☞ 직접법에 의한 영업활동으로 인한 현금흐름과 포괄손익계산서의 차이를 설명할 수 있어야 한다.
- ☞ 직접법에서 영업활동으로 인한 현금흐름의 구성요소가 무엇인지 알아야 한다.
- ☞ 직접법에서 영업활동창출현금흐름의 구성요소가 무엇인지 알아야 한다.
- ☞ 별도표시항목으로 인한 현금흐름의 구성요소가 무엇인지 알아야 한다.
- ☞ 영업활동으로 인한 현금흐름의 구성요소 각각에 대해 현금유입이나 현금유출을 계산하기 위한 포괄손익계산서 계정과목을 알아야 한다.
- ☞ 영업활동으로 인한 현금흐름의 구성요소 각각에 대해 현금유입이나 현금유출을 계산하기 위한 재무상태표 계정과목을 알아야 한다.
- ☞ 영업활동으로 인한 현금흐름 구성요소 각각의 유입이나 유출과 관련된 계정과목의 회계기간 중 발생한 회계처리를 이해해야 한다.
- ☞ 영업활동으로 인한 현금흐름 구성요소 각각의 유입이나 유출을 계산하기 위해 활용하는 T계정 항목을 알아야 한다.
- ☞ 영업활동으로 인한 현금흐름 구성요소 각각의 현금흐름을 계산하기 위한 각 T계정의 차변과 대변항목을 기억해야 한다.
- ☞ 영업활동으로 인한 현금흐름 관련 구성요소 각각에서 반영해야 할 비현금거래와 그 영향을 이해해야 한다.

제5-1장

영업활동으로 인한 현금흐름 작성방법(간접법)

5-1장 영업활동으로 인한 현금흐름 작성방법(간접법)

- 간접법은 포괄손익계산서의 발생주의 당기순이익을 현금주의 당기순이익으로 전환하는 과정으로 포괄손익계산서의 발생주의 당기순이익에 조정항목(포괄손익계산서 조정항목과 영업활동 관련 재무상태표 조정항목)을 가감하여 현금주의 당기순이익을 계산하는 방법이다.

| 발생주의 당기순이익 | | 현금주의 당기순이익 |

- 간접법은 기업경영의 총현금유입과 총현금유출을 주요 항목별로 구분하여 세부적인 활동별 정보를 직접적으로 제공하는 직접법과 달리 기업의 경영활동 전체를 하나로 보고 현금흐름정보를 제공하면서 '당기순이익에 대한 조정과정'을 통해 영업활동으로 인한 현금흐름의 작성과정을 보여준다.
- 즉 간접법은 발생주의에 의해 산출된 포괄손익계산서 당기순이익이 현금주의에 의한 당기순이익과 다르기 때문에 차이를 조정해서 현금기준으로 표시하는 방법이므로 수익과 비용의 인식시점의 차이에 대한 이해와 조정이 필요하다.
- 따라서 당기순이익에는 반영되어 있지만 현금의 유출이나 유입이 없는 금액은 제거하고 당기순이익에는 반영되지 않았지만 현금의 유출이나 유입에 영향을 미친 금액은 포함해야 한다.
- 특히 당기순이익에는 현금을 수반하는 거래로부터 발생한 손익과 현금을 수반하지 않는 거래로부터 발생한 손익이 포함되어 있다. 또한 당기순이익에는 영업활동에서 발생한 손익뿐만 아니라 투자활동이나 재무활동에서 발생한 손익도 포함되어 있다.
- 따라서 먼저 포괄손익계산서의 당기순이익에서 현금을 수반하지 않는 거래로 발생한 손익인 (1) 현금의 유입이 없는 수익 또는 차익 및 (2) 현금의 유출이 없는 비용 또는 차손과 (3) 투자활동이나 재무활동과 관련된 손익항목을 조정한다.
- 그리고 재무상태표에 있는 과거 또는 미래의 영업활동과 관련된 현금유출의 이연(예: 매출채권의 증가, 재고자산의 증가 또는 미지급비용의 증가) 또는 발생(예: 선수금의 증가, 선급금의 증가 또는 선급비용의 증가) 항목을 조정해야 한다.
- 즉, '회계기간 동안 발생한 재고자산과 영업활동에 관련된 재무상태표의 변동항목' 등 영업활

동 관련 자산 또는 부채의 변동을 반영하여 영업활동으로 인한 현금흐름을 구한다.
- 다시 말해 간접법을 적용하는 경우, 영업활동으로 인한 현금흐름은 당기순손익에 다음 항목들의 영향을 조정하여 결정한다.

> (1) 감가상각비, 충당부채손익, 외화환산손익, 미배분 관계기업지분법이익과 같은 현금의 유입이나 유출이 없는 비현금항목
> (2) 투자활동으로 인한 현금흐름이나 재무활동으로 인한 현금흐름으로 분류되는 기타 모든 항목(손익, 자산 또는 부채)
> (3) 회계기간 동안 발생한 재고자산과 영업활동에 관련된 채권·채무의 변동

사례 │ 당기순이익의 조정항목

- 간접법에서 위의 세 가지 항목들을 조정하는 이유를 이해하기 위하여 다음의 사례를 살펴보자. A회사의 영업활동 관련 항목은 다음과 같다.

당기순이익	₩500,000(매출액 ₩1,500,000)		
감가상각비	₩100,000	유형자산처분이익	₩40,000
매출채권 기초잔액	₩300,000	매출채권 기말잔액	₩250,000

- 이 사례에서 감가상각비는 현금의 유출이 없는 비현금비용 항목이다. 따라서 당기순이익은 ₩500,000이어도 실제 현금흐름은 이보다 ₩100,000이 더 많다.
- 유형자산처분이익은 투자활동으로 인한 현금흐름에 해당한다. 당기순이익으로부터 유형자산처분이익은 차감해야 하는데, 그 이유는 유형자산처분이익은 투자활동의 일부이기 때문에 영업활동이 아닌 투자활동으로 구분되어야 한다.
- 마지막으로 매출채권은 매출과 관련된 재무상태표의 채권이다. 매출은 ₩1,500,000이라고 하여도 매출로부터의 실제 현금유입액은 ₩1,550,000이 된다. 왜냐하면 전기에 회수하지 못했던 매출채권 중 ₩50,000을 당기에 회수하였기 때문이다. 매출은 당기순이익에 직접 영향을 미치므로 현금흐름은 당기순이익보다 ₩50,000이 더 많다.
- 이 사례에서 위의 조정사항을 모두 반영한 A회사의 영업활동으로 인한 현금흐름을 계산하면 ₩610,000(= ₩500,000 + ₩100,000 − ₩40,000 + ₩50,000)이다.
- 간접법은 이와 같이 당기순이익을 조정하여 영업활동으로 인한 현금흐름을 계산하는 방법이다.

- 간접법은 발생주의 당기순이익을 현금주의 당기순이익으로 조정하는 것으로 결산이 마감되어 당기순이익이 확정되어야 하기 때문에 복잡한 절차를 거쳐야 하는 T계정보다 증감분석법을 이용하는 것이 바람직하다.
- 간접법에서 영업활동으로 인한 현금흐름은 먼저 증감분석법을 사용하여 다음과 같이 당기순이익에 포괄손익계산서 항목과 재무상태표 항목을 조정해서 영업활동에서 창출된 현금흐름을 계산한 다음에 별도 표시항목을 반영하여 영업활동으로 인한 현금흐름을 구하는 것이 일반적이다.
- 그러나 국제회계기준에는 이와 같이 구분해서 표시하라는 요구사항은 없다. 그럼에도 본 사례에서 조정사항을 구분해서 표시한 이유는 당기순이익과 영업활동에서 창출된 현금흐름이 차이 나는 원인을 파악하는 등 현금흐름분석에 매우 유용하기 때문이다.

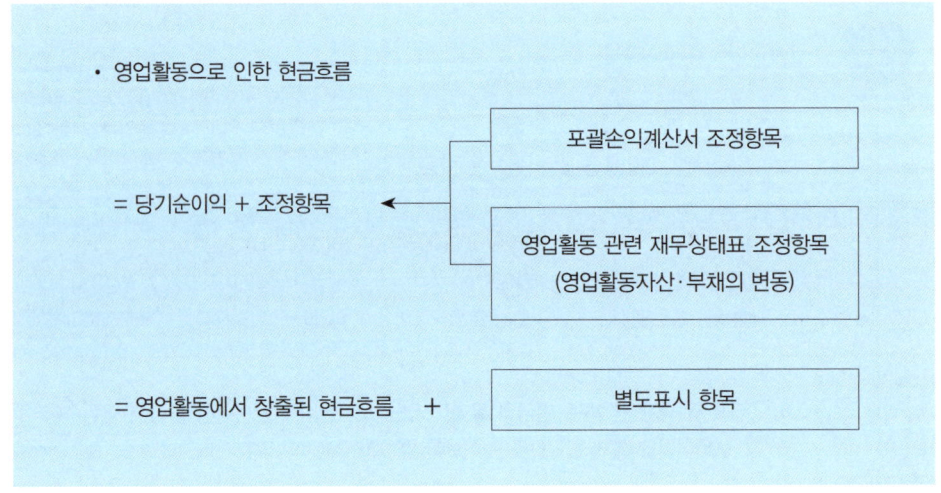

- 따라서 간접법에서는 당기순이익의 조정항목, 즉 (1) 포괄손익계산서 조정항목인 별도표시로 인해 조정하는 손익항목과 현금을 수반하지 않는 거래 또는 투자활동으로 인한 현금흐름이나 재무활동으로 인한 현금흐름과 관련된 손익항목이 어떤 항목인지 파악하는 것 그리고 (2) 재무상태표 조정항목인 과거 또는 미래의 영업활동 관련 현금유입이나 현금유출의 이연 또는 발생된 자산이나 부채계정이 무엇인지 파악하는 것이 중요하다.
- 특히 K-IFRS에서 별도표시 하도록 요구하고 지급능력을 평가할 수 있는 지표로 활용하는 법인세납부, 이자지급, 이자수취, 배당금수취 등 별도표시 항목의 작성방법도 기억해야 한다.

1. 영업활동에서 창출된 현금흐름

1.1. 포괄손익계산서 조정항목

- 포괄손익계산서의 당기순이익은 영업활동 관련 손익과 투자활동 관련 손익, 재무활동 관련 손익으로 구성되어 있다.
- 또한 영업활동 관련 손익에는 별도표시와 관련된 손익항목, 현금유출입이 있는 손익항목과 현금유출입이 없는 손익항목이 포함되어 있다.

> 당기순이익 = 영업활동손익(= 별도표시 관련 손익 ± 현금유출입이 있는 손익
> ± 현금유출입이 없는 손익) ± 투자활동손익 ± 재무활동손익

- 따라서 당기순이익에서 조정할 포괄손익계산서의 조정항목은 다음과 같이 현금흐름을 별도표시하기 때문에 가감하는 항목과 현금을 수반하지 않는 비현금수익이나 비현금비용, 투자활동 및 재무활동손익 항목 세 가지 유형으로 구분된다.

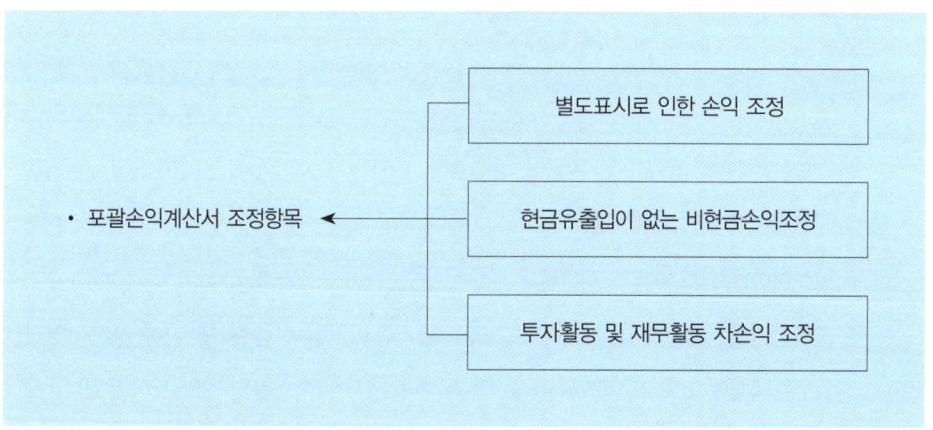

- 일반기업회계기준을 적용하는 기업은 K-IFRS 적용기업과 달리 별도표시로 인한 손익의 조정이 없고 조정항목 중 현금유출입이 없는 비현금손익은 현금유출이 없는 비용 등 가산과 현금유입이 없는 수익 등 차감 두 가지 유형으로 구분하여 표시하고 있다.

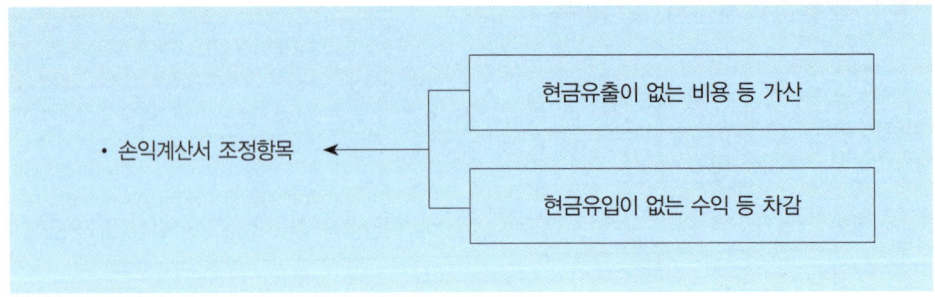

1.1.1. 별도표시로 인한 손익 조정

- 별도표시로 인해 조정해야 할 손익항목은 이자수익과 배당금수익, 이자비용과 법인세비용 항목이다.

| 별도표시로 인한 조정항목 |

• 이자수익	• 배당금수익
• 이자비용	• 법인세비용

- 앞에 있는 '제3장 경영활동 구분과 현금흐름 표시'에서 보았듯이 K-IFRS에서는 일반적으로 이자지급과 이자수취 및 배당금수취, 그리고 법인세납부와 관련된 각각의 현금흐름을 영업활동으로 인한 현금흐름에서 표시하되 별도로 구분해서 공시하도록 하고 있기 때문이다.
- 즉 포괄손익계산서에서 발생주의 기준으로 당기순이익을 산출할 때 이미 이자수익과 배당금수익은 수익항목으로 가산했고 이자비용과 법인세비용은 비용항목으로 차감했다. 따라서 '이자수취 및 배당금수취, 이자지급, 법인세납부'를 별도표시 할 경우 별도표시 관련 포괄손익계산서 손익항목은 중복 계산되기 때문에 이자수익과 배당금수익은 다시 차감하고 이자비용과 법인세비용은 가산해서 다음과 같이 조정해야 한다.

당기순이익		×××
조정		×××
(−) 이자수익	(×××)	
(−) 배당금수익	(×××)	
(+) 이자비용	×××	
(+) 법인세비용	×××	
별도표시로 인한 손익 조정 후 당기순이익		×××

- 특히 이자수익과 이자비용은 각각 현금유입이 없는 수익이나 현금유출이 없는 비용이 포함되어 있는 것을 기억해야 한다.

  (1) 이자수익에 포함된 현금유입이 없는 수익 또는 차익은 장기미수금 관련 현재가치차금상각과 할인취득한 금융자산(채무증권) 관련 차이조정을 위한 상각금액 등이다.

  (2) 이자비용에 포함된 현금유출이 없는 비용 또는 차손은 장기미지급금 관련 현재가치차금상각과 사채할인발행차금상각, 전환권조정상각 및 신주인수권조정상각 등이다.

- 실무에서는 조정 후 계산한 '별도표시로 인한 손익조정 후 당기순이익'을 '순이자비용 및 법인세비용차감전 당기순이익'으로 표시하여 의사결정에 활용한다.

> 순이자비용 및 법인세비용차감전 당기순이익
> = 당기순이익 + {(이자비용 + 법인세비용) − 이자수익 및 배당금수익}

보충설명 **별도표시로 인한 손익조정**

- 포괄손익계산서에 표시된 당기순이익은 매출에서 매출원가, 판매비와관리비를 차감하여 영업이익을 산출한 후 이자수익이나 배당금수익은 가산하고 이자비용과 법인세비용은 차감하여 계산한다. 그러나 영업활동으로 인한 현금흐름에서 이자 및 배당금수취와 이자지급 및 법인세납부액을 별도로 표시하기 때문에 이자수익이나 배당금수익, 이자비용과 법인세비용이 중복 계산된다.

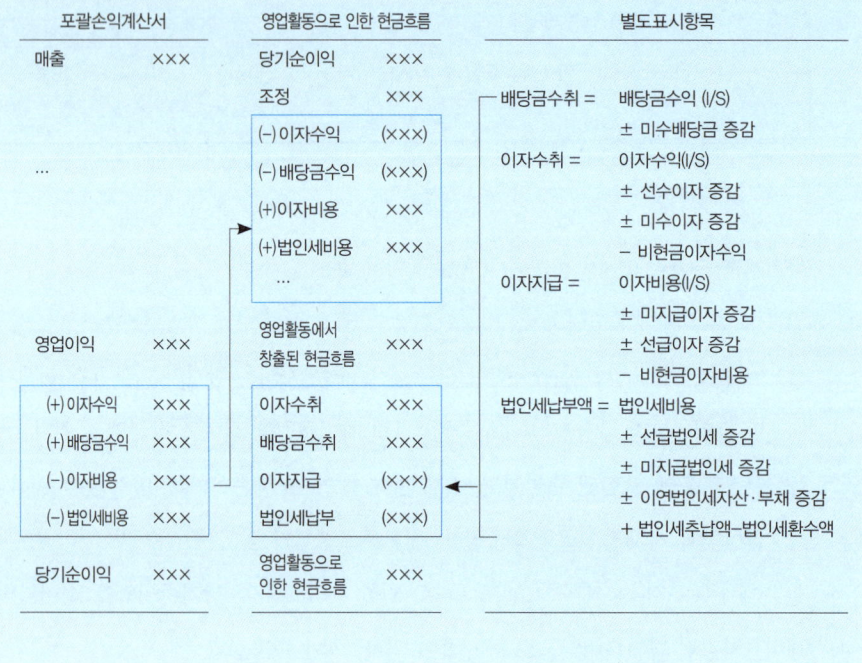

> **사례** **별도표시로 인한 손익조정**
>
> - 다음은 A회사의 영업활동 관련 포괄손익계산서 항목이다.
>
> | 당기순이익 | ₩440,200 | 이자수익 | ₩100,000 | 이자비용 | ₩80,000 |
> |---|---|---|---|---|---|
> | 법인세비용 | ₩180,000 | 배당금수익 | ₩110,000 | | |
>
> - 별도표시로 인한 손익 조정 후 당기순이익은 다음과 같다.
>
> | | | |
> |---|---|---|
> | 당기순이익 | | 440,200 |
> | 조정 | | 50,000 |
> | (−) 이자수익 | (100,000) | |
> | (−) 배당금수익 | (110,000) | |
> | (+) 이자비용 | 80,000 | |
> | (+) 법인세비용 | 180,000 | |
> | 별도표시로 인한 손익 조정 후 당기순이익 | | 490,200 |

1.1.2. 현금유출입이 없는 비현금손익 조정

- 두 번째로 조정할 가감항목은 수익(차익)이나 비용(차손)으로 당기순이익을 증가 또는 감소시켰지만 현금의 유입이나 유출이 없는 비현금수익(차익)과 비용(차손)항목으로 감가상각비와 대손상각비가 대표적인 예이다. 포괄손익계산서의 당기순이익은 발생주의 기준에 따라 손익을 인식하기 때문에 현금의 유출입이 있는 손익뿐만 아니라 현금의 유출입이 없는 손익도 포함되어 있다.

> 당기순이익 = 현금유출입 있는 손익 + 현금유출입 없는 손익

- 따라서 현금주의 기준의 당기순이익을 산출하기 위해서는 현금의 유출입이 없는 손익을 당기순이익에서 제거하는 조정과정이 필요하다.
    (1) 현금유출이 없는 비용(차손)으로 당기순이익에 가산해주어야 할 항목은 비용의 인식으로 당기순이익은 감소하지만 현금감소가 없는 항목이다.
    (2) 현금유입이 없는 수익(차익)으로 당기순이익에서 차감해야 할 항목은 수익의 인식으로 당기순이익은 증가하지만 현금증가가 없는 항목이다.
- 포괄손익계산서 당기순이익에 가감해서 조정할 현금유출이 없는 비용(차손)이나 현금유입이 없는 수익(차익)의 예는 다음과 같다.

| 비현금손익 항목 |

현금유출이 없는 비용 또는 차손가산	대손상각비, 유·무형자산상각비, 퇴직급여, 주식보상비용, 충당부채비용, 재고자산감모손실, 재고자산평가손실, 단기매매금융자산평가손실, 외화환산손실, 손상차손
현금유입이 없는 수익 또는 차익차감	대손충당금환입, 재고자산평가충당금환입, 충당부채환입, 단기매매금융자산평가이익, 외화환산이익, 손상차손환입

- 현금유출입이 없는 비용(차손)이나 수익(차익)은 영업활동과 관련된 손익과 투자활동이나 재무활동과 관련된 손익으로 구분할 수 있다. 그러나 일반적으로 당기순이익에 조정할 현금유출입 없는 비현금손익은 영업활동과 관련된 손익항목만을 표시하고 투자활동이나 재무활동과 관련된 손익은 현금유출입 없는 손익조정에서 분리하여 다음에서 설명하는 투자활동 및 재무활동 차손익 조정에서 표시한다.

> 현금유출입 없는 비현금 손익 = 현금유출입 없는 영업 관련 비용과 수익
>   + 현금유출입 없는 투자 및 재무활동 차손익

- 현금유출입이 없는 항목이면서 투자활동이나 재무활동손익에도 해당되는 항목은 지분법이익, 지분법손실, 대손상각비(매출채권 제외), 비유동자산 관련 손상차손, 외화환산손익(매출

채권이나 매입채무 관련 제외) 등이다.

- 따라서 현금흐름을 계산하기 위해서는 당기순이익을 산출할 때 이미 반영된 현금유출이 없는 비용(차손)과 현금유입이 없는 수익(차익)을 제거하기 위하여 현금이 수반되지 않는 비현금비용은 가산하고 비현금수익은 차감해서 다음과 같이 조정해야 한다.

당기순이익		×××
조정		×××
(−) 현금유입이 없는 수익	(×××)	
(+) 현금유출이 없는 비용	×××	
현금유출입 없는 손익 조정 후 당기순이익		×××

- 단, K-IFRS 포괄손익계산서에서 기타수익이나 기타비용으로 표시되는 매출채권이나 매입채무와 관련된 외환차손익이나 매출채권매각손실이 있는 경우에는 현금유출입이 있는 항목이므로 현금유출이 없는 손익 조정항목에서 표시하지 아니한다.

보충설명 영업활동자산·부채처분손익 회계처리

- K-IFRS현금흐름표 표시
  1. 외환차손익
     1) 외환차익 관련 회계처리는 다음과 같다.
        (차) 현금　　110　(대) 매출채권　100
        　　　　　　　　　　　　외환차익　　10

        이때 외환차익의 경우 다음과 같이 분개하여 현금유입이 있는 이익항목이므로 현금유입없는 비현금이익에는 표시하지 아니한다.

        (차) 현금　　100　(대) 매출채권　100
        　　 현금　　 10　　　 외환차익　 10

     2) 외환차손 관련 회계처리는 다음과 같다.
        (차) 현금　　 90　(대) 매출채권　100
        　　 외환차손　10

        이때 외환차손은 다음과 같이 분개하여 현금유출이 있는 손실항목으로 보아 현금유출이 없는 비현금손실에는 표시하지 않는 것이 일반적이다.

        (차) 현금　　100　(대) 매출채권　100
        　　 외환차손　10　　　 현금　　　10

  2. 매출채권처분손실 : 매출채권매각손실은 외환차손과 같이 현금의 유출이 있는 손실항목으로 보아 현금유출이 없는 비현금손실에는 표시하지 않는 것이 일반적이다.

계속 ☞

- 일반기업회계기준에서는 영업활동 관련 자산의 매각으로 인한 처분손실이 발생할 경우, 두 가지 방법으로 표시하는 것을 인정하고 있다.

방법 1		방법 2	
영업활동으로 인한 현금흐름		영업활동으로 인한 현금흐름	
법인세비용차감전순이익	×××	법인세비용차감전순이익	×××
조정		조정	
자산처분손실	10	자산처분손실	–
영업활동자산의 감소	90	영업활동자산의 감소	100
	×××		×××

사례 | 현금유출입이 없는 비현금손익 손익조정

- A회사의 영업활동 관련 항목은 다음과 같다.

당기순이익	₩440,200	감가상각비	₩200,000
대손상각비	₩5,000	주식보상비용	₩100,000
수선충당비용	₩150,000	외화환산손실	₩50,300
재고자산평가손실	₩400,000	재고자산감모손실	₩200,000
재고자산평가충당금환입	₩100,000	외화환산이익	₩100,400
단기매매금융자산평가이익	₩125,000		

- 이 사례에서 현금유출입이 없는 손익 조정 후 당기순이익은 다음과 같다.

당기순이익		440,200
조정		779,900
(+) 감가상각비	200,000	
(+) 대손상각비	5,000	
(+) 주식보상비용	100,000	
(+) 수선충당비용	150,000	
(+) 외화환산손실	50,300	
(+) 재고자산감모손실	200,000	
(+) 재고자산평가손실	400,000	
(−) 외화환산이익	(100,400)	
(−) 재고자산평가충당금환입	(100,000)	
(−) 단기매매금융자산평가이익	(125,000)	
현금유출입 없는 손익 조정 후 당기순이익		1,220,100

1.1.3. 투자활동 및 재무활동 차손익 조정

- 세 번째 조정할 가감항목은 영업활동과 관련이 없는 투자활동과 재무활동에서 발생한 차손익항목으로 유형자산처분손익, 사채상환손익 등이 대표적인 예이며 대부분의 포괄손익계산서의 기타수익과 기타비용, 중단영업손익 그리고 금융수익과 금융비용의 일부가 포함된다. 포괄손익계산서의 당기순이익에는 영업활동손익뿐만 아니라 투자 및 재무활동손익도 포함되어 있다. 따라서 영업활동 당기순이이익을 산출하기 위해서는 투자 및 재무활동손익은 당기순이익에서 제거해야 한다.

> 당기순이익 = 영업활동손익 + 투자 및 재무활동손익

(1) 투자 및 재무활동에서 발생한 차손으로 당기순이익에 가산해야 할 항목은 비유동자산처분이나 부채의 상환과 관련된 손실과 비유동자산 관련 손상차손 및 평가손실 등으로 영업활동이 아니라 투자 및 재무활동차손이기 때문에 당기순이익에 가산함으로써 영업활동으로 인한 현금흐름에서는 제외시켜야 한다.

(2) 투자 및 재무활동에서 발생하는 차익으로 당기순이익에서 차감해야 할 항목은 비유동자산의 처분이나 부채의 상환 관련 이익과 비유동자산 관련 손상차손환입 등으로 영업활동이 아니라 투자 및 재무활동차익이기 때문에 당기순이익에서 차감함으로써 영업활동으로 인한 현금흐름에서 제외시켜야 한다.

- 이때 투자 및 재무활동차손익은 현금의 유출입이 없는 항목뿐만 아니라 사채상환손실이나 유형자산처분이익과 같이 현금의 유출입이 있는 항목도 포함되어 있다.
- 따라서 투자활동에서의 자산처분이나 재무활동에서의 부채상환을 할 경우에는 현금유출입이 있는 손익이 발생하는데 매각한 자산이나 상환한 부채가 장부가액이 아니라 매각금액이나 상환금액으로 표시되기 때문에 당기순이익에서 제거하지 않을 경우 현금유출입이 이중 계산되는 것을 주의해야 한다.

> 투자 및 재무활동차손익 = 현금유출입 없는 투자 및 재무활동 비용(차손)과 수익(차익)
>   + 현금유출입 있는 투자 및 재무활동 비용(차손) 및 수익(차익)

- 포괄손익계산서 당기순이익에 조정해야 할 투자활동 및 재무활동 관련 차손익의 예는 다음과 같다.

| 투자활동 및 재무활동 차손익 |

투자활동차손익 조정항목	재무활동차손익 조정항목
• 차손가산 : 　a) 현금유출입이 있는 항목 　　외환차손(영업활동외), 유·무형자산처분손실, 　　매도가능금융자산처분손실, 만기보유금융자산 　　처분손실 등 　b) 현금유출입이 없는 항목 　　대손상각비(매출채권 제외), 유·무형자산손상차손, 　　매도가능금융자산손상차손, 지분법손실 등 • 차익차감 : 　a) 현금유출입이 있는 항목 　　외환차익(영업활동외), 유·무형자산처분이익, 　　매도가능금융자산처분이익, 만기보유금융자산 　　처분이익 등 　b) 현금유출입이 없는 항목 　　매도가능금융자산손상차손환입, 지분법이익 등	• 차손가산 : 　a) 현금유출입이 있는 항목 　　사채상환손실, 차입금상환손실, 외환차손 등 • 차익차감 : 　a) 현금유출입이 있는 항목 　　사채상환이익, 차입금상환이익, 외환차익 등

- 따라서 영업활동으로 인한 현금흐름을 계산하기 위해서는 당기순이익을 산출할 때 이미 반영된 투자활동 관련 손익 및 재무활동 관련 손익을 제거해 주어야 하기 때문에 투자활동수익(차익)과 재무활동수익(차익)은 차감하고 투자활동손실(차손)과 재무활동손실(차손)은 가산한다.

```
당기순이익                                          ×××
조정                                                ×××
    (+) 투자활동차손                    ×××
    (−) 투자활동차익                   (×××)
    (+) 재무활동차손                    ×××
    (−) 재무활동차익                   (×××)
투자활동 및 재무활동차손익 조정 후 당기순이익          ×××
```

사례 　**투자활동 및 재무활동 관련 차손익 조정**

- A회사의 투자활동 및 재무활동 관련 항목은 다음과 같다.

당기순이익	₩440,200	유형자산처분이익	₩120,000
매도가능금융자산처분이익	₩40,000	지분법손실	₩15,000
만기보유금융자산손상차손환입	₩80,000	사채상환손실	₩20,000
지분법이익	₩10,000		

- 이 사례에서 투자활동 및 재무활동 손익 조정 후 당기순이익은 다음과 같다.

당기순이익		440,200
조정		(215,000)
(−) 유형자산처분이익	(120,000)	
(−) 매도가능금융자산처분이익	(40,000)	
(−) 만기보유금융자산손상차손환입	(80,000)	
(+) 사채상환손실	20,000	
(+) 지분법손실	15,000	
(−) 지분법이익	(10,000)	
투자활동 및 재무활동 손익 조정 후 당기순이익		225,200

1.2. 영업활동 관련 재무상태표 조정항목

- 영업활동으로 인한 현금흐름을 산출하기 위하여 당기순이익 조정에 고려해야 하는 재무상태표 조정항목은 두 가지로 구분할 수 있다. 첫째는 당기순이익 산출과정에는 반영되어 있지만 현금및현금성자산의 변동에 영향을 주지 않는 항목으로 매출채권, 재고자산, 매입채무 등이 대표적인 예이다. 또 하나의 예는 당기순이익 산출에는 반영되어 있지 않지만 현금유입이나 유출이 있는 항목으로 선수금, 선수수익과 선급금, 선급비용이다.

- 재무상태표 조정항목은 과거 또는 미래 영업활동 현금유입이나 현금유출의 이연 또는 발생항목으로 "자산이나 부채의 변동 중 투자활동이나 재무활동과 관련된 것은 제외"하고 영업활동과 관련되어 있는 자산이나 부채의 변동만을 말한다.
- 그러나 당기순이익에 가감하는 재무상태표 항목은 주요 수익창출활동인 협의의 영업활동 관련 자산이나 부채의 변동뿐만 아니라 일부 투자활동이나 재무활동과 관련된 자산이나 부채의 변동이 포함될 수 있다. 현금흐름표에서는 (1) 기업의 주요 수익창출활동인 영업활동뿐만 아니라 (2) 실질적으로는 투자 및 재무활동이지만 K-IFRS에서 규정한 투자 및 재무활동에 속하지 않는 기타 모든 활동을 영업활동으로 구분하고 있기 때문이다.

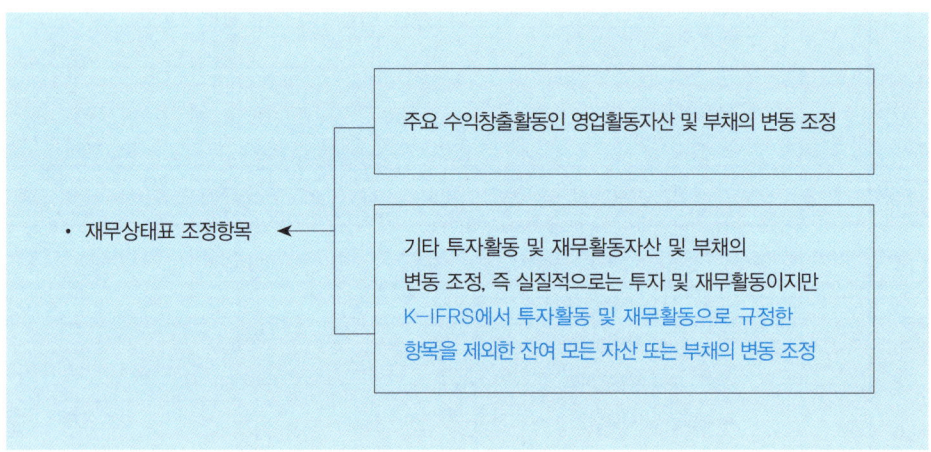

1.2.1. 주요 수익창출활동인 영업활동자산 및 부채의 변동

- 당기순이익에서 조정할 재무상태표의 영업활동 관련 자산이나 부채의 예는 다음과 같다.

영업활동자산	영업활동부채
매출채권, 재고자산, 선급금(매입 관련), 선급비용(매출원가 또는 판매비와관리비 관련)	매입채무, 선수금(매출 관련), 미지급비용(매출원가 또는 판매비와관리비 관련), 충당부채, 확정급여부채

- 영업활동 관련 자산의 감소와 부채의 증가는 당기순이익에 가산 조정하고 영업활동 관련 자산의 증가나 부채의 감소는 당기순이익에 차감하여 조정한다.

당기순이익		×××
조정		×××
(−) 영업활동자산 증가	(×××)	
(+) 영업활동자산 감소	×××	
(+) 영업활동부채 증가	×××	
(−) 영업활동부채 감소	(×××)	
영업활동자산 및 부채 변동 조정 후 당기순이익		×××

사례 — 재무상태표 가감 조정항목 - 주요 수익창출활동인 영업활동자산 및 부채의 변동

- A회사의 영업활동자산이나 부채의 변동은 다음과 같다.

당기순이익	₩440,200		
매출채권 기초잔액	₩1,200,000	매출채권 기말잔액	₩1,500,000
대손충당금 기초잔액	₩20,000	대손충당금 기말잔액	₩24,000
재고자산 기초잔액	₩400,000	재고자산 기말잔액	₩380,000
매입채무 기초잔액	₩800,000	매입채무 기말잔액	₩600,000
선급금 기초잔액	₩1,000,000	선급금 기말잔액	₩1,500,000
선수금 기초잔액	₩500,000	선수금 기말잔액	₩1,200,000
선급비용 기초잔액	₩800,000	선급비용 기말잔액	₩600,000
미지급비용 기초잔액	₩400,000	미지급비용 기초잔액	₩380,000

- 이 사례에서 투자활동 및 재무활동손익 조정 후 당기순이익은 다음과 같다.

당기순이익		440,200
조정		(90,600)
(−) 매출채권(순액)의 증가	(290,600)	
(+) 재고자산의 감소	20,000	
(−) 매입채무의 감소	(200,000)	
(−) 선급금의 증가	(500,000)	
(+) 선수금의 증가	700,000	
(+) 선급비용의 감소	200,000	
(−) 미지급비용의 감소	(20,000)	
영업활동자산 및 부채변동 조정 후 당기순이익		349,600

- 특히 매출채권을 양도하여 매각하는 경우 매각거래 또는 차입거래인지 확인하여야 한다. 이때 매각거래와 차입거래는 매출채권의 변동에서 차이가 발생해 주요 수익창출활동인 영업활동 자산의 변동금액이 다르게 표시된다.

1.2.2. 기타 투자활동 및 재무활동 관련 자산 및 부채의 변동

- 실질적으로는 투자 및 재무활동이지만 영업활동으로 인한 현금흐름을 계산할 때 당기순이익에서 조정하는 자산이나 부채의 변동에 포함되어 있는 기타 투자활동 및 재무활동 관련 자산이나 부채의 예는 다음과 같다.

투자 및 재무활동자산	투자 및 재무활동부채
단기매매금융자산, 파생상품자산, 기타자산	파생상품부채, 기타부채

- 자산의 감소나 부채의 증가는 당기순이익에 가산 조정하고 자산의 증가나 부채의 감소는 당기순이익에 차감하여 조정한다.

```
당기순이익                                      ×××
조정                                           ×××
    (−) 기타 투자활동자산 증가           (×××)
    (+) 기타 투자활동자산 감소            ×××
    (+) 기타 투자활동부채 증가            ×××
    (−) 기타 투자활동부채 감소           (×××)
    (+) 기타 재무활동부채 증가            ×××
    (−) 기타 재무활동부채 감소           (×××)
기타 투자활동 및 재무활동 조정 후 당기순이익        ×××
```

> **사례**
>
> **재무상태표 가감 조정항목 - 기타 투자활동 및 재무활동 관련 자산 및 부채의 변동**
>
> - A회사의 기타 투자활동 및 재무활동 관련 항목은 다음과 같다.
>
> | | | | |
> |---|---|---|---|
> | 당기순이익 | ₩440,200 | | |
> | 단기매매금융자산 기초잔액 | ₩480,000 | 단기매매금융자산 기말잔액 | ₩489,000 |
>
> - 이 사례에서 기타 투자활동 및 재무활동 관련 자산 및 부채변동 조정 후 당기순이익은 다음과 같다.
>
> | | | |
> |---|---:|---:|
> | 당기순이익 | | 440,200 |
> | 조정 | | (9,000) |
> | (-) 단기매매금융자산 증가 | (9,000) | |
> | 기타 투자활동 및 재무활동 관련 자산 및 부채변동 조정 후 당기순이익 | | 431,200 |

- 특히 주의해야 할 것은 현금흐름표에서 영업활동 관련 자산이나 부채의 변동조정은 재무상태표에서의 변동금액이 아니라 재무상태표의 변동금액에서 관련된 자산이나 부채의 포괄손익계산서 조정항목 발생액을 반영하여 순액으로 표시해야 한다.

> 매출채권변동 조정 = 매출채권 증가 ± 매출채권 관련 외화환산손익 - 대손제각
>
> 재고자산변동 조정 = 재고자산 감소 - 재고자산감모손실 - 재고자산평가손실 + 재고자산평가충당금환입
>
> 매입채무변동 조정 = 매입채무 감소 ± 매입채무 관련 외화환산손익
>
> 단기매매금융자산변동 조정 = 단기매매금융자산 증가 + 단기매매금융자산평가이익

1.3. 영업활동에서 창출된 현금흐름

- 당기순이익에 포괄손익계산서 조정항목과 재무상태표 조정항목을 가감 조정하여 계산하면 영업활동에서 창출된 현금흐름이다.

> 영업활동에서 창출된 현금흐름 = 당기순이익 ± 포괄손익계산서 항목 조정 ± 재무상태표 항목 조정

2. 별도표시 항목

- 별도표시 항목은 직접법과 같이 계산하며 금액도 동일하다.

| 별도표시 항목 |

• 이자수취액	• 배당금수취액
• 이자지급액	• 법인세납부액

- 이자 및 배당금 수취와 이자지급 관련 현금흐름은 일반적으로 영업활동으로 인한 현금흐름에서 각각 별도로 구분표시하여 공시한다.
- 법인세납부 관련 현금흐름은 재무활동 및 투자활동과 명백히 관련되지 않는 한 영업활동으로 인한 현금흐름에서 별도로 분류하여 공시한다.

2.1. 이자수취액

- 이자수익과 관련되어 있는 미수수익과 선수수익의 T계정에서 기초잔액과 기말잔액을 표시하고 당기에 발생한 이자수익을 차변에 반영하면 차액이 당기에 수취한 현금이다.

- 이때 포괄손익계산서 이자수익 중에 포함되어 있는 비현금거래 항목인 '현금유입이 없는 장기미수금 관련 현재가치차금상각액'과 '할인취득한 채무증권 관련 차이조정을 위한 상각금액'은 차감하여 미수이자나 선수이자 T계정의 이자수익 발생금액으로 기록한다. 그리고 현금유입이 있는데도 포괄손익계산서 이자수익에서 제외된 할증취득한 채무증권 관련 차이조정을 위한 해당금액은 가산하여 미수이자나 선수이자 T계정의 이자수익 발생금액으로 기록한다.

$$이자수취액 = \{이자수익 - (현재가치차금상각 + 할인취득조정상각) + 할증취득차이조정상각\} \\ + (기초\ 미수이자 - 기말\ 미수이자) + (기말\ 선수이자 - 기초\ 선수이자)$$

2.2. 배당금수취액

- 배당금수입과 관련되어 있는 미수배당금 T계정에서 기초잔액과 기말잔액을 표시하고 당기에 발생한 배당금수익을 차변에 반영하면 차액이 당기에 수취한 현금이다.

$$배당금수취액 = 배당금수익 + (기초\ 미수배당금 - 기말\ 미수배당금)$$

2.3. 이자지급액

- 이자비용과 관련되어 있는 선급비용과 미지급비용의 T계정에서 기초잔액과 기말잔액을 표시하고 당기에 발생한 이자비용(차입원가 포함)을 각각 대변에 반영하면 차액이 당기에 지급해서 유출된 현금이다.
- 이때 포괄손익계산서 이자비용 중에 포함되어 있지만 현금유출이 없는 비현금거래 항목인 사채할인발행차금상각과 현재가치차금상각, 전환권조정상각 및 신주인수권조정상각은 차감하여 미지급이자와 선급이자 T계정의 이자발생금액으로 기록한다. 그리고 포괄손익계산서 이자비용에서 제외된 현금유출이 있는 사채할증발행차금환입은 가산하여 미지급이자와 선수이자 T계정의 이자발생금액으로 기록한다.

> 이자지급액 = {이자비용 − (현재가치차금상각 + 사채할인발행차금상각 + 전환권조정상각
> + 신주인수권부조정상각) + 사채할증발행차금환입}
> + (기초 미지급이자 − 기말 미지급이자) + (기말 선급이자 − 기초 선급이자)

2.4. 법인세납부액

- 법인세비용과 관련되어 있는 선급법인세와 미지급법인세의 T계정에서 각각의 기초잔액과 기말잔액을 표시하고 당기에 발생한 법인세비용을 대변에 반영하면 차액이 당기에 지급해서 유출된 현금이다.
- 만일 법인세환급액이 있는 경우에는 미수환급법인세 T계정에서 법인세 수령금액을 산출해서 반영한다. 이때 포괄손익계산서 법인세비용과 관련해서 이연법인세자산, 이연법인세부채가 있는 경우에는 추가적으로 분석해서 반영해야 한다.

> 법인세납부액 = 법인세비용 + (기초 미지급법인세 − 기말 미지급법인세) + (기말 선급법인세
> − 기초 선급법인세) + (기초 이연법인세부채 − 기말 이연법인세부채)
> + (기말 이연법인세자산 − 기초 이연법인세자산) + 법인세추납액 − 법인세환급액

- 당기순이익에 포괄손익계산서 조정항목과 재무상태표 조정항목을 반영하여 영업활동으로부터 창출된 현금흐름에서 별도 표시항목을 각각 별도로 구분하여 표시한다.

사례 **별도 표시항목**

- 다음은 A회사의 별도 표시 관련 항목 계산을 위한 자료이다.

당기순이익	₩440,200		
이자수익	₩100,000	이자비용	₩80,000
배당금수익	₩110,000	법인세비용	₩180,000
미수이자 기초잔액	₩10,000	미수이자 기말잔액	₩16,000
미지급이자 기초잔액	₩30,000	미지급이자 기말잔액	₩38,000
선급이자 기초잔액	₩8,000	선급이자 기말잔액	₩15,000
선수이자 기초잔액	₩42,000	선수이자 기말잔액	₩30,000
현재가치차금 기초잔액	₩200,000	현재가치치금 기말잔액	₩195,000 – 이자수익 관련
현재가치할인차금 기초잔액	₩120,000	현재가치할인차금 기말잔액	₩110,000 – 이자비용 관련
선급법인세 기초잔액	₩24,000	선급법인세 기말잔액	₩32,000
미지급법인세 기초잔액	₩100,000	미지급법인세 기말잔액	₩110,000
이연법인세자산 기초잔액	₩80,000	이연법인세자산 기말잔액	₩100,000
미수배당금 기초잔액	₩50,000	미수배당금 기말잔액	₩60,000

- 이 사례에서 이자 및 배당금수취액, 이자지급액, 법인세납부액은 다음과 같다.

    이자수취 : ₩100,000 – ₩12,000 – ₩6,000 – ₩5,000 = ₩77,000
    배당금수취 : ₩110,000 – ₩10,000 = ₩100,000
    이자지급 : ₩80,000 – ₩8,000 + ₩7,000 – ₩10,000 = ₩69,000
    법인세납부액 : ₩180,000 + ₩8,000 – ₩10,000 + ₩20,000 = ₩198,000

3. 영업활동으로 인한 현금흐름

- 간접법에서 영업활동으로 인한 현금흐름은 영업활동에서 창출된 현금흐름에서 별도표시 항목인 이자지급과 법인세납부액은 차감하고 이자수취 및 배당금수취는 가산하여 계산한다.

> 영업활동으로 인한 현금흐름 = 영업활동에서 창출된 현금흐름 + 별도표시 항목 조정

당기순이익	×××
조정항목	×××
영업활동에서 창출된 현금흐름	×××
(+) 이자수취액	×××
(+) 배당금수취액	×××
(−) 이자지급액	(×××)
(−) 법인세납부액	(×××)
영업활동으로 인한 현금흐름	×××

4. 간접법에 의한 영업활동으로 인한 현금흐름 표시

- 지금까지의 사례를 이용하여 간접법에 의해 작성·표시된 영업활동으로 인한 현금흐름은 다음과 같다.

〈 간접법 영업활동으로 인한 현금흐름 〉

영업활동으로 인한 현금흐름		
당기순이익		440,200
조정		614,900
별도표시로 인한 손익	50,000	

이자수익	(100,000)	
배당금수익	(110,000)	
이자비용	80,000	
법인세비용	180,000	
현금유출입이 없는 비현금손익		779,900
감가상각비	200,000	
대손상각비	5,000	
주식보상비용	100,000	
수선충당비용	150,000	
외화환산손실	50,300	
재고자산감모손실	200,000	
재고자산평가손실	400,000	
재고자산평가충당금환입	(100,000)	
외화환산이익	(100,400)	
단기매매금융자산평가이익	(125,000)	
투자활동 및 재무활동 차손익		(215,000)
유형자산처분이익	(120,000)	
매도가능금융자산처분이익	(40,000)	
만기보유금융자산손상차손환입	(80,000)	
지분법이익	(10,000)	
사채상환손실	20,000	
지분법손실	15,000	
영업활동 관련 자산 및 부채 변동		(434,900)
매출채권 증가 주1)	(300,900)	
재고자산 감소 주2)	(480,000)	
선급금 증가	(500,000)	
매입채무 감소 주3)	(150,000)	
선수금 증가	700,000	
단기매매금융자산 증가 주4)	116,000	
선급비용 감소	200,000	
미지급비용 감소	(20,000)	
영업활동에서 창출된 현금흐름		620,200
이자수취		77,000
배당금수취		100,000
이자지급		(69,000)
법인세납부		(198,000)
영업활동으로 인한 현금흐름		**530,200**

주1) B/S매출채권 증가(300,000) − 대손제각(대손충당금1,000) + 매출채권 관련 외화환산이익(400) − 매출채권 관련 외화환산손실(300)
주2) B/S재고자산 감소(20,000) − 재고자산감모손실(200,000) − 재고자산평가손실(400,000) + 재고자산평가충당금환입(100,000)
주3) B/S매입채무 감소(200,000) + 매입채무 관련 외화환산이익(100,000) − 매입채무 관련 외화환산손실(50,000)
주4) B/S단기매매금융자산 증가(9,000) + 단기매매금융자산평가이익(125,000)

예제 01

간접법을 이용한 영업활동으로 인한 현금흐름

- K회사의 영업활동 관련 정보는 다음과 같다.

포괄손익계산서 항목		재무상태표항목 증감	
당기순이익	560,000	매출채권 증가	70,000
감가상각비	90,000	매입채무 증가	50,000
개발비 손상차손	30,000	재고자산 감소	80,000
사채상환이익	0	단기매매금융자산 증가	50,000
고정자산처분이익	0	선수금(기타 투자활동관련) 증가	20,000
고정자산처분손실	50,000	미수금(기타 투자활동관련) 감소	30,000
사채상환손실	0	선급금(기타 투자활동관련) 증가	40,000
단기매매금융자산평가이익	20,000		
이자수익	0		
배당금수익	0		
이자비용(전액 현금지급)	200,000		
법인세비용	30,000		
법인세지급액 (전액 현금지급, 이연법인세는 없음)	250,000		

요구사항. K회사의 2X05년도 현금흐름표 중 영업활동으로 인한 현금흐름을 간접법을 이용하여 구하고 간접법에 의한 영업활동으로 인한 현금흐름을 작성 표시하라.

해설

1) 별도 표시로 인한 손익 조정

당기순이익		560,000
조정		230,000
(−) 이자수익	0	
(−) 배당금수익	0	
(+) 이자비용	200,000	
(+) 법인세비용	30,000	
별도표시로 인한 손익 조정 후 당기순이익		790,000

2) 현금유출입이 없는 손익 조정

```
당기순이익                                              560,000
조정                                                   100,000
    (+) 감가상각비                    90,000
    (+) 개발비 손상차손                30,000
    (-) 단기매매금융자산평가이익        (20,000)
현금유출입 없는 손익 조정 후 당기순이익                    660,000
```

3) 투자활동 및 재무활동 관련 손익 조정

```
당기순이익                                              560,000
조정                                                    50,000
    (-) 사채상환이익                        0
    (-) 고정자산처분이익                     0
    (+) 고정자산처분손실                50,000
    (+) 사채상환손실                        0
투자활동 및 재무활동손익 조정 후 당기순이익                 610,000
```

4) 주요 수익창출활동인 영업활동자산이나 부채의 변동

```
당기순이익                                              560,000
조정                                                    30,000
    (-) 매출채권 증가                  (70,000)
    (+) 재고자산 감소                   80,000
    (+) 매입채무 증가                   50,000
    (-) 단기매매금융자산 증가            (30,000)
영업활동자산 및 부채 변동 조정 후 당기순이익                590,000
```

5) 기타 투자활동 및 재무활동 자산이나 부채의 변동

```
당기순이익                                              560,000
조정                                                    10,000
    (+) 선수금 증가                    20,000
    (+) 미수금 감소                    30,000
    (-) 선급금 증가                   (40,000)
영업활동자산 및 부채변동 조정 후 당기순이익                 570,000
```

6) 간접법에 의한 영업활동으로 인한 현금흐름은 다음과 같이 작성 표시한다.

〈 현금흐름표 〉

영업활동으로 인한 현금흐름	
당기순이익	560,000
조정	380,000
별도표시로 인한 손익조정	230,000
이자수익	0
배당금수입	0
이자비용	200,000
법인세비용	30,000
현금유출입 없는 비현금손익	100,000
감가상각비	90,000
개발비 손상차손	30,000
단기매매금융자산평가이익	(20,000)
투자활동 및 재무활동손익	50,000
고정자산처분손실	50,000
사채상환손실	0
고정자산처분이익	0
사채상환이익	0
영업활동 관련 자산및부채 변동	40,000
주요 수익창출활동 영업활동자산이나 부채의 변동	30,000
매출채권 감소(증가)	(70,000)
재고자산 감소(증가)	80,000
매입채무 증가(감소)	50,000
단기매매금융자산 감소(증가)	(30,000)
기타투자 및 재무활동자산이나 부채의 변동	10,000
선수금 증가(감소)	20,000
미수금 감소(증가)	30,000
선급금 감소(증가)	(40,000)
영업활동에서 창출된 현금흐름	980,000
이자수취	0
배당금수취	0
이자지급	(200,000)
법인세지급	(250,000)
영업활동으로 인한 현금흐름	530,000

사례 **당기순이익 호전이 영업활동으로 인한 현금흐름 호전 이유**

- 매출액은 설립 이후 최저 수준이 됐다. 2X14년과 비교해 매출은 29% 감소했지만 영업이익은 20% 확대됐다. 같은 기간 순이익은 3202억원으로 29%가량 늘었다.

- 그러나 영업부문 현금창출력을 나타내는 지표인 영업활동으로 인한 현금흐름은 지난해 1조 2001억원을 기록했다. 2X14년(1775억원)과 비교하면 8배, 석유화학 시황이 좋았던 2X13년 (6542억원)과 비교해도 2배 가까이 확대됐다.

- 영업활동으로 인한 현금흐름이 개선된 이유는 영업이익과 당기순이익의 개선과 함께 영업활동 관련 자산과 부채의 변동인 운전자본 감소가 꼽힌다. 지난해 매출채권은 2348억원, 재고 자산은 2037억원어치나 줄었다. 주요 제품들이 원활하게 판매되면서 실질적인 현금흐름 개선으로 이어진 셈이다. 다만 영업활동으로 인한 현금흐름 증가폭에 비해 순이익이 크게 늘어나지 못한건 2531억원에 달하는 대규모 대손상각비를 인식했기 때문이다. 현금지출이 수반되지 않는 대손상각비 때문에 현금흐름 기준 순이익이 크게 늘어난 것이다.

(※출처 : 한국경제)

사례 **영업활동으로 인한 현금흐름 편차 알고 보니 선수금이 범인**

- 거래소 상장을 추진 중인 L사가 최근 5년간 영업활동을 통한 현금흐름의 편차가 커 그 배경에 관심이 쏠린다.
  영업활동으로 인한 현금흐름은 실제 영업을 통해 회사에 입금된 자금으로, 미래의 이익을 일부 당겨서 표시할 수 있는 영업이익과는 차이가 난다. 일반적으로 영업활동으로 인한 현금흐름 규모는 영업이익과 비슷하거나 영업이익보다 크다. 영업활동으로 인한 현금흐름에서 감가상각비 등을 제외한 것이 영업이익에 표시되기 때문이다.

- L사는 2X13년 514억원, 지난해 730억원 영업이익을 기록하는 동안 영업활동에 의한 현금흐름은 각각 1757억, 650억원이었다. 1년 사이 영업이익은 42% 급증했지만 실제 현금흐름은 오히려 63% 줄었다. 이는 지난해 선수금이 크게 감소한 결과로 풀이된다.

- L사는 2X10년에도 영업활동으로 인한 현금흐름이 1605억원에서 2X11년 556억원으로 1000억원 이상 줄었다며 일부 연도에 선수금이 일시에 몰린 결과라고 설명했다. 2X10년과 2X13년 선수금이 집중적으로 유입돼 다른 연도와 편차가 크게 발생한 것이다. 오히려 평년에 비해 현금유입이 많았던 해라고 보는 게 맞다.

(※출처 : 머니투데이)

사례 **장사 잘했는데 갑자기 부도?**

- 현금흐름표에는 '영업활동·투자활동·재무활동에 따른 현금흐름'이 분리되어 기재된다. 영업활동으로 인한 현금흐름은 매출·이자수익·배당수익과 관련된 현금유입과 매입, 판매관리비, 이자비용, 법인세와 관련된 현금유출의 차액이다.

- 영업활동으로 인한 현금흐름은 거래가 이루어지는 시점에서 반영되는 재무상태표나 손익계산서와는 달리 실제로 현금이 오고 가는 시점에서 기록이 돼 기업의 실제 현금흐름을 파악할 수 있는바, 기업의 실질적인 유동성을 들여다 볼 수 있는 좋은 잣대이다.

- 예를 들어 A기업이 2X15년 연간 100억원의 매출을 올리고 이에 대한 대금 20%는 외상으로 판매하고 2X16년 1월에 받기로 했다. 발생주의 원칙에 따라 매출 100억원 전부는 2X15년도 포괄손익계산서에 반영되지만, 2X15년의 영업활동과 관련하여 증가된 현금흐름은 이중 80억원만 반영된다. 이를 직접법에서의 현금흐름표를 작성하면 다음과 같다.

I. 매출	100억
(−) 매출채권의 증가로 인한 현금흐름의 감소	20억
II. 영업활동으로 인한 현금흐름	80억

- 회사의 매출수익은 100억원인데 이 중 외상거래로 인한 매출채권 증가액이 20억원이므로 실제 매출로 인한 현금으로 유입된 금액은 80억원이라는 의미이다. 이 경우 영업활동을 통해 실제 현금이 유입된 80억원을 '영업활동으로 인한 현금흐름의 증가'라고 부른다. 만약 이런 상황에서 일시적으로 더 많은 자금이 소요되는 상황에 직면하고 대출마저 여의치 않을 경우 이 기업은 유동성 위기에 직면하게 된다.

(※출처 : 비즈니스워치)

사례 **M사, 600억 벌었지만 현금은 없었다.**

- M사는 손익계산서만 보면 우량회사다. 실적은 무서울 정도로 증가했다. 2X07년 241억원에 머물던 매출은 지난해 1조2737억원을 찍었다. 6년 만에 매출이 52배 커진 것. 아울러 영업이익은 2X07년 18억원에서 2X13년 1104억원으로 급증했다.

- 하지만 현금흐름표를 보면 이상 징후가 곳곳에서 나타나고 있었다. 기업이 이익을 많이 낸다고 해서 현금이 원활히 도는 것은 아니다. 현금흐름표는 현금 상황을 가장 정확히 알 수 있는 재무제표다. M사는 600억원이 넘는 이익을 냈지만 영업활동에서 현금은 한 푼도 유입되지 않았다. 오히려 현금흐름은 마이너스였다.

- M사의 영업활동으로 인한 현금흐름은 73억원(2X11년), 16억원(2X12년), -15억원(2X13년)으로 악화됐다. 당기순이익이 199억원(2X11년), 355억원(2X12년), 602억원(2X13년)으로 급증했던 것과 정반대로 움직인 것이다. 이익을 냈지만 회사는 현금 부족에 시달렸다는 얘기다. 흑자도산이다.

- 영업활동으로 인한 현금흐름이 마이너스로 전환된 가장 큰 이유는 늘어난 매출채권과 재고자산 때문으로 분석된다. 지난해 현금흐름표 상 매출채권이 증가하면서 413억원의 현금흐름이 악화됐다. 이는 물건을 팔고도 현금회수가 원활하지 못했다는 의미다. 또 현금흐름표 상의 재고자산이 증가되면서 631억원이 묶였다. 물건이 안 팔려, 재고가 누적된 것을 뜻한다. 이익이 600억원이 넘었지만 늘어난 매출채권과 재고자산 탓에 현금흐름이 악화된 것이다. 매출채권이 늘어났다는 것은 현금회수가 원활하지 못해 대손 가능성이 커졌다는 것을 의미하고 재고자산도 부실 재고 가능성이 높다.

- M사는 손익으로는 600억원의 이익을 냈지만 영업활동에선 현금을 창출하지 못했다. 대신 M사는 재무활동을 통해 596억원의 현금이 유입됐다. 지난해 갖고 있던 현금및현금성자산(738억원)의 대부분이 은행 등에서 빌린 돈이란 뜻이다.

(※출처 : 비즈니스워치)

사례

무조건 영업활동으로 인한 현금흐름만 (+)면 좋고 (-)면 나쁜 것은 아니다.

- "당기순이익이 적자라도 현금흐름이 흑자라면 그 사업을 퇴출시키지 않고 계속 진행해야 한다"고 말하는 경영자도 있다. 그러나 이 말은 사업의 단기적 의사결정에만 해당한다는 점을 명심해야 한다. 사업을 새로 시작하거나 회사를 장기적으로 운영할 때는 현금흐름보다 이익에 중심을 둔 의사결정을 해야 한다.

- 영업활동으로 인한 현금흐름은 (+)이지만 당기순이익이 적자인 기업이 있다. 그러나 이 적자가 사업 시작 초창기에 나타났다고 생각해보자. 아직 제품 수요가 크게 늘고 있지 않았을 뿐이고 향후 제품수요가 증가해서 매출도 늘어날 것으로 예측한다면 당기순이익이 적자라도 당연히 사업을 계속해야 한다.

- 그러나 앞으로도 계속 매출액이 늘지 않아 당기순이익은 적자인데 현금흐름만 흑자라면 어떻게 해야 할까? 이익이 적자라도 현금흐름이 흑자라면 사업을 계속해나가도 좋다고 한 건 이미 투자가 끝났기에 더 이상 투자를 할 필요가 없는 기업의 사례를 이야기한 것이다. 만일 신규 투자를 해야 하는 기업이라면 반드시 이익이 흑자일 때만 새로운 투자를 해야 한다.

(※출처 : 동아비즈니스리뷰)

5. 직접법과 간접법 영업활동으로 인한 현금흐름의 비교

5.1. 활동범위 보고 차이

- 직접법은 영업활동을 전체가 아닌 세부활동, 즉 매출 관련 현금유입(판매활동), 매출원가 관련 현금유출(구매 및 생산활동), 판매비와관리비 관련 현금유출(판매 및 관리활동)로 구분하여 영업활동으로 인한 현금흐름을 보고하는 방법으로 재무정보이용자에게 다양한 정보를 제공한다. 그러나 간접법은 영업활동을 세부적인 활동으로 구분하지 않고 기업의 경영활동 전체를 하나로 통합하여 보고 계산하는 방법으로 상세한 정보제공에 취약하다.

직접법 영업활동으로 인한 현금흐름		간접법 영업활동으로 인한 현금흐름	
매출로부터의 현금유입	×××	당기순이익	×××
매출원가로부터의 현금유출	×××	조정	×××
재고자산 관련 현금유출	×××	별도표시로 인한 손익 조정	×××
종업원급여비용 관련 유출	×××	현금유출입이 없는 비현금손익 조정	×××
기타비용 관련 유출	×××	투자활동 및 재무활동차손익 조정	×××
판매비와관리비로부터의 현금유출	×××	영업활동 관련 자산 및 부채 변동	×××
영업활동에서 창출된 현금흐름	×××	영업활동에서 창출된 현금흐름	×××
이자의 지급	×××	이자의 지급	×××
이자의 수취	×××	이자의 수취	×××
배당금의 수취	×××	배당금의 수취	×××
법인세의 납부	×××	법인세의 납부	×××
영업활동으로 인한 현금흐름	×××	영업활동으로 인한 현금흐름	×××

5.2. 조정과정 보고차이

- 직접법은 포괄손익계산서의 수익과 비용 각각에 관련된 자산이나 부채의 회계기간 동안 변동을 가감하여 현금의 유입액이나 유출액을 보고해서 '활동별(매출 관련 현금유입, 매출원가 관련 현금유출, 판관비 관련 현금유출, 이자지급, 이자수취, 배당금수취, 법인세납부) 현금흐름의 결과'를 보여준다.
- 간접법은 당기순이익으로부터 출발하여 별도 표시하기 때문에 조정해야 할 항목과 현금의 유출입이 없는 손익, 투자활동 및 재무활동 관련 손익을 가감조정하고 영업활동 관련 자산 및 부채의 변동을 반영하여 '조정하는 과정'을 보여주는 장점이 있다.

| 영업활동으로 인한 현금흐름 조정과정 |

발생주의 손익		조정사항		영업활동으로 인한 현금흐름	
				직접법	간접법
+ 매출	×××	± 매출채권 증감	×××	×××	
− 매출원가	×××	± 재고자산 증감	×××	×××	
− 판매비와관리비	×××	± 선급비용/미지급비용 증감	×××	×××	
+ 이자수익 및 배당금수익	×××	± 미수수익(이자, 배당금) 증감	×××	×××	
− 이자비용	×××	± 미지급이자 증감	×××	×××	
− 법인세	×××	± 미지급법인세 증감	×××	×××	
− 감가상각비 등 비현금비용	×××	+ 현금유출 없는 비용	×××		×××
+ 지분법이익 등 비현금수익	×××	− 현금유입 없는 수익	×××		×××
+ 투자 및 재무활동수익(차익)	×××	− 투자 및 재무활동수익(차익)	×××		×××
− 투자 및 재무활동비용(차손)	×××	+ 투자 및 재무활동비용(차손)	×××		×××
		± 매출채권 증감	×××		×××
		± 재고자산 증감	×××		×××
		± 선급비용/미지급비용 증감	×××		×××
		± 미수수익(이자, 배당) 증감	×××		×××
		± 미지급이자 증감	×××		×××
		± 미지급법인세 증감	×××		×××
당기순이익	×××				×××

5.3. 작성방법 차이

- 직접법은 T계정법 또는 증감분석법 중 어떤 방법에 의해서도 영업활동으로 인한 현금흐름 작성이 가능하다. 그러나 간접법은 결산이 마감되어 당기순이익이 결정되어야 하므로 증감분석법을 이용하여 작성하는 것이 바람직하다. 직접법에서와 같이 T계정법을 사용하면 조정과정을 파악하기 위해 복잡한 과정이 추가되어야 한다.

5.4. 직접법 장점

- 직접법은 현금유입의 발생원천과 현금유출의 사용용도를 항목별로 구분하고 있어 현금유입과 현금유출을 발생원인별로 정확하게 파악할 수 있다. 직접법은 간접법에서 파악할 수 없는 판매활동, 생산및구매활동(매입활동, 종업원 관련 활동 등), 판매및관리활동 등 세부활동별 현금흐름을 파악할 수 있는 유용한 정보를 제공한다.
- 영업활동 관련 자산이나 부채의 변화가 안정성이 있는 경우에는 미래의 현금흐름을 추정하는데 간접법보다 더 효과적이다.
- 발생주의 기준 포괄손익계산서와 현금주의 기준 현금흐름표를 비교하여 다양한 활동별 성과평가가 가능하다.

5.5. 간접법 장점

- 현금흐름의 작성과정이 상대적으로 더 쉬우며 거래를 세부 활동별로 구분해서 작성해야 하는 직접법에 비해 시간과 비용을 절약할 수 있다.
- 당기순이익과 영업활동에서 창출된 현금흐름이나 영업활동으로 인한 현금흐름과의 차이를 파악하는 것은 물론 현금흐름표나 포괄손익계산서의 분식회계를 검증하거나 손익의 질을 평가하는데 더 효과적이다.

- 영업활동을 당기순이익, 포괄손익계산서 조정항목과 재무상태표 조정항목인 영업활동 관련 자산이나 부채의 변동으로 구분할 수 있어 영업활동 관련 자산이나 부채 등이 급격하게 변하는 불안정성이 있을 때는 미래 현금흐름을 예측하는데 직접법보다 더 우월할 수 있다.

예제 02

영업활동으로 인한 현금흐름의 직접법과 간접법 비교

- 다음은 K회사의 2X05년도, 2X06년도 재무제표 중 재무상태표와 포괄손익계산서 관련 자료이다.

계정과목	기말(2X06년도 말)	기초(2X05년도 말)
현금및현금성자산	₩25,000	₩15,000
매출채권	₩60,000	₩40,000
재고자산	₩75,000	₩100,000
매입채무	₩50,000	₩30,000
미지급급여	₩10,000	₩7,000
미수이자	₩4,000	₩7,000
선급이자	₩3,000	₩3,000
선수이자	₩2,000	₩2,000
미지급이자	₩7,000	₩4,000
선급법인세	₩5,000	₩9,000
미지급법인세	₩10,000	₩5,000
선수금(매출 관련)	₩20,000	₩13,000
선수금(기타투자활동 관련)	₩40,000	₩15,000

포괄손익계산서(2X06년) 항목

매출	200,000
매출원가	(120,000)
판매비와관리비	(65,000)
감가상각비(매출원가 포함)	(20,000)
감가상각비(판관비 포함)	(13,000)
대손상각비(판관비 포함)	(7,000)
급여(판관비 포함)	(15,000)
지분법이익	10,000
배당금수익	0
이자수익	20,000
이자비용	(15,000)
사채상환손실	(10,000)
고정자산처분이익	13,000
법인세비용	(30,000)
당기순이익	3,000

요구사항. 1. 간접법에 의한 영업활동으로 인한 현금흐름을 계산하고 현금흐름표에 표시하라.
2. 직접법에 의한 영업활동으로 인한 현금흐름을 계산하고 현금흐름표에 표시하라.

해설

1. 간접법에 의한 영업활동으로 인한 현금흐름 작성표시

   가. 포괄손익계산서 조정항목

   1) 별도표시로 인한 손익조정 가감
      - 당기순이익 ₩3,000에 이자수익 ₩20,000과 배당금수익 ₩0을 차감하고 이자비용 ₩15,000과 법인세비용 ₩30,000을 가산한다. 따라서 순조정금액은 (−)₩20,000 + ₩15,000 + ₩30,000 = ₩25,000이 된다.

이자수익	−	20,000
이자비용	+	15,000
법인세비용	+	30,000
배당금수익	−	0
		25,000

   2) 현금유출입 없는 손익조정 가감
      - 당기순이익 ₩3,000에 감가상각비 ₩33,000과 대손상각비 ₩7,000을 가산한다. 따라서 순조정금액은 (+)₩33,000 + ₩7,000 = ₩40,000 이다.

감가상각비	+	33,000
대손상각비	+	7,000
		40,000

   3) 투자활동 및 재무활동 관련 손익조정 가감
      - 당기순이익 ₩3,000에 사채상환손실 ₩10,000을 가산하고 고정자산처분이익 ₩13,000과 지분법이익 ₩10,000을 차감한다. 따라서 순조정금액은 (+)₩10,000 − ₩13,000 − ₩10,000 = (−)₩13,000이 된다.

사채상환손실	+	10,000
고정자산처분이익	−	13,000
지분법이익	−	10,000
		(13,000)

나. 재무상태표 조정항목
  1) 주요 수익창출활동인 영업활동 관련 자산이나 부채의 변동
     - 영업활동자산에서 매출채권의 증가액 ₩20,000을 차감하고 재고자산의 감소액 ₩25,000을 가산한다. 영업활동부채에서는 매입채무 증가액 ₩20,000과 선수금 증가액 ₩7,000과 미지급급여 증가액 ₩3,000을 가산한다. 따라서 순조정금액은 (−)₩20,000 + ₩25,000 + ₩20,000 + ₩7,000 + ₩3,000 = (+)₩35,000이다.

영업활동자산			영업활동부채		
매출채권 증가	−	20,000	선수금 증가	+	7,000
재고자산 감소	+	25,000	매입채무 증가	+	20,000
		5,000	미지급급여 증가	+	3,000
					30,000

  2) 기타 투자활동 및 재무활동 관련 자산이나 부채의 변동
     - 기타 투자활동 관련 부채인 선수금 증가액 ₩25,000을 가산한다. 따라서 순조정금액은 (+)₩25,000이다.

다. 별도표시 항목
  1) 이자수취액
     - 이자수익에 대한 현금유입액은 이자수익 ₩20,000에 미수이자 감소액 ₩3,000을 가산한 ₩23,000이다.

이자수익(I/S)		20,000
미수이자 감소	+	3,000
선수이자 증감		0
		23,000

  2) 배당금수취액 : ₩0
  3) 이자지급액
     - 이자비용에 대한 현금유출액은 이자비용 ₩15,000에 미지급이자 증가액 ₩3,000을 차감한 ₩12,000이다.

이자비용		15,000
미지급이자 증가	−	3,000
선급이자 증감		0
		12,000

4) 법인세납부액
- 법인세비용에 대한 현금유출액은 법인세비용 ₩30,000에 미지급법인세 증가액 ₩5,000을 차감하고 선급법인세 감소액 ₩4,000을 차감한 ₩21,000이다.

법인세비용		30,000
미지급법인세 증가	−	5,000
선급법인세 감소	−	4,000
		21,000

라. 간접법을 이용한 영업활동으로 인한 현금흐름
- 간접법을 이용한 K사의 영업활동으로 인한 현금흐름은 다음과 같다.

<간접법 영업활동으로 인한 현금흐름>

당기순이익	3,000
조정	87,000
별도표시로 인한 조정항목	25,000
이자비용	15,000
법인세비용	30,000
이자수익	(20,000)
배당금수익	0
현금유출입없는 손익 조정항목	40,000
감가상각비	33,000
대손상각비	7,000
투자 및 재무활동손익 조정항목	(13,000)
사채상환손실	10,000
고정자산처분이익	(13,000)
지분법이익	(10,000)
영업활동 관련 재무상태표 조정항목	35,000
매출채권 증가	(20,000)
선수금 증가	7,000
매입채무 증가	20,000
재고자산 감소	25,000
미지급급여 증가	3,000
영업활동에서 창출된 현금흐름	90,000
이자수취	23,000
배당금수취	0
이자지급	(12,000)
법인세납부	(21,000)
영업활동으로 인한 현금흐름	80,000

2. 직접법에 의한 영업활동으로 인한 현금흐름 작성표시

　가. 매출로부터의 현금유입액
　　　• 매출 ₩200,000에 매출채권의 증가액 ₩20,000을 차감하고 선수금의 증가액 ₩7,000을 가산하여 구한다. 따라서 현금의 유입액은 ₩200,000 − ₩20,000 + ₩7,000 = ₩187,000이 된다.

매출액(I/S)		200,000
조정		
매출채권 증가	−	20,000
선수금 증가	+	7,000
매출로부터의 현금유입		187,000

　나. 매출원가로부터의 현금유출액
　　　• 매출원가 ₩120,000에 재고자산의 감소액 ₩25,000을 차감하고 매입채무 증가액 ₩20,000과 비현금비용인 감가상각비 ₩20,000을 차감하여 구한다. 따라서 현금의 유출액은 ₩120,000−₩25,000−₩20,000−₩20,000=₩55,000이 된다.

매출원가(I/S)		120,000
조정		
재고자산 감소	−	25,000
매입채무 증가	−	20,000
감가상각비	−	20,000
매출원가로부터의 현금유출		55,000

　다. 판매비와관리비로부터의 현금유출액
　　　• 판매비와관리비 ₩65,000에 미지급급여의 증가 ₩3,000을 차감하고 비현금비용인 감가상각비 ₩13,000 및 대손상각비 ₩7,000을 차감하여 구한다. 따라서 현금의 유출액은 ₩65,000−₩3,000−₩13,000−₩7,000=₩42,000이 된다.

판매비와관리비(I/S)		65,000
조정		
미지급급여 증가	−	3,000
감가상각비	−	13,000
대손상각비	−	7,000
판매비와관리비로부터의 현금유출		42,000

라. 이자수익으로부터의 현금유입액
- 이자수익 ₩20,000에 미수이자 감소액 ₩3,000을 가산하고 선수이자를 가감한다. 따라서 현금의 유입액은 ₩20,000 + ₩3,000 = ₩23,000이 된다.

이자수익(I/S)		20,000
조정		
미수이자 감소	+	3,000
선수이자 증감		0
이자수취액		23,000

마. 이자비용으로부터의 현금유출액
- 이자비용 ₩15,000에 미지급이자의 증가액 ₩3,000을 차감하고 선급이자 증감을 가감한다. 따라서 현금의 유출액은 ₩15,000 − ₩3,000 = ₩12,000이 된다.

이자비용(I/S)		15,000
조정		
미지급이자 증가	−	3,000
선급이자 증감		0
이자지급액		12,000

바. 법인세비용으로부터의 현금유출액
- 법인세비용 ₩30,000에 미지급법인세의 증가액 ₩5,000을 차감하고 선급법인세의 감소액 ₩4,000을 차감한다. 따라서 현금유출액은 ₩30,000 − ₩5,000 − ₩4,000 = ₩21,000이 된다.

법인세비용(I/S)		30,000
조정		
미지급법인세 증가	−	5,000
선급법인세 감소	−	4,000
법인세납부액		21,000

사. 직접법을 이용한 영업활동으로 인한 현금흐름
- 직접법을 이용한 K사의 영업활동으로 인한 현금흐름은 다음과 같다.

〈 직접법 영업활동으로 인한 현금흐름 〉

매출로부터의 현금유입	187,000
매출원가로부터의 현금유출	(55,000)
판매비와관리비로부터의 현금유출	(42,000)
영업활동에서 창출된 현금흐름	90,000
이자수취	23,000
배당금수취	0
이자지급	(12,000)
법인세납부	(21,000)
영업활동으로 인한 현금흐름	80,000

> 현금흐름을 모르고 어떻게 사업을 한단 말인가.
> 현금흐름표를 볼 줄 모르는 경영자는 실패한다.

6. 학습정리 – 기억해야 할 핵심 이슈

☞ 간접법에 의한 영업활동으로 인한 현금흐름과 포괄손익계산서의 당기순이익과의 차이를 이해해야 한다.

☞ 간접법에서 영업활동으로 인한 현금흐름의 구성요소를 알아야 한다.

☞ 간접법에서 영업활동창출현금흐름의 구성요소를 알아야 한다.

☞ 별도표시 항목으로 인한 현금흐름의 구성요소를 알아야 한다.

☞ 당기순이익에 조정해야 하는 포괄손익계산서의 조정항목을 이해해야 한다.

☞ 영업활동창출현금흐름 구성요소의 포괄손익계산서 조정항목 중 별도표시로 인한 손익조정항목이 무엇인지 이해해야 한다.

☞ 영업활동창출현금흐름 구성요소의 포괄손익계산서 조정항목 중 현금유출입이 없는 비현금손익 조정항목이 무엇인지 이해해야 한다.

☞ 영업활동창출현금흐름 구성요소의 포괄손익계산서 조정항목 중 투자활동 및 재무활동 차손익 조정항목이 무엇인지 이해해야 한다.

☞ 영업활동창출현금흐름 구성요소 중 당기순이익에서 조정해야 하는 영업활동 관련 재무상태표 조정항목이 2가지로 구분되는 것을 알아야 한다.

☞ 별도표시로 인한 현금흐름의 구성요소 각각의 계산방법을 알아야 한다.

☞ 직접법과 간접법으로 보고할 때 차이와 각각의 장점을 알아야 한다.

제6장

투자활동으로 인한 현금흐름 작성방법

6장 투자활동으로 인한 현금흐름 작성방법

- 투자활동으로 인한 현금흐름은 총현금유입액과 총현금유출액을 주요 항목별로 구분하여 총액으로 표시한다.
- 투자활동으로 인한 현금흐름은 투자활동과 관련 있는 계정들의 회계기간 중 변동금액을 파악하여 현금의 유입이나 유출이 있는 거래만을 표시하는 것이다. 이때 비유동자산 등을 처분하는 경우에는 감소한 장부금액이 아니라 유입된 현금총액으로 표시한다.
- 투자활동과 관련된 계정과목의 변동에는 현금유출입이 있는 거래뿐만 아니라 현금유출입이 수반되지 않는 비현금거래가 포함되어 있는바, 현금을 사용하지 않는 비현금거래로 인한 투자활동 항목의 변동은 투자활동으로 인한 현금흐름에서 제외하고 주석에 표시해야 한다.
- 따라서 투자활동으로 인한 현금흐름을 정확하게 계산하기 위해서는 (1) 투자활동과 관련된 계정과목이 무엇이고 (2) 그 변동이 현금유출입이 수반되는 거래인지를 파악하는 것이 중요하다.
- 투자활동으로 인한 현금흐름은 T계정법이나 증감분석법을 활용하여 다음과 같은 순서로 계산한다.

> 성공하기 원하면 현금흐름 전문가가 되라.
> 현금흐름표를 읽는 능력이 최고의 경쟁력이고 자산이다.

(1) 투자활동과 관련된 계정과목을 파악한다.

(2) 투자활동과 관련된 재무상태표 계정과목의 회계기간 동안 변동내용을 파악한다.

(3) 당기에 발생한 투자활동과 관련된 손익항목을 투자활동 관련 재무상태표 항목에 가감조정한다.

(4) 재무상태표 투자활동 항목의 변동 중 현금유입이 없거나 현금유출이 없는 비현금거래로 인한 변동을 제거하여 현금유출입 금액을 계산한다.

(5) 산출된 각각의 현금유출입액에서 추가정보를 이용하여 현금유입액과 현금유출액의 총액을 각각 별도로 구한다.

(6) 이때 투자활동과 관련된 자산을 처분한 경우, 현금유입은 장부가액이 아닌 현금이 유입된 처분금액으로 표시한다.

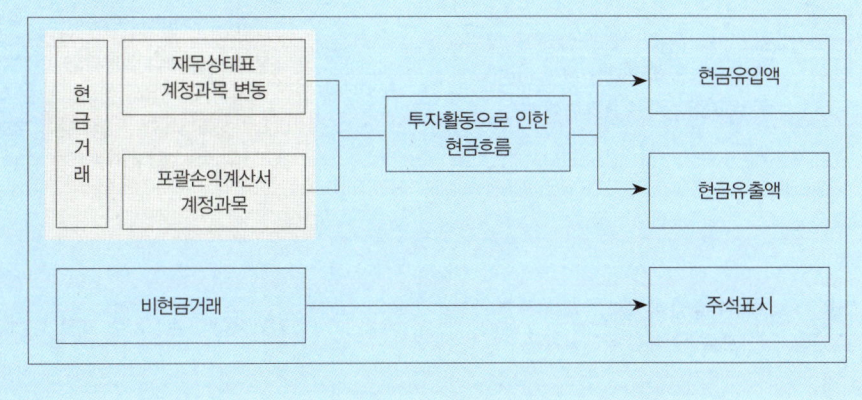

- 다음에서는 투자활동으로 인한 현금유입액이나 현금유출액과 관련된 해당 계정과목의 T계정법과 증감분석법을 활용하여 주요 항목별로 현금흐름 작성방법을 설명한다.

1. 유·무형자산(상각자산) 관련 현금흐름

1.1. 유형자산의 취득과 처분으로 인한 현금흐름

- 유형자산의 취득과 처분으로 인한 현금의 유출액이나 유입액을 계산하는데 필요한 재무상태표 계정과목은 유형자산, 유형자산 취득 관련 선급금, 유형자산 처분 관련 선수금, 유형자산 취득 관련 미지급금, 유형자산 처분 관련 미수금, 감가상각누계액, 손상차손누계액, 재평가이익(OCI), 국고보조금 등이고 포괄손익계산서 계정과목은 감가상각비, 손상차손, 재평가손실(NI)이다.

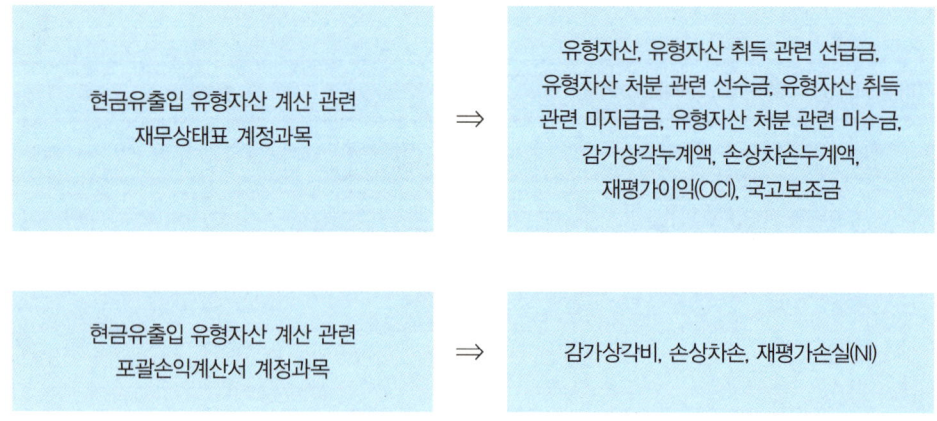

- 토지의 경우에는 감가상각을 하지 않기 때문에 감가상각비와 감가상각누계액은 관련이 없는 계정과목이다. 특히 유형자산 중 재평가모형을 적용하는 경우에는 포괄손익계산서 계정에서 재평가손실, 재무상태표 계정에서 재평가이익이 발생한다. 이때 재평가이익은 차기 이후에 발생하는 재평가손실과 상계하고, 감가상각을 할 때는 그 비율에 따라 처분 시 전액을 잉여금으로 대체한다.
- 유형자산의 현금흐름과 관련된 계정과목의 회계기간 중 발생한 회계처리의 예는 다음과 같다.

(1) 취득	(차) 유형자산	×××	(대) 현금 또는 미지급금	×××
〈선급금 지급〉	선급금	×××	현금	×××
(2) 감가상각	감가상각비	×××	감가상각누계액	×××
(3) 손상차손	손상차손	×××	손상차손누계액	×××
(4) 손상차손환입	손상차손누계액	×××	손상차손환입	×××
(5) 재평가				
〈재평가이익〉	유형자산	×××	재평가이익(OCI)	×××
〈재평가손실〉	재평가손실(NI)	×××	유형자산 또는 재평가이익(OCI)	×××
(6) 처분	현금 또는 미수금	×××	유형자산	×××
	감가상각누계액	×××		
	손상차손누계액	×××		
	유형자산처분손실	××× 또는	유형자산처분이익	×××
〈선수금수령〉	현금	×××	선수금	×××
(7) 정부보조금				
〈정부보조금 수령〉	현금	×××	정부보조금(현금차감계정)	×××
〈자산취득〉	유형자산	×××	현금	×××
			정부보조금(유형자산차감계정)	×××
〈감가상각〉	감가상각비	×××	감가상각누계액	×××
	정부보조금	×××	감가상각비	×××

- T계정법에 의한 유형자산 관련 현금의 유출이나 유입액의 계산방법은 다음과 같다.

유형자산			
기초	×××	처분자산원가	×××
취득(현금)	×××	재평가손실	×××
취득(비현금)	×××		
재평가이익	×××	기말	×××
	×××		×××

감가상각누계액			
처분자산감가상각누계액	×××	기초	×××
기말	×××	감가상각비	×××
	×××		×××

손상차손누계액			
처분자산손상차손누계액	×××	기초	×××
손상차손환입	×××		
기말	×××	손상차손	×××
	×××		×××

정부보조금(자산차감계정)			
감가상각비	×××	기초	×××
상환	×××	발생	×××
기말	×××		
	×××		×××

유형자산처분이익

	발생	×××

유형자산처분손실

	발생	×××

미수금

기초	×××	현금(회수)	×××
유형자산(처분)	×××	기말	×××
	×××		×××

미지급금

현금(지급)	×××	기초	×××
기말	×××	유형자산(취득)	×××
	×××		×××

선급금

기초	×××	유형자산(대체)	×××
현금지급	×××	기말	×××
	×××		×××

선수금

유형자산(대체)	×××	기초	×××
기말	×××	현금수령	×××
	×××		×××

재평가이익(OCI)

	발생	×××

재평가손실(NI)

	발생	×××

재평가잉여금

재평가손실(OCI)	×××	기초	×××
이익잉여금(감가상각비 차이)	×××	재평가이익(OCI)	×××
이익잉여금(관련자산 처분)	×××		
기말	×××		
	×××		×××

1.1.1. 유형자산 처분으로 인한 현금유입액

- 유형자산의 처분으로 인한 현금유입액을 계산하기 위해서 활용하는 T계정은 유형자산, 감가상각누계액, 손상차손누계액, 유형자산처분이익 또는 유형자산처분손실, 미수금, 선수금이다.

유형자산			
기초	×××	처분자산원가	×××
취득(현금)	×××	재평가손실	×××
취득(비현금)	×××		
재평가이익	×××	기말	×××
	×××		×××

감가상각누계액					손상차손누계액			
처분자산감가상각누계액	×××	기초	×××		처분자산손상차손누계액	×××	기초	×××
기말	×××	감가상각비	×××		손상차손환입	×××		
					기말	×××	손상차손	×××
	×××		×××			×××		×××

유형자산처분이익				유형자산처분손실	
		발생	×××	발생	×××

미수금					선수금			
기초	×××	현금(회수)	×××		유형자산(대체)	×××	기초	×××
유형자산(처분)	×××	기말	×××		기말	×××	현금수령	×××
	×××		×××			×××		×××

- 유형자산의 처분과 관련된 현금유입액은 처분대상 유형자산의 원가에서 처분자산 관련 감가상각누계액 및 손상차손누계액을 차감하여 순장부가액 감소금액을 구한 다음, 처분이익 발생금액을 가산하고 처분손실 발생금액을 차감하여 계산한다.
- 이때 비현금거래가 있는 경우, 유형자산 처분과 관련된 미수금의 발생금액을 차감한다.
- 선수금에 의한 처분이 있는 경우에는 현금수령액을 가산하여 다음과 같이 현금유입액을 계산한다.

> 유형자산 처분으로 인한 현금흐름
> = 현금및외상 처분 현금유입액 + 선수금 처분 현금유입액
> = 처분대상자산 장부가액(=원가 − 감가상각누계액 − 손상차손누계액) + (처분이익 − 처분손실)
>   − 유형자산 처분 관련 미수금 발생액(비현금거래) + 선수금수령액

1.1.2. 유형자산 취득으로 인한 현금유출액

- 유형자산의 취득으로 인한 현금유출액을 계산하기 위해서 활용하는 T계정은 유형자산, 재평가이익, 재평가손실, 미지급금, 선급금이다.

유형자산

기초	×××	처분자산원가	×××
취득(현금)	×××	재평가손실	×××
취득(비현금)	×××		
재평가이익	×××	기말	×××
	×××		×××

재평가이익(OCI)

		발생	×××

재평가손실(NI)

발생	×××		

선급금

기초	×××	유형자산(대체)	×××
현금지급	×××	기말	×××
	×××		×××

미지급금

현금(지급)	×××	기초	×××
기말	×××	유형자산(취득)	×××
	×××		×××

- 유형자산의 취득과 관련된 현금유출액은 유형자산 T계정에서 유형자산의 증가금액(기말−기초)에 당기 회계기간 중에 처분한 유형자산의 원가를 대변에서 조정하고 당기에 발생한 재평가이익이나 재평가손실 금액을 반영한다.
- 이때 비현금거래가 있는 경우, 즉 유형자산 취득과 관련된 미지급금의 발생금액을 반영하여 계산한다.
- 선급금에 의한 취득이 있는 경우에는 현금지급액을 가산하여 다음과 같이 현금유출액을 계산한다.

> 유형자산 취득으로 인한 현금흐름
> = 현금및외상 취득 현금유출액 + 선급금 취득 현금유출액
> = (기말 유형자산 − 기초 유형자산) + 처분된 유형자산의 원가 − 당기 재평가이익 발생액
>   + 당기 재평가손실 발생액 − 유형자산 취득 관련 미지급금 발생액(비현금거래) + 선급금지급액

예제 01

유형자산의 취득과 처분 I – 감가상각이 있는 경우

- 다음은 A회사의 2X05년과 2X06년도 투자활동과 관련된 재무상태표와 포괄손익계산서 항목에 대한 정보 중 일부 발췌한 것이다.

재무상태표	2X05년	2X06년	증감
유형자산	1,000,000	1,500,000	500,000
감가상각누계액	(200,000)	(340,000)	(140,000)

포괄손익계산서	2X06년
감가상각비	200,000
유형자산처분이익	100,000

- 추가정보는 다음과 같다. 원가 ₩500,000인 유형자산을 2X06년 ₩540,000에 현금으로 처분하였고 유형자산의 취득은 전액 현금거래이다.

요구사항. T계정법에 의해 상기 유형자산의 취득 및 처분과 관련된 투자활동으로 인한 현금흐름을 나타내라.

해설

〈감가상각〉	감가상각비	200,000	감가상각누계액	200,000
〈처분〉	현금	540,000	유형자산	500,000
	감가상각누계액	60,000	유형자산처분이익	100,000

유형자산

기초	1,000,000	처분자산원가	500,000
취득(현금)	1,000,000		
취득(비현금)	0	기말	1,500,000
	2,000,000		2,000,000

감가상각누계액

처분	60,000	기초	200,000
기말	340,000	감가상각비	200,000
	400,000		400,000

유형자산처분이익

		발생	100,000

| 〈취득〉 | 유형자산 | 1,000,000 | 현금 | 1,000,000 |

- 유형자산 처분으로 인한 2X06년의 현금유입액은 처분가액 ₩540,000이고 유형자산 취득으로 인한 현금유출액은 취득가액 ₩1,000,000이다. 따라서 투자활동으로 인한 현금흐름은 (₩460,000)이다.

〈 현금흐름표 〉

영업활동으로 인한 현금흐름	
1) 당기순이익	×××
2) 조정(포괄손익계산서)	
유형자산처분이익	(100,000)
투자활동으로 인한 현금흐름	(460,000)
1) 투자활동으로 인한 현금유입액	
유형자산 처분	540,000
2) 투자활동으로 인한 현금유출액	
유형자산 취득	(1,000,000)

예제 02

유형자산의 취득과 처분 II - 감가상각과 손상차손이 있는 경우

- 다음은 A회사의 2X05년과 2X06년도 투자활동과 관련된 재무상태표와 포괄손익계산서 항목에 대한 정보 중 일부 발췌한 것이다.

재무상태표	2X05년	2X06년	증감
유형자산	1,000,000	1,500,000	500,000
감가상각누계액	(200,000)	(340,000)	(140,000)
손상차손누계액	(100,000)	(150,000)	(50,000)

포괄손익계산서		2X06년	
감가상각비		200,000	
손상차손		70,000	
유형자산처분이익		120,000	

- 추가정보는 다음과 같다. 취득원가 ₩500,000인 유형자산을 2X06년 ₩540,000에 현금으로 처분하였고 유형자산 취득은 전액 현금거래이다.

  요구사항. T계정법에 의해 상기 유형자산의 취득 및 처분과 관련된 투자활동으로 인한 현금흐름을 나타내라.

해설

〈감가상각〉	감가상각비	200,000	감가상각누계액	200,000
〈손상차손〉	손상차손	70,000	손상차손누계액	70,000

유형자산

기초	1,000,000	처분자산원가	500,000
취득(현금)	1,000,000		
취득(비현금)	0	기말	1,500,000
	2,000,000		2,000,000

감가상각누계액

처분	60,000	기초	200,000
기말	340,000	감가상각비	200,000
	400,000		400,000

유형자산처분이익

		발생	120,000

손상차손누계액

처분	20,000	기초	100,000
기말	150,000	손상차손	70,000
	170,000		170,000

〈취득〉	유형자산	1,000,000	현금	1,000,000
〈처분〉	현금	540,000	유형자산	500,000
	감가상각누계액	60,000	유형자산처분이익	120,000
	손상차손누계액	20,000		

1) 유형자산 처분으로 인한 현금유입 : ₩540,000
2) 유형자산 취득으로 인한 현금유출 : ₩1,000,000

- 유형자산 처분으로 인한 현금유입액은 처분가액 ₩540,000이고, 유형자산 취득으로 인한 현금유출액은 취득가액 ₩1,000,000이다. 따라서 투자활동으로 인한 현금흐름은 (₩460,000)이며 다음과 같이 표시된다.

〈 현금흐름표 〉

영업활동으로 인한 현금흐름	
1) 당기순이익	×××
2) 조정(포괄손익계산서)	
유형자산처분이익	(120,000)
투자활동으로 인한 현금흐름	**(460,000)**
1) 투자활동으로 인한 현금유입액	
유형자산 처분	540,000
2) 투자활동으로 인한 현금유출액	
유형자산 취득	(1,000,000)

- 장부가액 ₩420,000(=500,000-60,000-20,000)인 유형자산을 ₩540,000에 매각하였으며 유형자산처분이익이 ₩120,000 발생하여 당기순이익에 반영되었다. 그러나 유형자산처분이익은 영업활동이 아니라 투자활동과 관련된 이익이고 투자활동으로 인한 현금흐름에서 장부가액이 아닌 처분가격으로 표시되어 중복 계산되므로 당기순이익에서 차감하여 조정한다.

예제 03

유형자산의 취득과 처분 Ⅲ – 감가상각 및 손상차손과 비현금거래가 있는 경우

- 다음은 A회사의 2X05년과 2X06년도 투자활동과 관련된 재무상태표와 포괄손익계산서 항목에 대한 정보 중 일부 발췌한 것이다.

재무상태표	2X05년	2X06년	증감
유형자산	1,000,000	1,500,000	500,000
감가상각누계액	(200,000)	(340,000)	(140,000)
미수금	0	30,000	30,000
미지급금	300,000	700,000	400,000

포괄손익계산서		2X06년	
감가상각비		200,000	
유형자산처분이익		100,000	

- 추가정보는 다음과 같다. 취득원가 ₩500,000인 유형자산을 2X06년 ₩540,000에 매각하였으며 현금으로 ₩510,000을 수취하고 나머지는 2X07년에 받기로 하였다. 2X06년 유형자산 취득은 미지급금이 ₩400,000 포함되어 있다.

요구사항. T계정법에 의해 상기 유형자산의 취득 및 처분과 관련된 투자활동으로 인한 현금흐름을 나타내라.

해설

〈감가상각〉	감가상각비	200,000	감가상각누계액	200,000
〈처분〉	현금	510,000	유형자산	500,000
	미수금	30,000	유형자산처분이익	100,000
	감가상각누계액	60,000		

유형자산

기초	1,000,000	처분자산원가	500,000
취득(현금)	600,000		
취득(비현금)	400,000	기말	1,500,000
	2,000,000		2,000,000

감가상각누계액

처분	60,000	기초	200,000
기말	340,000	감가상각비	200,000
	400,000		400,000

유형자산처분이익

		발생	100,000

미수금

기초	0	현금	0
유형자산(처분)	30,000	기말	30,000
	30,000		30,000

미지급금

현금	0	기초	300,000
기말	700,000	유형자산(취득)	400,000
	700,000		700,000

〈취득〉	유형자산	1,000,000	현금	600,000
			미지급금	400,000

1) 유형자산 처분으로 인한 현금유입 : ₩510,000
2) 유형자산 취득으로 인한 현금유출 : ₩600,000

- 유형자산 처분으로 인한 현금유입액은 처분가액에서 미수금 ₩30,000을 제외한 ₩510,000이고 유형자산 취득으로 인한 현금유출액은 취득가액에서 미지급금 ₩400,000을 제외한 ₩600,000이다. 따라서 투자활동으로 인한 현금흐름은 (₩90,000)이며 다음과 같이 표시된다.

〈 현금흐름표 〉

영업활동으로 인한 현금흐름	
1) 당기순이익	×××
2) 조정(포괄손익계산서)	
유형자산처분이익	(100,000)
투자활동으로 인한 현금흐름	**(90,000)**
1) 투자활동으로 인한 현금유입액	
유형자산 처분	510,000
2) 투자활동으로 인한 현금유출액	
유형자산 취득	(600,000)

- 이때 장부가액 ₩440,000(=500,000 - 60,000)인 유형자산을 ₩540,000에 매각하였으며 ₩100,000의 유형자산처분이익이 발생하여 당기순이익에 반영되었다. 그러나 유형자산처분이익은 영업활동이 아니라 투자활동과 관련된 이익이고, 유형자산 처분금액이 장부가액이 아닌 처분가액으로 현금흐름표에 표시되어 현금흐름이 중복 계산되므로 당기순이익에서 차감하여 조정한다.
- 미수금 ₩30,000과 미지급금 ₩40,000은 비현금거래로 주석에 표시한다.

1.1.3. 건설중인자산의 취득

- 건설중인자산의 취득으로 인한 현금유출액을 계산하는데 필요한 재무상태표 계정과목은 건설중인자산, 건설중인자산(차입원가), 유형자산, 건설중인자산 관련 미지급금이다.

현금유출 건설중인자산 취득 계산 관련 재무상태표 계정과목	⇒	건설중인자산(유형자산), 건설중인자산(차입원가), 유형자산, 건설중인자산 관련 미지급금

- 유형자산을 외부에서 구입하지 않고 자가건설하거나 외부에 건설을 위탁하는 경우, 건설중인자산 계정과목으로 표시하고 건설이 완료되면 각각의 유형자산 계정으로 대체한다.
- 이때 현금의 유출로 인한 건설중인자산의 증가는 투자활동으로 인한 현금흐름에서 현금유출로 표시한다.
- 그러나 건설중인자산 관련 미지급금의 회계기간 중 발생금액이나 완공 시 건설중인자산의 감소(유형자산 ××× 건설중인자산 ×××)는 현금유출이 없는 비현금거래로 주석에서 공시한다.
- 건설중인자산에 자본화한 차입원가가 포함되어 있는 경우에는 유형자산의 취득으로 인한 현금흐름을 계산할 때 당기에 발생하여 자본화한 차입원가는 건설중인자산으로 인한 현금유출에서 제외하고 영업활동으로 인한 현금흐름이나 재무활동으로 인한 현금흐름에서 이자지급액에 포함해서 표시해야 한다.
- 건설중인자산의 현금흐름과 관련된 계정과목의 회계기간 중 발생한 회계처리의 예는 다음과 같다.

(1) 취득	(차) 건설중인자산	×××	(대) 현금 또는 미지급금	×××
(2) 완공 시	유형자산	×××	건설중인자산	×××
(3) 차입원가	건설중인자산(이자비용)	×××	현금	×××

- T계정법에 의한 건설중인자산 관련 현금유출액의 계산방법은 다음과 같다.

건설중인자산				유형자산			
기초	×××	유형자산대체	×××	기초	×××		
차입원가발생	×××			건설중인자산대체	×××	기말	×××
취득(현금)	×××				×××		×××
취득(비현금)	×××	기말	×××				
	×××		×××				

건설중인자산(차입원가)				미지급금			
발생	×××			현금(지급)	×××	기초	×××
				기말	×××	건설중인자산(취득)	×××
					×××		×××

1.1.4. 건설중인자산의 취득으로 인한 현금유출액

- 건설중인자산의 취득으로 인한 현금유출액을 계산하기 위해서 활용하는 T계정은 건설중인자산, 유형자산, 건설중인자산(차입원가), 미지급금이다.

건설중인자산			
기초	×××	유형자산대체	×××
차입원가발생	×××		
취득(현금)	×××		
취득(비현금)	×××	기말	×××
	×××		×××

유형자산			
기초	×××		
건설중인자산대체	×××	기말	×××
	×××		×××

건설중인자산(차입원가)			
발생	×××		

미지급금			
현금(지급)	×××	기초	×××
기말	×××	건설중인자산(취득)	×××
	×××		×××

- 건설중인자산의 취득으로 인한 현금유출액은 건설중인자산 T계정에서 증감금액(기말−기초)에 비현금거래인 유형자산 대체금액을 가산하고 차입원가 발생금액을 차감하여 다음과 같이 계산한다. 이때 비현금거래가 있는 경우 건설중인자산의 취득 관련 미지급금의 발생금액을 차감한다.

> 건설중인자산의 취득으로 인한 현금유출
> = (기말 건설중인자산 − 기초 건설중인자산) + 유형자산대체금액 − 자본화한차입원가
>   − 건설중인자산 취득 관련 미지급금발생액(비현금거래)

예제 04

건설중인자산의 취득

- 다음은 A회사의 2X05년과 2X06년도 투자활동과 관련된 재무상태표 항목에 대한 정보 중 일부 발췌한 것이다.

재무상태표	2X05년	2X06년	증감
건설중인자산	100,000	200,000	100,000

- 추가정보는 다음과 같다. 당기에 건설중인자산으로 자본화한 차입원가는 ₩3,000이고 건설중인자산에서 대체된 유형자산과 건설중인자산 관련 미지급금은 없으며 전액 현금으로 취득했다.

    요구사항. T계정법에 의해 상기 건설중인자산의 취득과 관련된 투자활동으로 인한 현금흐름을 나타내라.

해설

〈차입원가〉	건설중인자산	3,000	현금	3,000

건설중인자산				건설중인자산(차입원가)	
기초	100,000	유형자산대체	0	발생	3,000
취득	97,000				
차입원가	3,000	기말	200,000		
	200,000		200,000		

〈취득〉	건설중인자산	97,000	현금	97,000

1) 건설중인자산의 취득으로 인한 현금유출 : ₩97,000
2) 이자의 지급으로 인한 현금유출 : ₩3,000

〈 현금흐름표 〉

영업활동으로 인한 현금흐름	
1) 당기순이익	×××
2) 조정(포괄손익계산서)	
이자비용(차입원가)	3,000
3) 이자지급액(차입원가)	(3,000)
투자활동으로 인한 현금흐름	**(97,000)**
1) 투자활동으로 인한 현금유입액	
2) 투자활동으로 인한 현금유출액	
건설중인자산의 취득	(97,000)

1.2. 무형자산의 취득과 처분으로 인한 현금흐름

- 무형자산의 취득과 처분으로 인한 현금의 유출액이나 현금의 유입액을 계산하기 위한 재무상태표 계정과목은 무형자산, 무형자산 취득 관련 미지급금, 무형자산 처분 관련 미수금, 무형자산 취득 관련 선급금, 무형자산 처분 관련 선수금, 무형자산상각누계액, 손상차손누계액, 재평가이익(OCI)이고 포괄손익계산서 계정과목은 무형자산상각비, 손상차손, 재평가손실(NI)이다.

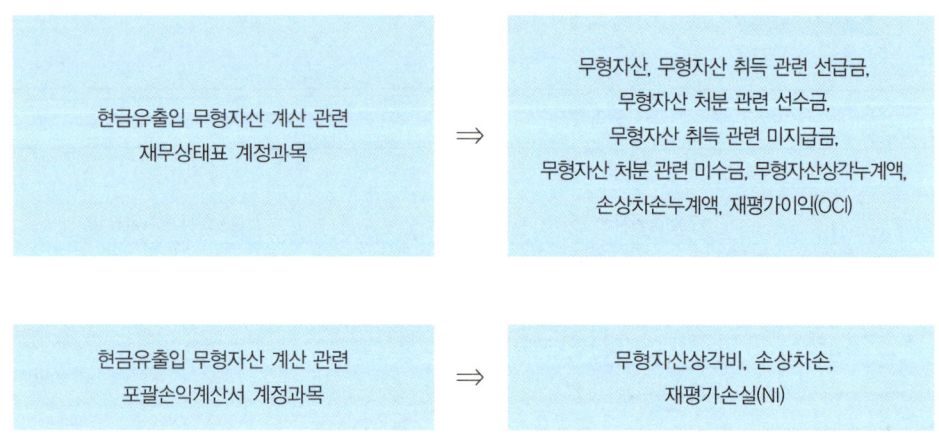

- 무형자산의 현금흐름과 관련된 계정과목의 회계기간 중 발생한 회계처리의 예는 다음과 같다. 무형자산 상각 시 회계처리는 일반적으로 취득원가에서 직접 차감하는 방식인 직접법을 적용하고 있지만 K-IFRS에서는 직접법과 간접법에 대한 구체적인 규정을 명시하지 않고 있어 본서에서는 유형자산과 같이 간접법으로 표시한다.

		(차)			(대)		
(1)	취득		무형자산	×××		현금 또는 미지급금	×××
(2)	상각		무형자산상각비	×××		무형자산상각누계액	×××
(3)	손상차손		손상차손	×××		손상차손누계액	×××
(4)	손상차손환입		손상차손누계액	×××		손상차손환입	×××
(5)	재평가이익		무형자산	×××		재평가이익(OCI)	×××
(6)	재평가손실		재평가손실(NI)	×××		무형자산	×××

(7) 처분	현금 또는 미수금	×××	무형자산	×××
	무형자산상각누계액	×××		
	손상차손누계액	×××		
	무형자산처분손실	××× 또는	무형자산처분이익	×××

- T계정법에 의한 무형자산 관련 현금의 유출이나 유입액의 계산방법은 다음과 같다.

무형자산				무형자산상각누계액			
기초	×××	처분자산원가	×××	처분자산상각누계액	×××	기초	×××
취득(현금)	×××	재평가손실	×××	기말	×××	무형자산상각비	×××
취득(비현금)	×××				×××		×××
재평가이익	×××	기말	×××				
	×××		×××				

손상차손누계액			
처분자산손상차손누계액	×××	기초	×××
손상차손환입	×××	손상차손	×××
기말	×××		
	×××		×××

무형자산처분이익				무형자산처분손실			
		발생	×××	발생	×××		

미수금				미지급금			
기초	×××	현금(회수)	×××	현금(지급)	×××	기초	×××
무형자산(처분)	×××	기말	×××	기말	×××	무형자산(취득)	×××
	×××		×××		×××		×××

선급금				선수금			
기초	×××	무형자산(대체)	×××	무형자산(대체)	×××	기초	×××
현금지급	×××	기말	×××	기말	×××	현금수령	×××
	×××		×××		×××		×××

재평가이익(OCI)				재평가손실(NI)			
재평가손실(대체)	×××	기초	×××	발생	×××	재평가이익(대체)	×××
기말	×××	발생	×××				
	×××		×××				

1.2.1. 무형자산 처분으로 인한 현금유입액

- 무형자산의 처분으로 인한 현금유입액을 계산하기 위해서 활용하는 T계정은 무형자산, 상각누계액, 손상차손누계액, 무형자산처분이익 또는 무형자산처분손실, 미수금, 선수금이다.

무형자산				무형자산상각누계액			
기초	×××	처분자산원가	×××	처분자산상각누계액	×××	기초	×××
취득(현금)	×××	재평가손실	×××	기말	×××	무형자산상각비	×××
취득(비현금)	×××				×××		×××
재평가이익	×××	기말	×××				
	×××		×××				

손상차손누계액			
처분자산손상차손누계액	×××	기초	×××
손상차손환입	×××	손상차손	×××
기말	×××		
	×××		×××

무형자산처분이익				무형자산처분손실			
		발생	×××	발생	×××		

미수금				선수금			
기초	×××	현금(회수)	×××	무형자산(취득)	×××	기초	×××
무형자산(처분)	×××	기말	×××	기말	×××	현금수령	×××
	×××		×××		×××		×××

- 무형자산의 처분과 관련된 현금유입액은 무형자산 T계정의 처분대상 무형자산의 원가에서 처분자산 관련 상각누계액 및 손상차손누계액을 차감하여 순장부가액 감소금액을 구한 다음, 처분이익이나 처분손실 계정의 처분이익 금액을 가산하고 처분손실 금액을 차감하여 계산한다.
- 이때 비현금거래가 있는 경우, 즉 무형자산 처분과 관련된 미수금의 발생금액을 차감한다.
- 선수금에 의한 처분이 있는 경우에는 현금수령액을 가산하여 다음과 같이 계산한다.

> 무형자산 처분으로 인한 현금흐름
> = 현금및외상 처분 현금유입액 + 선수금 처분 현금유입액
> = 처분대상자산장부가액(원가 − 상각누계액 − 손상차손누계액) + (처분이익 − 처분손실)
>   − 무형자산 처분 관련 미수금 발생액(비현금거래) + 선수금수령액

1.2.2. 무형자산 취득으로 인한 현금유출액

- 무형자산의 취득으로 인한 현금유출액을 계산하기 위해서 활용하는 T계정은 무형자산, 재평가이익, 재평가손실, 미지급금, 선급금이다.

무형자산			
기초	×××	처분자산원가	×××
취득(현금)	×××	재평가손실	×××
취득(비현금)	×××		
재평가이익	×××	기말	×××
	×××		×××

재평가이익(OCI)					재평가손실(NI)			
재평가손실(대체)	×××	기초	×××		발생	×××	재평가이익(대체)	×××
기말	×××	발생	×××					
	×××		×××					

선급금					미지급금			
기초	×××	무형자산(대체)	×××		현금(지급)	×××	기초	×××
현금지급	×××	기말	×××		기말	×××	무형자산(취득)	×××
	×××		×××			×××		×××

- 무형자산의 취득과 관련된 현금유출액은 무형자산 T계정에서 무형자산의 증가금액(기말-기초)에 당기 회계기간 중에 처분한 무형자산의 원가를 대변에서 조정하고 재평가이익 발생액이나 재평가손실 발생액을 반영하여 계산한다.
- 이때 비현금거래가 있는 경우, 즉 무형자산 취득과 관련된 미지급금의 발생금액이 있는 경우에는 차감한다.
- 선급금에 의한 취득이 있는 경우에는 현금지급액을 가산하여 다음과 같이 계산한다.

> 무형자산 취득으로 인한 현금흐름
> = 현금및외상 취득 현금유출액 + 선급금 취득 현금유출액
> = (기말 무형자산 − 기초 무형자산) + 처분된 무형자산의 원가 − 당기 재평가이익 발생액
>   + 당기 재평가손실 발생액 − 무형자산 취득 관련 미지급금 발생액(비현금거래) + 선급금지급액

예제 05

무형자산 취득과 처분

- 다음은 A회사의 2X05년과 2X06년도 투자활동과 관련된 재무상태표와 포괄손익계산서 항목에 대한 정보 중 일부를 발췌한 것이다.

재무상태표	2X05년	2X06년	증감
무형자산	240,000	180,000	60,000
상각누계액	(20,000)	(40,000)	(20,000)
미수금	20,000	40,000	20,000
미지급금	30,000	40,000	10,000

포괄손익계산서		2X06년	
무형자산상각비		80,000	
무형자산처분이익		100,000	

- 추가정보는 다음과 같다. 취득원가 ₩80,000인 무형자산을 ₩120,000에 매각하기로 하고 현금으로 ₩100,000을 수취하였으며 나머지는 2X07년에 받기로 하였다. 취득금액에는 미지급금 ₩10,000이 포함되어 있다.

요구사항. T계정법을 이용하여 상기 무형자산의 취득 및 처분과 관련된 투자활동으로 인한 현금흐름을 나타내라.

해설

〈상각〉	무형자산상각비	80,000	무형자산상각누계액	80,000
〈처분〉	현금	100,000	무형자산	80,000
	미수금	20,000	처분이익	100,000
	상각누계액	60,000		

무형자산

기초	240,000	처분자산원가	80,000
취득(현금)	10,000		
취득(비현금)	10,000	기말	180,000
	260,000		260,000

무형자산상각누계액

처분	60,000	기초	20,000
기말	40,000	상각비	80,000
	100,000		100,000

미수금

기초	20,000	현금	0
무형자산	20,000	기말	40,000
	40,000		40,000

미지급금

현금	0	기초	30,000
기말	40,000	무형자산	10,000
	40,000		40,000

무형자산처분이익

		발생	100,000

〈취득〉	무형자산	20,000	현금	10,000
			미지급금	10,000

1) 무형자산 처분으로 인한 현금유입 : ₩100,000
2) 무형자산 취득으로 인한 현금유출 : ₩10,000

- 무형자산 처분으로 인한 현금유입액은 처분가액에서 미수금 ₩20,000을 제외한 ₩100,000이고, 무형자산 취득으로 인한 현금유출액은 취득가액에서 미지급금 ₩10,000을 제외한 ₩10,000이다. 따라서 투자활동으로 인한 현금흐름은 ₩90,000이며 다음과 같이 표시된다.

⟨ 현금흐름표 ⟩	
영업활동으로 인한 현금흐름	
1) 당기순이익	×××
2) 조정(포괄손익계산서)	
무형자산처분이익	(100,000)
투자활동으로 인한 현금흐름	90,000
1) 투자활동으로 인한 현금유입액	
무형자산의 처분	100,000
2) 투자활동으로 인한 현금유출액	
무형자산의 취득	(10,000)

- 이때 장부가액 ₩20,000인 무형자산을 ₩120,000에 매각하여 ₩100,000의 무형자산처분이익이 발생하여 당기순이익에 반영되었다. 그러나 무형자산처분이익은 영업활동이 아니라 투자활동과 관련된 이익이고 처분금액이 장부가액이 아닌 처분가액으로 현금흐름표에 표시되어 현금흐름이 중복 계산되므로 당기순이익에서 차감표시한다.

2. 금융자산 관련 현금흐름

- 2018년부터 적용되는 K-IFRS 제1109호 '금융상품'에서는 금융자산을 금융상품의 현금흐름 특성과 이를 보유하는 금융자산의 현금흐름 획득목적(사업의 모형)에 따라 '당기손익-공정가치 측정(FVPL: Fair Value through Profit or Loss) 금융자산', '기타포괄손익-공정가치 측정(FVOCI: Fair Value through Other Comprehensive Income) 금융자산', 그리고 '상각후원가 측정(AC: Amortised Cost) 금융자산'으로 분류하고 있다.
- 개정 전 회계기준(K-IFRS 제1107호)에서 공정가치로 평가하던 매도가능금융자산은 개정 K-IFRS 제1109호에서 지분증권 관련 '당기손익-공정가치 측정(FVPL) 금융자산'과 채무증권 관련 '기타포괄손익-공정가치 측정(FVOCI) 금융자산'으로 변경하여 구분한다.
- 만기보유금융자산도 K-IFRS 제1109호에서 분류를 변경하여 '대여금 및 수취채권'과 함께 '상각후원가 측정(AC) 금융자산'에 포함해서 별도 구분 표시하도록 하고 있다.

| 회계기준 차이 - 금융상품 분류 및 측정 |

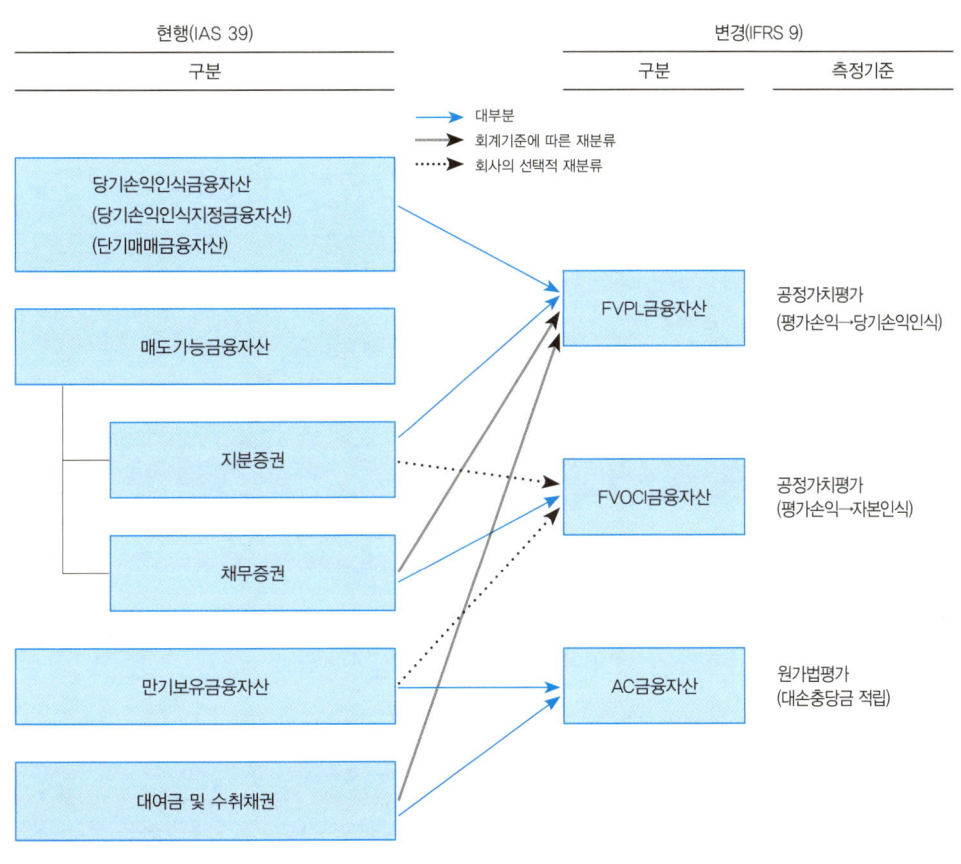

주) 지분증권은 FVPL금융자산 분류가 원칙임. 그러나 지분증권이 단기매매목적이 아닌 경우 예외적으로 최초인식(취득) 시점에서 후속적인 공정가치변동을 기타포괄손익으로 지정할 수 있으며, 이후에는 다시 당기손익으로 인식할 수 없음.(당기손익 재순환금지)

- 따라서 본서에서는 투자활동으로 인한 현금흐름에서 금융자산의 취득이나 처분과 관련된 현금흐름을 FVPL금융자산(지분증권)현금흐름과 FVOCI금융자산(채무증권, 지분증권) 관련 현금흐름, AC금융자산 관련 현금흐름으로 구분해서 각각 별도로 계산한다. 단, AC금융자산현금흐름 중 만기보유금융자산을 제외한 대여금 관련 현금흐름 및 수취채권 관련 현금흐름은 6장의 후반부에서 별도항목으로 다룬다.

2.1. FVPL금융자산 취득과 처분

- 지분증권으로 단기매매 목적이 아닌 FVPL금융자산의 취득과 처분으로 인한 현금의 유출액이나 유입액을 계산하는데 필요한 재무상태표 계정과목은 FVPL금융자산, 처분 관련 미수금 또는 취득 관련 미지급금이고 포괄손익계산서 계정과목은 평가손익(NI)이다.

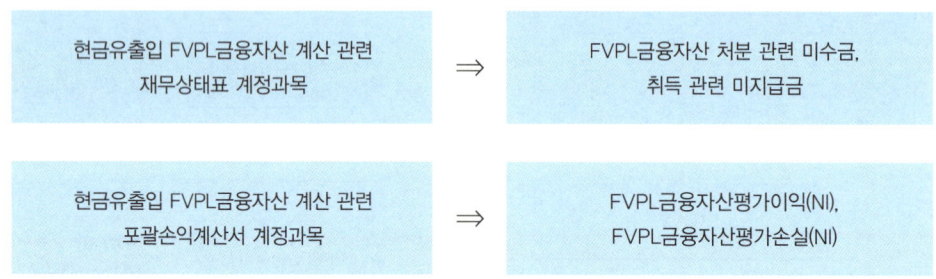

- FVPL금융자산 관련 현금흐름은 둘로 구분하여 표시하는 것을 기억해야 한다. 먼저 FVPL금융자산 중 단기매매목적으로 보유하는 FVPL금융자산의 취득과 처분으로 인한 현금흐름은 영업활동으로 인한 현금흐름에서 표시한다. 그러나 단기매매목적이 아닌 FVPL금융자산의 취득과 처분으로 인한 현금흐름은 투자활동으로 인한 현금흐름에서 표시한다.
- 또한 'FVOCI금융자산이나 AC금융자산' 중 FVPL로 지정한 FVPL지정금융자산은 투자활동으로 인한 현금흐름에서 FVPL금융자산 취득과 처분 관련 현금흐름에 포함해서 별도 표시한다.
- FVPL금융자산의 현금흐름과 관련된 계정과목의 회계기간 중 발생한 회계처리의 예는 다음과 같다. FVPL금융자산과 관련된 선급금지급이나 선수금수취는 없다고 가정한다.

(1) 취득	(차)	FVPL금융자산	×××	(대)	현금 또는 미지급금	×××
(2) 평가		FVPL금융자산	×××		평가이익(NI)	×××
		평가손실(NI)	×××		FVPL금융자산	×××
(3) 처분						
〈평가〉		FVPL금융자산	×××		평가이익(NI)	×××
		평가손실(NI)	×××		FVPL금융자산	×××
〈처분〉		현금 또는 미수금	×××		FVPL금융자산	×××

- T계정법에 의한 FVPL금융자산 관련 현금의 유출이나 유입액의 계산방법은 다음과 같다.

2.1.1. FVPL금융자산 처분으로 인한 현금유입액

- FVPL금융자산의 처분으로 인한 현금유입액을 계산하기 위해서 활용하는 T계정은 FVPL금융자산, 미수금이다.

FVPL금융자산					미수금			
기초	×××	처분자산평가액	×××	기초	×××	현금회수	×××
평가이익	×××	평가손실	×××	발생	×××	기말	×××
취득(현금)	×××				×××		×××
취득(비현금)	×××	기말	×××				
	×××		×××				

- FVPL금융자산의 처분과 관련된 현금유입액은 FVPL금융자산 T계정에서 처분대상 FVPL금융자산의 처분시점 평가액에 해당한다. 즉, 처분과 관련하여 평가, 처분 2단계 회계처리 과정을 거치게 되며 처분가액은 처분시점의 평가액에 해당한다.
- 이때 비현금거래가 있는 경우에는 FVPL금융자산처분과 관련된 미수금의 당기 발생금액을 반영하여 다음과 같이 계산한다.

> FVPL금융자산 처분으로 인한 현금흐름
> = 처분대상자산 처분시점 평가액 – FVPL금융자산 처분 관련 미수금 발생액(비현금거래)

2.1.2. FVPL금융자산 취득으로 인한 현금유출액

- FVPL금융자산의 취득으로 인한 현금유출액을 계산하기 위해서 활용하는 T계정은 FVPL금융자산, 평가이익, 평가손실, 미지급금이다.

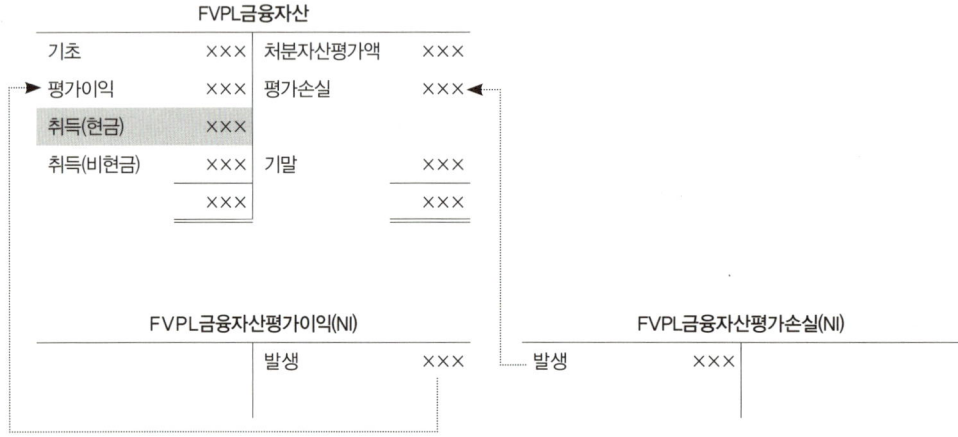

- FVPL금융자산의 취득과 관련된 현금유출액은 FVPL금융자산 T계정에서 FVPL금융자산의 증가금액(기말-기초)에 당기 회계기간 중에 처분한 관련된 자산의 평가금액을 조정하고 평가이익이나 평가손실을 반영한다.
- 이때 비현금거래가 있는 경우, 즉 FVPL금융자산 취득과 관련된 미지급금의 당기 발생금액을 반영하여 다음과 같이 계산한다.

> FVPL금융자산 취득으로 인한 현금흐름
> = (기말 FVPL금융자산 − 기초 FVPL금융자산) + 처분된 FVPL금융자산의 평가액
>   − (당기평가이익 − 당기평가손실) − FVPL금융자산 취득 관련 미지급금 발생액(비현금거래)

예제 06

FVPL금융자산 취득과 처분

- 다음은 A회사의 2X05년과 2X06년도 투자활동과 관련된 재무상태표와 포괄손익계산서 항목에 대한 정보 중 일부 발췌한 것이다. 2X06년 'FVPL금융자산' 일부를 처분하였다. 단, 2X06년에 취득으로 인한 현금지급이나 미지급금 증가는 없다.

재무상태표	2X05년	2X06년	증감
FVPL금융자산	480,000	489,000	9,000

포괄손익계산서		2X06년
평가이익		125,000

요구사항. T계정법을 이용하여 'FVPL금융자산'의 취득 및 처분과 관련된 투자활동으로 인한 현금흐름을 나타내라.

해설

〈평가〉   FVPL금융자산   125,000   평가이익(NI)   125,000

	FVPL금융자산			평가이익(NI)	
기초	480,000	처분자산평가액	116,000	발생	125,000
평가이익	125,000				
취득(현금)	0				
취득(비현금)	0	기말	489,000		
	605,000		605,000		

〈처분〉	현금	116,000	FVPL금융자산	116,000

1) FVPL금융자산 처분으로 인한 현금유입 : ₩116,000
2) FVPL금융자산 취득으로 인한 현금유출 : ₩0

- FVPL금융자산 처분으로 인한 현금유입액은 ₩116,000이고, FVPL금융자산 취득으로 인한 현금유출액은 ₩0이다. 따라서 투자활동으로 인한 현금흐름은 ₩116,000이며 다음과 같이 표시한다.

〈 현금흐름표 〉

영업활동으로 인한 현금흐름	
1) 당기순이익	×××
2) 조정(포괄손익계산서)	
평가이익	(125,000)
투자활동으로 인한 현금흐름	116,000
1) 투자활동으로 인한 현금유입액	
FVPL금융자산 처분	116,000
2) 투자활동으로 인한 현금유출액	
FVPL금융자산 취득	0

2.2. FVOCI금융자산 취득과 처분

- FVOCI금융자산은 현금흐름이 계약상 원금과 이자만으로 구성되어 있고 원금 및 이자의 수취와 매매를 통한 현금수취를 목적으로 한 채무증권이다. FVOCI금융자산의 취득과 처분으로 인한 현금의 유출액이나 유입액을 계산하는데 필요한 재무상태표 계정과목은 FVOCI금융자산, 평가손익, 처분 관련 미수금 또는 취득 관련 미지급금이고, 포괄손익계산서 계정과목은

손상차손 또는 손상차손환입이다.

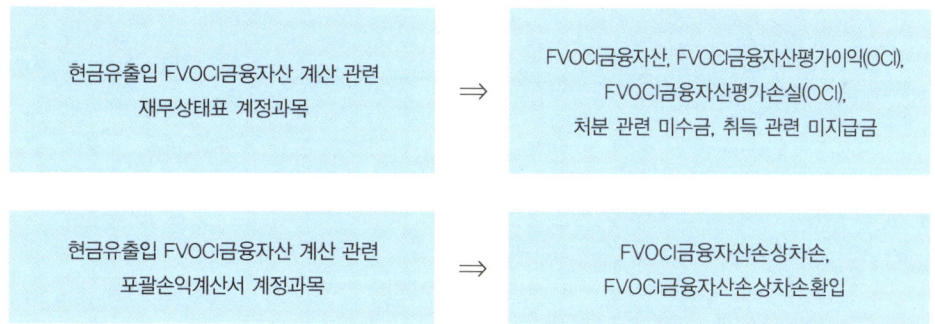

- 채무증권이 취득금액과 액면금액이 다른 경우에는 유효이자율법을 적용하여 차액을 상각하고 FVOCI금융자산을 조정하여 이자수익으로 인식한다.
- FVOCI금융자산의 현금흐름과 관련된 계정과목의 회계기간 중 발생한 회계처리의 예는 다음과 같다. FVOCI금융자산과 관련된 선급금지급이나 선수금수취는 없다고 가정한다.

(1) 취득	(차) FVOCI금융자산	×××	(대) 현금 또는 미지급금	×××
(2) 평가	FVOCI금융자산	×××	평가이익(OCI)	×××
	평가손실(OCI)	×××	FVOCI금융자산	×××
(3) 이자수익발생(채무증권) (표면금리=시장수익율)	현금	×××	이자수익	×××
(4) 취득가액과 액면가액 조정(채무증권)				
1) 이자수익발생-할인차금환입 (표면금리<시장수익율)	현금	×××	이자수익	×××
	FVOCI금융자산	×××		
2) 이자수익발생-할증차금상각 (표면금리>시장수익율)	현금	×××	이자수익	×××
			FVOCI금융자산	×××
(5) 손상차손				
〈평가〉	평가손실(OCI)	×××	FVOCI금융자산	×××
〈재분류〉	손상차손(NI)	×××	평가손실(OCI)	×××
(6) 손상차손환입	FVOCI금융자산	×××	손상차손환입(NI)	×××

(7) 처분

1) 채무증권

⟨평가⟩	FVOCI금융자산	×××	평가이익(OCI)	×××
⟨처분⟩	현금 또는 미수금	×××	FVOCI금융자산	×××
⟨재분류⟩	평가이익(OCI)	×××	처분이익(NI)	×××

2) 지분증권 – 공정가치변동의 기타포괄손익 지정

| ⟨평가⟩ | FVOCI금융자산 | ××× | 평가이익(OCI) | ××× |
| ⟨처분⟩ | 현금 또는 미수금 | ××× | FVOCI금융자산 | ××× |

- T 계정법에 의한 FVOCI금융자산 관련 현금의 유출이나 유입액의 계산방법은 다음과 같다.

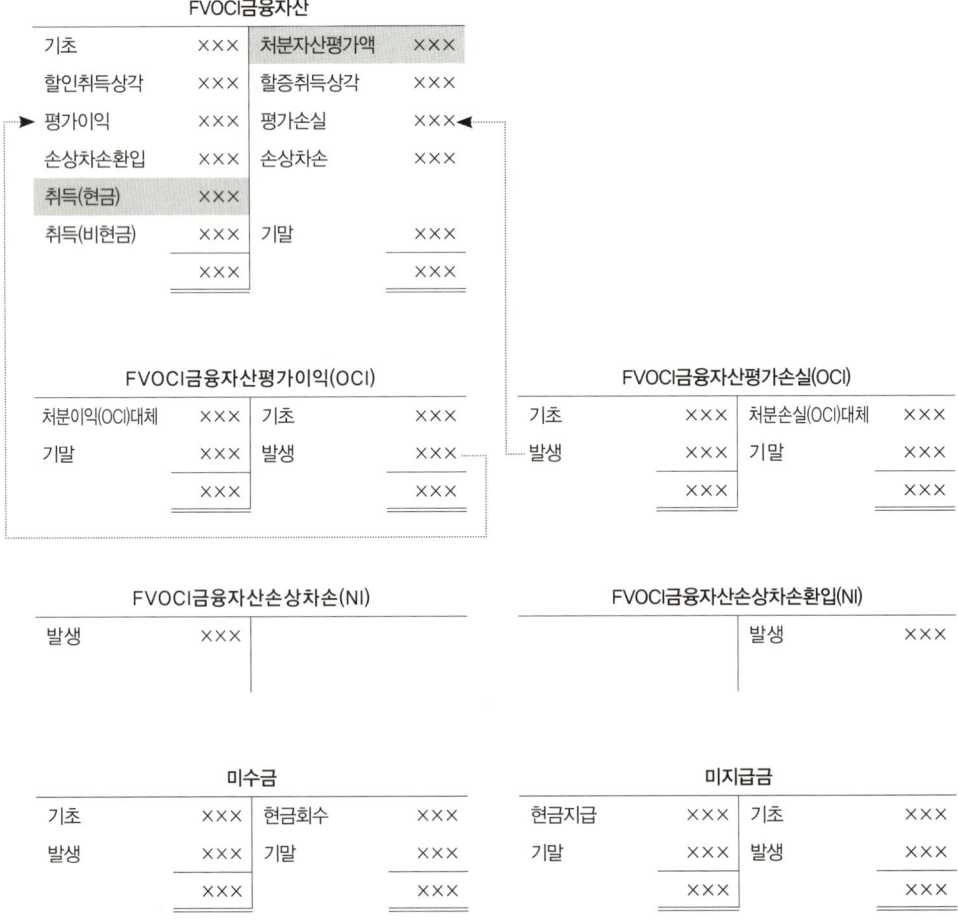

2.2.1. FVOCI금융자산 처분으로 인한 현금유입액

- FVOCI금융자산의 처분으로 인한 현금유입액을 계산하기 위해서 활용하는 T계정은 FVOCI 금융자산, 처분이익 또는 처분손실, 미수금이다.

FVOCI금융자산					미수금			
기초	×××	처분자산평가액	×××		기초	×××	현금회수	×××
할인취득상각	×××	할증취득상각	×××		발생	×××	기말	×××
평가이익	×××	평가손실	×××			×××		×××
손상차손환입	×××	손상차손	×××					
취득(현금)	×××							
취득(비현금)	×××	기말	×××					
	×××		×××					

- FVOCI금융자산의 처분과 관련된 현금유입액은 FVOCI금융자산 T계정에서 처분대상 FVOCI 금융자산의 처분시점 평가액에 해당한다. 즉, 처분과 관련하여 평가, 처분 및 재분류하는 3단계 회계처리 과정을 거치게 되며 처분가액은 처분시점의 평가액에 해당한다.
- 이때 비현금거래가 있는 경우에는 FVOCI금융자산처분과 관련된 미수금의 발생금액을 반영하여 다음과 같이 계산한다.

> FVOCI금융자산처분으로 인한 현금흐름
> = 처분대상자산 처분시점 평가액 − FVOCI금융자산 처분 관련 미수금 발생액(비현금거래)

2.2.2. FVOCI금융자산 취득으로 인한 현금유출액

- FVOCI금융자산의 취득으로 인한 현금유출액을 계산하기 위해서 활용하는 T계정은 FVOCI 금융자산, 평가이익, 평가손실, 손상차손 또는 손상차손환입, 미지급금이다.

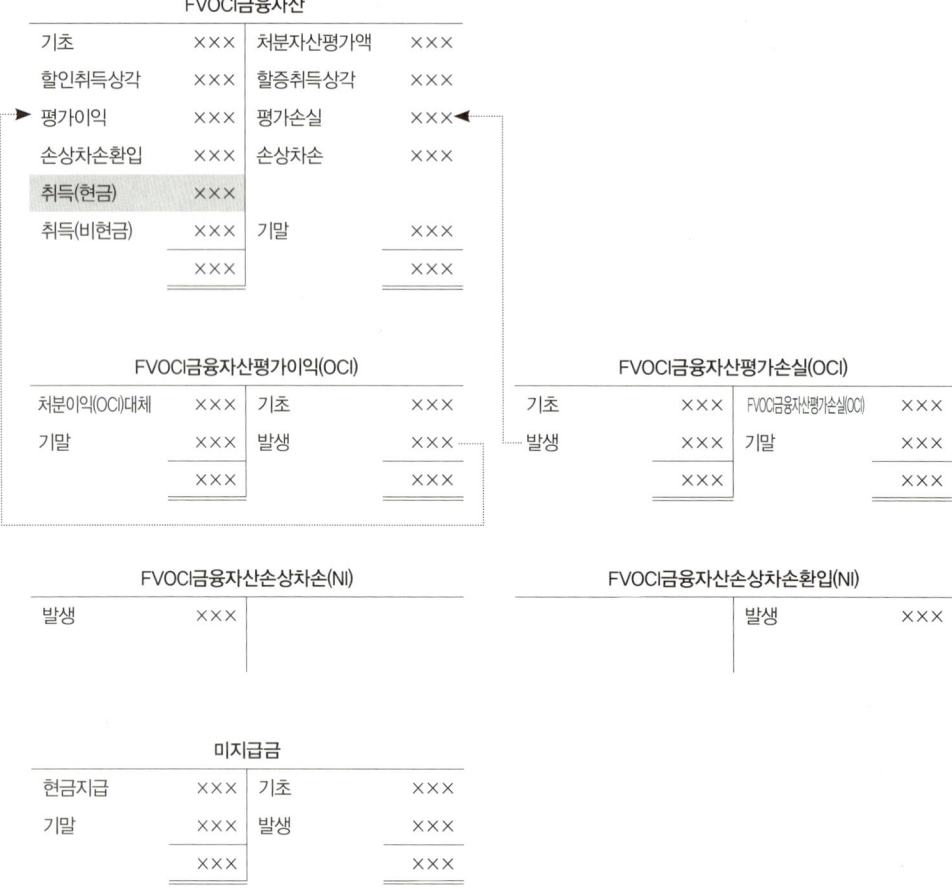

- FVOCI금융자산의 취득과 관련된 현금유출액은 FVOCI금융자산 T계정에서 FVOCI금융자산의 증가금액(기말−기초)에 당기 회계기간 중에 처분한 관련 자산의 평가금액을 조정하고 평가이익 이나 평가손실을 반영한다.
- 이때 비현금거래가 있는 경우, 즉 FVOCI금융자산 취득과 관련된 미지급금의 발생금액을 반영 하여 다음과 같이 계산한다.

> FVOCI금융자산 취득으로 인한 현금흐름
> = (기말 FVOCI금융자산 − 기초 FVOCI금융자산) + 처분 관련 FVOCI금융자산의 평가액
> − (당기평가이익 − 당기평가손실) + (손상차손 − 손상차손환입)
> − FVOCI금융자산 취득 관련 미지급금 발생액(비현금거래)

예제 07

FVOCI금융자산 취득과 처분

- 다음은 A회사의 2X05년과 2X06년도 투자활동과 관련된 재무상태표와 포괄손익계산서 항목에 대한 정보 중 일부 발췌한 것이다. 2X06년 'FVOCI금융자산' 일부를 처분하였다.

재무상태표	2X05년	2X06년	증감
FVOCI금융자산	480,000	489,000	9,000
평가이익		100,000	

포괄손익계산서		2X06년	
손상차손		20,000	
처분이익		25,000	

요구사항. T계정법을 이용하여 'FVOCI금융자산'의 취득 및 처분과 관련된 투자활동으로 인한 현금흐름을 나타내라.

해설

〈평가〉	FVOCI금융자산	125,000	평가이익(OCI)	125,000
〈재분류〉	평가이익(OCI)	25,000	처분이익(NI)	25,000

FVOCI금융자산				FVOCI금융자산평가이익(OCI)			
기초	480,000	처분자산평가액	96,000	처분이익	25,000	기초	0
평가이익	125,000	손상차손	20,000	기말	100,000	발생	125,000
취득(현금)	0				125,000		125,000
취득(비현금)	0	기말	489,000				
	605,000		605,000				

〈처분〉	현금	96,000	FVOCI금융자산	96,000

1) FVOCI금융자산 처분으로 인한 현금유입: ₩96,000
2) FVOCI금융자산 취득으로 인한 현금유출: ₩0

- FVOCI금융자산 처분으로 인한 현금유입액은 ₩96,000이고, FVOCI금융자산 취득으로 인한 현금유출액은 ₩0이다. 따라서 투자활동으로 인한 현금흐름은 ₩96,000이며 다음과 같이 표시한다.

〈 현금흐름표 〉

영업활동으로 인한 현금흐름	
1) 당기순이익	×××
2) 조정(포괄손익계산서)	
처분이익	(25,000)
손상차손	20,000
투자활동으로 인한 현금흐름	96,000
1) 투자활동으로 인한 현금유입액	
FVOCI금융자산 처분	96,000
2) 투자활동으로 인한 현금유출액	
FVOCI금융자산 취득	0

보충설명 · **매도가능금융자산 취득과 처분**

- 일반기업회계기준과 개정 전 회계기준(K-IFRS 제1107호)에서 매도가능금융자산의 취득과 처분으로 인한 현금의 유출액이나 유입액을 계산하는데 필요한 재무상태표 계정과목은 매도가능금융자산, 매도가능금융자산평가손익(OCI), 매도가능금융자산 처분 관련 미수금 또는 취득 관련 미지급금이고 포괄손익계산서 계정과목은 매도가능금융자산손상차손, 매도가능금융자산손상차손환입 등이다.

현금유출입 매도가능금융자산 계산 관련 재무상태표 계정과목	⇒	매도가능금융자산, 매도가능금융자산평가손익, 매도가능금융자산 처분 관련 미수금, 매도가능금융자산 취득 관련 미지급금
현금유출입 매도가능금융자산 계산 관련 포괄손익계산서 계정과목	⇒	매도가능금융자산처분손익, 매도가능금융자산손상차손, 매도가능금융자산손상차손환입, 이자수익(채무증권)

계속 ☞

- 단기매매금융자산이나 만기보유금융자산으로 분류되지 않는 금융자산인 매도가능금융자산은 '지분증권과 채무증권'으로 구성되어 있으나 한 항목으로 현금의 유입액과 유출액을 표시한다.
- 이때 채무증권의 경우, 취득금액과 액면금액이 다른 경우에는 유효이자율법을 적용하여 차액을 상각하고 매도가능금융자산을 조정하여 이자수익으로 인식한다.
- 매도가능금융자산의 현금흐름과 관련된 계정과목의 회계기간 중 발생한 회계처리의 예는 다음과 같다. 매도가능금융자산과 관련된 선급금구입이나 선수금처분은 없다고 가정한다.

```
(1) 취득              (차) 매도가능금융자산    ×××    (대) 현금 또는 미지급금   ×××
(2) 평가                   매도가능금융자산    ×××         평가이익(OCI)        ×××
                          평가손실(OCI)       ×××         매도가능금융자산     ×××
(3) 손상차손
    〈평가〉               평가손실(OCI)       ×××         매도가능금융자산     ×××
    〈재분류〉             손상차손(NI)        ×××         평가손실(OCI)        ×××
(4) 손상차손환입           매도가능금융자산(지분) ×××       평가이익(OCI)        ×××
                          매도가능금융자산(채무) ×××       손상차손환입(NI)     ×××
(5) 이자수익발생           현금               ×××         이자수익             ×××
    (채무증권)
(6) 취득가액과 액면가액조정(채무증권)
    1) 표면금리<시장이자율  현금               ×××         이자수익             ×××
                          매도가능금융자산    ×××
    2) 표면금리>시장이자율  현금               ×××         이자수익             ×××
                                                         매도가능금융자산     ×××
(7) 처분
    〈평가〉               매도가능금융자산    ×××         평가이익(OCI)        ×××
    〈처분〉               현금 또는 미수금    ×××         매도가능금융자산     ×××
    〈재분류〉             평가이익(OCI)       ×××         처분이익(NI)         ×××
```

계속

- T계정법에 의한 매도가능금융자산 관련 현금의 유출이나 유입액의 계산방법은 다음과 같다.

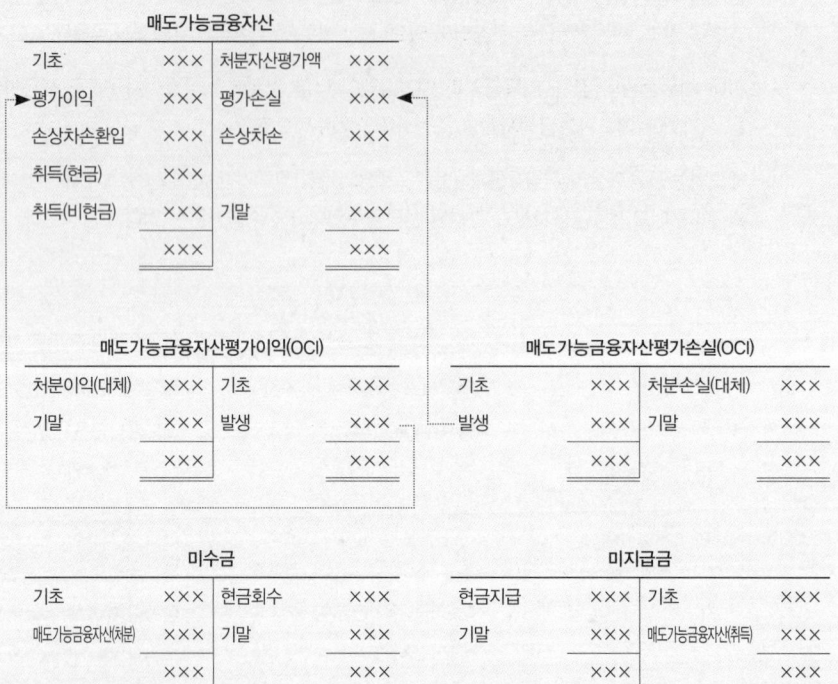

1. **매도가능금융자산 처분으로 인한 현금유입액**
- 매도가능금융자산의 처분으로 인한 현금유입액을 계산하기 위해서 활용하는 T계정은 매도가능금융자산, 처분손익, 미수금이다.

매도가능금융자산					미수금			
기초	×××	처분자산평가액	×××		기초	×××	현금회수	×××
평가이익	×××	평가손실	×××		매도가능금융자산(처분)	×××	기말	×××
손상차손환입	×××	손상차손	×××			×××		×××
취득(현금)	×××							
취득(비현금)	×××	기말	×××					
	×××		×××					

- 매도가능금융자산의 처분과 관련된 현금유입액은 매도가능금융자산 T계정에서 처분대상 매도가능금융자산의 처분시점 평가액에 해당한다. 즉, 처분과 관련하여 평가, 처분 및 재분류라는

계속 ☞

3단계 회계처리 과정을 거치게 되며 처분가액은 처분시점의 평가액에 해당한다. 이때 비현금거래가 있는 경우에는 매도가능금융자산 처분과 관련된 미수금의 발생금액을 반영하여 다음과 같이 계산한다.

> 매도가능금융자산 처분으로 인한 현금흐름
> = 처분대상자산 처분시점 평가액 − 매도가능금융자산 처분 관련 미수금 발생액(비현금거래)

2. 매도가능금융자산 취득으로 인한 현금유출액

- 매도가능금융자산의 취득으로 인한 현금유출액을 계산하기 위해서 활용하는 T계정은 매도가능금융자산, 평가이익, 평가손실, 손상차손 또는 손상차손환입, 미지급금이다.

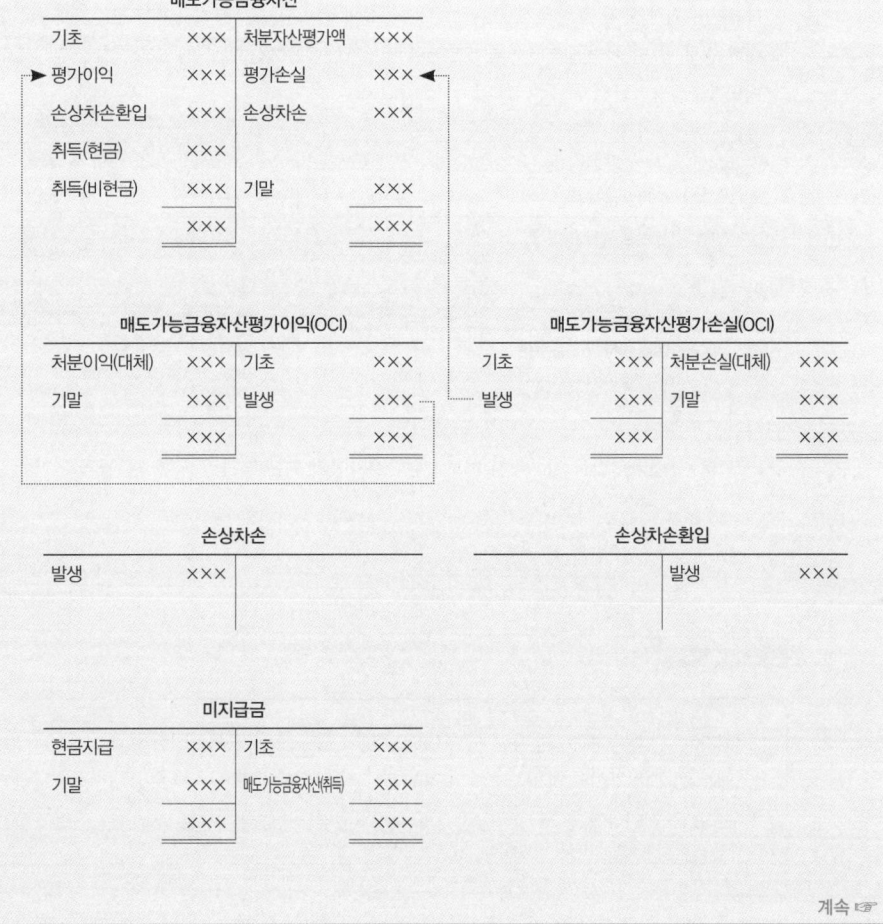

계속 ☞

- 매도가능금융자산의 취득과 관련된 현금유출액은 매도가능금융자산 T계정에서 매도가능금융자산의 증가금액(기말-기초)에 당기 회계기간 중에 처분한 매도가능금융자산의 평가금액을 조정하고 평가이익이나 평가손실을 반영한다.
- 이때 비현금거래가 있는 경우, 즉 매도가능금융자산 취득과 관련된 미지급금의 발생금액을 반영하여 다음과 같이 계산한다.

> 매도가능금융자산 취득으로 인한 현금흐름
> = (기말 매도가능금융자산 - 기초 매도가능금융자산) + 처분된 매도가능금융자산의 평가액
>   - (당기평가이익 - 당기평가손실) + (손상차손 - 손상차손환입)
>   - 매도가능금융자산 취득 관련 미지급금 발생액(비현금거래)

▶ 예제 : 매도가능금융자산(지분상품) 취득과 처분

- 다음은 A회사의 2X05년과 2X06년도 투자활동과 관련된 재무상태표와 포괄손익계산서 항목에 대한 정보 중 일부 발췌한 것이다. 2X06년 매도가능금융자산 일부를 처분하였다. 단, 2X06년에 매도가능금융자산의 취득은 없다.

재무상태표	2X05년	2X06년	증감
매도가능금융자산	480,000	489,000	9,000
매도가능금융자산평가이익		100,000	

포괄손익계산서	2X06년
매도가능금융자산손상차손	20,000
매도가능금융자산처분이익	25,000

요구사항. T계정법을 이용하여 매도가능금융자산의 처분과 관련된 투자활동으로 인한 현금흐름을 나타내라.

해설

〈평가〉	매도가능금융자산	125,000	매도가능금융자산평가이익(OCI)	125,000
〈재분류〉	평가이익(OCI)	25,000	처분이익(NI)	25,000
〈손상〉	손상차손	20,000	매도가능금융자산	20,000

계속☞

매도가능금융자산				매도가능금융자산평가이익(OCI)			
기초	480,000	처분자산평가액	96,000	처분이익	25,000	기초	0
평가이익	125,000	손상차손	20,000	기말	100,000	발생	125,000
취득(현금)	0				125,000		125,000
취득(비현금)	0	기말	489,000				
	605,000		605,000				

손상차손			
발생	20,000		

〈처분〉 현금 96,000 / 매도가능금융자산 96,000

1) 매도가능금융자산 처분으로 인한 현금유입 : ₩96,000
2) 매도가능금융자산 취득으로 인한 현금유출 : ₩0

- 매도가능금융자산 처분으로 인한 현금유입액은 ₩96,000이고, 매도가능금융자산 취득으로 인한 현금유출액은 ₩0이다. 따라서 투자활동으로 인한 현금흐름은 ₩96,000이며 다음과 같이 표시한다.

〈 현금흐름표 〉

영업활동으로 인한 현금흐름	
1) 당기순이익	×××
2) 조정(포괄손익계산서)	
매도가능금융자산처분이익	(25,000)
매도가능금융자산손상차손	20,000
투자활동으로 인한 현금흐름	96,000
1) 투자활동으로 인한 현금유입액	
매도가능금융자산 처분	96,000
2) 투자활동으로 인한 현금유출액	
매도가능금융자산 취득	0

2.3. AC금융자산(만기보유금융자산) 취득과 처분

- 현금흐름이 계약상 원금과 이자만으로 구성되어 있고 이자수취와 만기에 원금회수를 목적으로 한 채무증권인 만기보유금융자산의 취득과 처분으로 인한 현금의 유출액이나 유입액을 계산하는데 필요한 재무상태표 계정과목은 만기보유금융자산, 금융자산손상충당금, 처분 관련 미수금 또는 취득 관련 미지급금이고 포괄손익계산서 계정과목은 처분손익, 손상차손 또는 손상차손환입, 이자수익(할인차금상각, 할증차금상각)이다.

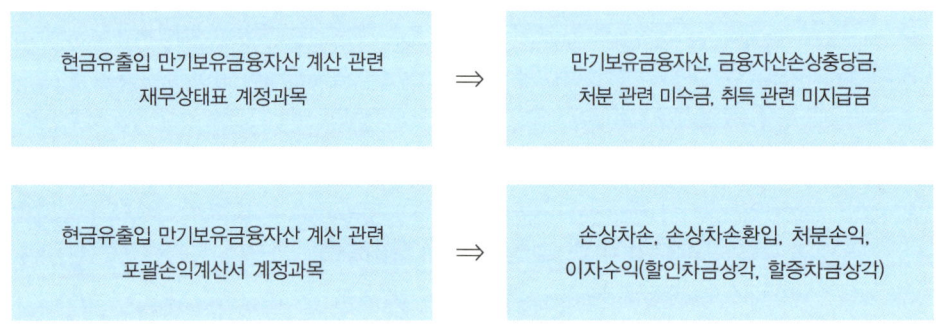

- 이때 채무증권은 취득금액과 액면금액이 다른 경우에는 유효이자율법을 적용하여 차액을 상각하고 만기보유금융자산을 조정하여 표시한다.
- 만기보유금융자산의 현금흐름과 관련된 계정과목의 회계기간 중 발생한 회계처리의 예는 다음과 같다. 만기보유금융자산과 관련된 선급금 지급이나 선수금 수취는 없다고 가정한다.

```
(1) 취득                    (차) 만기보유금융자산    ×××   (대) 현금 또는 미지급금   ×××

(2) 이자수익발생                 현금                ×××        이자수익            ×××
    (표면금리 = 시장수익율)

(3) 취득액과 액면가액 조정
    1) 이자수익발생 - 할인차금상각   현금              ×××        이자수익            ×××
       (표면금리 < 시장수익율)       만기보유금융자산   ×××

    2) 이자수익발생 - 할증차금상각   현금              ×××        이자수익            ×××
       (표면금리 > 시장수익율)                                    만기보유금융자산      ×××
```

(4) 손상 시	손상차손(NI)	×××	금융자산손상충당금	×××	
(5) 손상차손 환입 시	금융자산손상충당금	×××	손상차손환입(NI)	×××	
(6) 만기일 이전 처분 시	현금 또는 미수금	×××	만기보유금융자산	×××	
	금융자산손상충당금	×××			
	처분손실(NI)	(×××)	또는 처분이익(NI)	(×××)	

- T계정법에 의한 만기보유금융자산 관련 현금의 유출이나 유입액의 계산방법은 다음과 같다.

만기보유금융자산				금융자산손상충당금			
기초	×××	처분원가	×××	처분자산손상충당금	×××	기초	×××
할인취득상각	×××	할증취득상각	×××	환입	×××		
취득(현금)	×××			기말	×××	손상발생액	×××
취득(비현금)	×××	기말	×××		×××		×××
	×××		×××				

만기보유금융자산처분이익				만기보유금융자산처분손실			
		발생	×××	발생	×××		

미수금				미지급금			
기초	×××	현금회수	×××	현금지급	×××	기초	×××
발생	×××	기말	×××	기말	×××	발생	×××
	×××		×××		×××		×××

2.3.1. AC금융자산 처분으로 인한 현금유입액

- 만기보유금융자산의 처분으로 인한 현금유입액을 계산하기 위해서 활용하는 T계정은 만기보유금융자산, 금융자산손상충당금, 처분이익 또는 처분손실, 미수금이다.

만기보유금융자산			
기초	×××	처분원가	×××
할인취득상각	×××	할증취득상각	×××
취득(현금)	×××		
취득(비현금)	×××	기말	×××
	×××		×××

금융자산손상충당금			
처분자산손상충당금	×××	기초	×××
환입	×××		
기말	×××	손상발생액	×××
	×××		×××

만기보유금융자산처분이익			
		발생	×××

만기보유금융자산처분손실			
발생	×××		

미수금			
기초	×××	현금회수	×××
발생	×××	기말	×××
	×××		×××

- 만기보유금융자산의 처분과 관련된 현금유입액은 만기보유금융자산 T계정의 처분대상 만기보유금융자산의 원가에서 처분자산 관련 손상누계액을 차감한 다음, 처분이익이나 처분손실 계정에서 처분이익 발생금액을 가산하고 처분손실 발생금액을 차감하여 계산한다.
- 이때 비현금거래가 있는 경우, 즉 만기보유금융자산 처분과 관련된 미수금의 발생금액을 반영하여 다음과 같이 계산한다.

> 만기보유금융자산 처분으로 인한 현금흐름
> = 처분대상자산(상각후원가 − 금융자산손상충당금) + (처분이익 − 처분손실)
> − 만기보유금융자산 처분 관련 미수금 발생액(비현금거래)

2.3.2. AC금융자산 취득으로 인한 현금유출액

- 만기보유금융자산의 취득으로 인한 현금유출액을 계산하기 위해서 활용하는 T계정은 만기보유금융자산과 금융자산손상충당금, 할인취득상각, 할증취득상각, 미지급금이다.

만기보유금융자산			
기초	×××	처분원가	×××
할인취득상각	×××	할증취득상각	×××
취득(현금)	×××		
취득(비현금)	×××	기말	×××
	×××		×××

금융자산손상충당금			
처분자산손상충당금	×××	기초	×××
환입	×××		
기말	×××	손상발생액	×××
	×××		×××

미지급금			
현금지급	×××	기초	×××
기말	×××	발생	×××
	×××		×××

- 만기보유금융자산의 취득과 관련된 현금유출액은 만기보유금융자산 T계정에서 만기보유금융자산의 증가금액(기말−기초)에 당기 회계기간 중에 처분한 만기보유금융자산의 원가를 차감하여 조정한다.
- 또한 할인취득이나 할증취득으로 인한 상각이 있는 경우에는 할인취득상각금액은 차감하고 할증취득상각액은 가산한다.
- 이때 비현금거래가 있는 경우, 즉 만기보유금융자산 취득과 관련된 미지급금의 발생금액을 차감하여 다음과 같이 계산한다.

> 만기보유금융자산 취득으로 인한 현금흐름
> = (기말 만기보유금융자산 − 기초 만기보유금융자산)
>   + 처분된 만기보유금융자산의 상각후원가 − 할인취득차금상각 + 할증취득차금상각
>   − 만기보유금융자산 취득 관련 미지급금 발생액(비현금거래)

예제 08

만기보유금융자산 취득과 처분

- 다음은 A회사의 2X05년과 2X06년도 투자활동과 관련된 재무상태표와 포괄손익계산서 항목에 대한 정보 중 일부 발췌한 것이다. 2X06년 이자수익 중 ₩80,000은 만기보유금융자산 할인차금 상각분이다. 2X06년에 만기보유금융자산 취득액은 없다.

재무상태표	2X05년	2X06년	증감
만기보유금융자산	500,000	570,000	70,000

포괄손익계산서	2X06년
이자수익	118,000
만기보유금융자산처분이익	5,000

요구사항.
1. 만기보유금융자산의 취득과 처분으로 인한 회계기간 중 발생한 회계처리를 표시하라.
2. 상기 만기보유금융자산의 취득 및 처분과 관련된 투자활동으로 인한 현금흐름을 나타내라.

해설

〈이자수익 – 현금〉	현금	38,000	이자수익	38,000
〈이자수익 – 할인차금상각〉	만기보유금융자산	80,000	이자수익	80,000

만기보유금융자산				만기보유금융자산처분이익	
기초	500,000	처분원가	10,000	발생	5,000
할인차금상각(이자수익)	80,000				
취득	0	기말	570,000		
	580,000		580,000		

〈만기보유금융자산 처분〉	현금	15,000	만기보유금융자산	10,000
			만기보유금융자산처분이익	5,000

1) 만기보유금융자산 처분으로 인한 현금유입 : ₩10,000 + ₩5,000(처분이익) = ₩15,000
2) 만기보유금융자산 취득으로 인한 현금유출 : ₩0

- 만기보유금융자산 처분으로 인한 현금유입액은 ₩15,000이며 만기보유금융자산 취득으로 인한 현금유출액은 ₩0이다. 따라서 투자활동으로 인한 현금흐름은 ₩15,000이며 다음과 같이 표시한다.

〈 현금흐름표 〉

영업활동으로 인한 현금흐름	
1) 당기순이익	×××
2) 조정(포괄손익계산서)	
처분이익	(5,000)
투자활동으로 인한 현금흐름	15,000
1) 투자활동으로 인한 현금유입액	
만기보유금융자산 처분	15,000
2) 투자활동으로 인한 현금유출액	
만기보유금융자산 취득	0

3. 특수관계기업 관련 현금흐름

3.1. 관계기업투자주식의 취득과 처분

- 관계기업투자주식의 취득과 처분으로 인한 현금의 유출액이나 유입액을 계산하는데 필요한 재무상태표 계정과목은 관계기업투자주식, 관계기업투자주식 관련 미수금과 미지급금이고, 포괄손익계산서 계정과목은 손상차손, 손상차손환입, 처분손실, 처분이익, 지분법이익, 지분법손실 등이다.

현금유출입 관계기업투자주식 계산 관련 재무상태표 계정과목	⇒	관계기업투자주식, 관계기업투자주식 관련 미수금, 관계기업투자주식 관련 미지급금

| 현금유출입 관계기업투자주식 계산 관련 포괄손익계산서 계정과목 | ⇒ | 손상차손, 손상차손환입, 처분손실, 처분이익, 지분법이익, 지분법손실 |

- 비지배기업이 작성하는 개별재무제표에서 관계기업투자주식은 지분법을 적용한다. 그러나 지배기업이 작성하는 별도재무제표에서는 관계기업투자주식을 원가법, 공정가치법(금융자산회계), 지분법 중 선택하여 적용할 수 있다.
- 따라서 지분법을 적용하는 관계기업으로부터 현금으로 수령한 배당금은 영업활동으로 인한 현금흐름에 표시하는 배당금수취액과 구분하여 투자활동으로 인한 현금흐름에서 관계기업투자주식의 감소로 표시한다. 이는 지분법을 적용하는 피투자기업으로부터의 배당을 배당금수취가 아니라 투자금액의 회수로 보는 것이다. 그러나 지분법을 적용하지 않는 관계기업투자주식에 대한 배당금수취는 관계기업투자주식의 취득 또는 처분과 관련된 현금흐름에 미치는 영향은 없고 영업활동으로 인한 현금흐름에서 배당금수취에 표시한다.
- 관계기업투자주식 또는 종속기업투자주식(공동기업투자주식 포함)과 관련된 회계처리는 다음과 같다. 관계기업투자주식과 관련된 선급금 지급이나 선수금 수취는 없다고 가정한다.

(1) 취득 시	(차) 관계기업투자주식	×××	(대) 현금 또는 미지급금	×××
(2) 지분법손익 발생	관계기업투자주식	×××	지분법이익(NI)	×××
	지분법손실(NI)	×××	관계기업투자주식	×××
(3) 지분법자본변동	지분법자본변동(OCI)	×××	관계기업투자주식	×××
	관계기업투자주식	×××	지분법자본변동(OCI)	×××
(4) 손상차손	손상차손	×××	관계기업투자주식	×××
(5) 손상차손환입	관계기업투자주식	×××	손상차손환입	×××
(6) 처분 시	현금 또는 미수금	×××	관계기업투자주식	×××
	관계기업투자주식처분손실	×××	관계기업투자주식처분이익	×××
(7) 배당금수취(지분법)	현금	×××	관계기업주식	×××

- T계정법에 의한 관계기업투자주식 관련 현금의 유출이나 유입액의 계산방법은 다음과 같다.

관계기업투자주식(지분법 가정)

차변		대변	
기초	×××	처분주식 장부가액	×××
지분법이익(NI)	×××	지분법손실(NI)	×××
손상차손환입(NI)	×××	손상차손(NI)	×××
지분법자본변동(OCI)	×××	지분법자본변동(OCI)	×××
취득(현금)	×××	배당금수취	×××
취득(비현금)	×××	기말	×××
	×××		×××

관계기업투자주식처분이익

		발생	×××

관계기업투자주식처분손실

발생	×××		

손상차손

발생	×××		

손상차손환입

		발생	×××

지분법이익

		발생	×××

지분법손실

발생	×××		

미수금

기초	×××	현금회수	×××
발생	×××	기말	×××
	×××		×××

미지급금

현금지급	×××	기초	×××
기말	×××	발생	×××
	×××		×××

3.1.1. 관계기업투자주식 처분으로 인한 현금유입액

- 관계기업투자주식의 처분으로 인한 현금유입액을 계산하기 위해서 활용하는 T계정은 관계기업투자주식, 처분이익 또는 처분손실, 미수금이다.

관계기업투자주식(지분법 가정)

차변		대변	
기초	×××	처분주식 장부가액	×××
지분법이익(NI)	×××	지분법손실(NI)	×××
손상차손환입(NI)	×××	손상차손(NI)	×××
지분법자본변동(OCI)	×××	지분법자본변동(OCI)	×××
취득(현금)	×××	배당금수취	×××
취득(비현금)	×××	기말	×××
	×××		×××

관계기업투자주식처분이익

		발생	×××

관계기업투자주식처분손실

		발생	×××

미수금

기초	×××	현금회수	×××
발생	×××	기말	×××
	×××		×××

- 관계기업투자주식의 처분과 관련된 현금유입액은 관계기업투자주식 T계정의 처분대상 투자주식의 장부가액에 처분이익 발생금액을 가산하고 처분손실 발생금액을 차감하여 계산한다.
- 이때 비현금거래가 있는 경우, 즉 관계기업투자주식 처분과 관련된 미수금의 발생금액을 반영하여 다음과 같이 계산한다.

> 관계기업투자주식 처분으로 인한 현금흐름
> = 처분대상 관계기업투자주식(장부가액) + (처분이익 발생액 − 처분손실 발생액)
> − 관계기업투자주식 처분 관련 미수금 발생액(비현금거래)

3.1.2. 관계기업투자주식 취득으로 인한 현금유출액

- 관계기업투자주식의 취득으로 인한 현금유출액을 계산하기 위해서 활용하는 T계정은 관계기업투자주식, 지분법이익, 지분법손실, 손상차손 또는 손상차손환입, 미지급금이다.

관계기업투자주식(지분법 가정)			
기초	×××	처분주식 장부가액	×××
지분법이익(NI)	×××	지분법손실(NI)	×××
손상차손환입(NI)	×××	손상차손(NI)	×××
지분법자본변동(OCI)	×××	지분법자본변동(OCI)	×××
취득(현금)	×××	배당금수취	×××
취득(비현금)	×××	기말	×××
	×××		×××

손상차손			손상차손환입	
발생	×××		발생	×××

지분법이익			지분법손실	
			발생	×××
	발생	×××		

미지급금			
현금지급	×××	기초	×××
기말	×××	발생	×××
	×××		×××

- 관계기업투자주식의 취득과 관련된 현금유출액은 관계기업투자주식 T계정에서 투자주식의 증가금액(기말−기초)에 당기 회계기간 중에 처분한 투자주식의 장부가액을 조정하고, 관계기업투자주식에서 손상차손 또는 손상차손환입이 발생하는 경우 그 금액도 가감하여 계산한다.
- 이때 비현금거래가 있는 경우, 즉 투자주식 취득과 관련된 미지급금의 발생금액 및 지분법적용 자본의 변동금액을 반영하여 다음과 같이 계산한다.

> 관계기업투자주식 취득으로 인한 현금흐름
> = (기말 관계기업투자주식 − 기초 관계기업투자주식) + 관계기업투자주식 처분 관련 장부가액
>   + (손상차손 − 손상차손환입) − 관계기업투자주식 취득 관련 미지급금 발생액(비현금거래)
>   − 지분법적용 자본변동(OCI)

예제 09

관계기업투자주식 취득과 처분

- 다음은 A회사의 2X05년과 2X06년도 투자활동과 관련된 재무상태표와 포괄손익계산서 항목에 대한 정보 중 일부 발췌한 것이다. 지분법자본변동으로 인한 관계기업투자주식의 증가는 ₩40,000이다. 관계기업투자주식의 처분은 없다.

재무상태표	2X05년	2X06년	증감
관계기업투자주식	600,000	710,000	110,000
지분법자본변동	20,000	60,000	40,000

포괄손익계산서		2X06년	
지분법이익		60,000	

요구사항. 상기 관계기업투자주식의 취득 및 처분과 관련된 투자활동으로 인한 현금흐름을 나타내라.

해설

〈지분법자본변동〉	관계기업투자주식	40,000	지분법자본변동	40,000
〈지분법이익〉	관계기업투자주식	60,000	지분법이익	60,000

관계기업투자주식

기초	600,000	처분	0
지분법이익	60,000		
지분법자본변동	40,000		
취득	10,000	기말	710,000
	710,000		710,000

〈취득〉	관계기업투자주식	10,000	현금	10,000

1) 관계기업투자주식 처분으로 인한 현금유입 : ₩0
2) 관계기업투자주식 취득으로 인한 현금유출 : ₩10,000

- 관계기업투자주식 처분으로 인한 현금흐름은 ₩0이며, 관계기업투자주식 취득으로 인한 현금흐름은 ₩10,000이다. 따라서 투자활동으로 인한 현금흐름은 (₩10,000)이며, 다음과 같이 표시한다.

〈 현금흐름표 〉

영업활동으로 인한 현금흐름	
1) 당기순이익	×××
2) 조정(포괄손익계산서)	
지분법이익	(60,000)
투자활동으로 인한 현금흐름	(10,000)
1) 투자활동으로 인한 현금유입액	
관계기업투자주식 처분	0
2) 투자활동으로 인한 현금유출액	
관계기업투자주식 취득	(10,000)

3.2. 종속기업과 기타 사업에 대한 지배력 획득 또는 상실

- 종속기업과 기타 사업에 대한 지배력의 획득 또는 상실과 관련된 소유지분의 변동으로 인한 현금의 유출액이나 유입액을 계산하는데 필요한 재무상태표 계정과목은 종속기업 또는 기타 사업, 종속기업 또는 기타 사업 관련 미지급금 또는 미수금이고, 포괄손익계산서 계정과목은 손상차손, 손상차손환입, 처분손실, 처분이익이다.

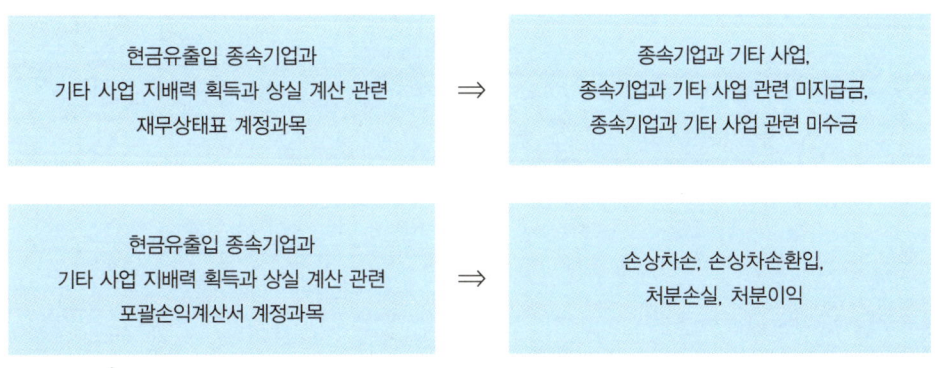

- 종속기업과 기타 사업에 대한 지배력의 획득 또는 상실과 관련된 소유지분의 변동에 따른 총 현금흐름은 투자활동으로 인한 현금흐름에서 별도로 구분 표시한다. 이는 종속기업 또는 기타 사업에 대한 지배력 획득 또는 상실에 따른 현금흐름효과를 한 항목으로 구분표시하고 취득하거나 처분한 자산 및 부채 관련 내용을 주석에 별도 표시하여 다른 영업활동, 투자활동 및 재무활동으로 인한 현금흐름과 쉽게 구별할 수 있도록 하기 위함이다.
- 지배력 획득 후 후속적으로 지배력을 상실하지 않는 범위 내에서 종속기업에 대한 소유지분을 취득 또는 처분한 경우의 현금유출이나 유입은 자본거래로 보아 투자활동으로 인한 현금흐름이 아니라 재무활동으로 인한 현금흐름으로 분류한다.
- 종속기업 또는 기타 사업에 대한 지배력 획득 또는 상실의 대가로 현금을 지급하거나 수취한 경우에는 그러한 거래, 사건 또는 상황변화의 일부로서 취득이나 처분 당시 종속기업 또는 기타 사업이 보유한 현금및현금성자산을 가감한 순액으로 현금흐름표에 보고한다.
- 종속기업과 기타 사업에 대한 소유지분의 변동과 관련된 회계처리는 원가법의 경우 다음과 같다.

(1) 취득 시	(차) 종속기업과 기타 사업	×××	(대) 현금 또는 미지급금	×××
(2) 손상차손	손상차손	×××	종속기업과 기타 사업	×××
(3) 손상차손환입	종속기업과 기타 사업	×××	손상차손환입	×××
(4) 처분 시	현금 또는 미수금	×××	종속기업과 기타 사업	×××
	종속기업과 기타 사업처분손실	×××	종속기업과 기타 사업처분이익	×××

- T계정법에 의한 종속기업과 기타 사업의 지배력 획득과 상실 관련 현금의 유출이나 유입액의 계산방법은 다음과 같다.

종속기업과 기타 사업

기초	×××	종속기업과 기타 사업 장부가액	×××
손상차손환입(NI)	×××	손상차손(NI)	×××
취득(현금)	×××		
취득(비현금)	×××	기말	×××
	×××		×××

종속기업과 기타 사업처분이익			종속기업과 기타 사업처분손실		
	발생	×××	발생	×××	

손상차손			손상차손환입		
발생	×××			발생	×××

미수금				미지급금			
기초	×××	현금회수	×××	현금지급	×××	기초	×××
발생	×××	기말	×××	기말	×××	발생	×××
	×××		×××		×××		×××

3.2.1. 종속기업과 기타 사업의 지배력 상실로 인한 현금유입액

- 종속기업과 기타 사업의 지배력 상실로 인한 현금유입액을 계산하기 위해서 활용하는 T계정은 종속기업과 기타 사업, 처분이익 또는 처분손실, 미수금이다.

종속기업과 기타 사업			
기초	×××	종속기업과 기타 사업 장부가액	×××
손상차손환입(NI)	×××	손상차손(NI)	×××
취득(현금)	×××		
취득(비현금)	×××	기말	×××
	×××		×××

종속기업과 기타 사업처분이익			종속기업과 기타 사업처분손실		
	발생	×××	발생	×××	

미수금			
기초	×××	현금회수	×××
발생	×××	기말	×××
	×××		×××

- 종속기업과 기타 사업의 지배력 처분과 관련된 현금유입액은 종속기업과 기타 사업 T계정에서 처분대상 종속기업과 기타 사업 장부가액에 처분이익을 가산하고 처분손실을 차감하여 계산한다. 이때 비현금거래가 있는 경우, 즉 종속기업과 기타 사업의 지배력 처분과 관련된 미수금의 발생금액을 반영하여 다음과 같이 계산한다.

> 종속기업과 기타 사업 처분으로 인한 현금흐름
> = 처분대상 종속기업과 기타 사업(장부가액) + (처분이익 − 처분손실)
> − 종속기업과 기타 사업 처분 관련 미수금 발생액(비현금거래)

3.2.2. 종속기업과 기타 사업의 지배력 획득으로 인한 현금유출액

- 종속기업과 기타 사업의 지배력 획득으로 인한 현금유출액을 계산하기 위해서 활용하는 T계정은 종속기업과 기타 사업, 손상차손 또는 손상차손환입, 미지급금이다.

종속기업과 기타 사업

기초	×××	종속기업과 기타 사업 장부가액	×××
손상차손환입(NI)	×××	손상차손(NI)	×××
취득(현금)	×××		
취득(비현금)	×××	기말	×××
	×××		×××

손상차손

발생	×××		

손상차손환입

		발생	×××

미지급금

현금지급	×××	기초	×××
기말	×××	발생	×××
	×××		×××

- 종속기업과 기타 사업의 지배력 획득과 관련된 현금유출액은 종속기업과 기타 사업 T계정에서 종속기업과 기타 사업의 증가금액(기말−기초)에 당기 회계기간 중에 처분한 종속기업과 기타 사업의 장부가액을 조정하고 비현금거래가 있는 경우, 즉 종속기업과 기타 사업 지배력 획득과 관련된 미지급금의 발생금액을 반영하여 다음과 같이 계산한다.

> 종속기업과 기타 사업 지배력 획득으로 인한 현금흐름
> = (기말 종속기업과 기타 사업 − 기초 종속기업과 기타 사업)
>   + 처분 관련 종속기업과 기타 사업의 장부가액 + (손상차손 − 손상차손환입)
>   − 종속기업과 기타 사업 지배력 획득 관련 미지급금 발생액(비현금거래)

예제 10

종속기업과 기타 사업 지배력의 획득과 처분

- 다음은 A회사의 2X05년과 2X06년도 투자활동과 관련된 재무상태표와 포괄손익계산서 항목에 대한 정보 중 일부 발췌한 것이다. 2X06년도 A회사의 종속기업과 기타 사업 처분은 지배력 상실과 관련 있고 종속기업과 기타 사업에 대한 지배력의 획득은 없었다.

재무상태표	2X05년	2X06년	증감
종속기업과 기타 사업	760,000	710,000	(50,000)

포괄손익계산서		2X06년	
손상차손		20,000	
종속기업과 기타 사업처분이익		10,000	

요구사항. 상기 종속기업과 기타 사업 지배력의 획득 및 처분과 관련된 투자활동으로 인한 현금흐름을 나타내라.

해설

〈손상차손〉	손상차손	20,000	종속기업과 기타 사업	20,000

종속기업과 기타 사업

기초	760,000	처분자산장부가액	30,000
		손상차손	20,000
취득	0	기말	710,000
	760,000		760,000

〈처분〉	현금	40,000	종속기업과 기타 사업	30,000
			종속기업과 기타 사업처분이익	10,000

1) 종속기업과 기타 사업 처분으로 인한 현금유입 : ₩40,000
2) 종속기업과 기타 사업 지배력의 획득으로 인한 현금유출 : ₩0

- 종속기업과 기타 사업 처분으로 인한 현금유입액은 ₩40,000이며, 종속기업과 기타 사업 지배력의 획득으로 인한 현금유출액은 ₩0이다. 따라서 투자활동으로 인한 현금흐름은 ₩40,000이며, 다음과 같이 표시한다.

〈 현금흐름표 〉

영업활동으로 인한 현금흐름	
1) 당기순이익	×××
2) 조정(포괄손익계산서)	
손상차손	20,000
처분이익	(10,000)
투자활동으로 인한 현금흐름	40,000
1) 투자활동으로 인한 현금유입액	
종속기업과 기타 사업 처분	40,000
2) 투자활동으로 인한 현금유출액	
종속기업과 기타 사업 지배력 획득	0

4. 기타현금흐름

4.1. 미수금 회수와 미지급금 지급

- 투자활동과 관련 있는 미수금의 회수와 미지급금의 지급으로 인한 현금 유입액이나 유출액을 계산하는데 필요한 재무상태표 계정과목은 미수금과 미지급금이다.

| 현금유출입 미수금, 미지급금 계산 관련 재무상태표 계정과목 | ⇒ | 미수금, 미지급금 |

- 투자활동자산의 취득 또는 처분과 관련된 미수금과 미지급금의 변동은 발생원천에 따라 투자활동으로 인한 현금흐름에 별도로 표시하고, 재무활동자산의 취득 또는 처분과 관련된 미수금과 미지급금의 변동은 재무활동으로 인한 현금흐름에서 표시한다. 또한 유·무형자산의 취득 후 3개월 내에 지급된 미지급금은 유·무형자산의 현금유출에 포함해서 표시한다. 단, 취득시점과 현금지급시점 사이에 보고기간 말이 있는 경우에는 그 기간이 3개월 이내인 경우에도 미지급이나 미수금으로 별도 구분표시해야 한다.
- 회계기간 동안 발생한 미수금은 현금유입이 없는 거래로 재무제표 주석에 표시하며, 현금이 회수된 미수금 감소만 현금흐름표 본문에서 투자활동으로 인한 현금흐름으로 표시한다.
- 미지급금의 발생도 현금유출이 없는 비현금거래로 현금흐름표 본문이 아닌 주석에 표시하며 현금을 지급한 미지급금 감소만 현금흐름표 본문에서 투자활동으로 인한 현금흐름으로 표시한다.
- 미수금 또는 미지급금의 현금흐름과 관련된 계정과목의 회계기간 중 발생한 회계처리의 예는 다음과 같다.

(1) 미수금
    〈발생〉   (차) 미수금   ×××   (대) 자산   ×××
                          처분손실 ×××   처분이익 ×××
    〈회수〉   현금   ×××   미수금 ×××

(2) 장기미수금
    〈발생〉   장기미수금 ×××   자산   ×××
                                                      현재가치차금 ×××
    〈대체〉   미수금   ×××   장기미수금 ×××
    〈현재가치차금상각〉 현재가치차금 ×××   이자수익 ×××

(3) 미지급금
    〈발생〉   자산   ×××   미지급금 ×××
    〈지급〉   미지급금 ×××   현금   ×××

(4) 장기미지급금
    〈발생〉   자산   ×××   장기미지급금 ×××
                                현재가치차금 ×××
    〈대체〉   장기미지급금 ×××   미지급금 ×××
    〈현재가치차금상각〉 이자비용 ×××   현재가치차금 ×××

- T계정법에 의한 미수금과 미지급금 관련 현금의 유출이나 유입액의 계산방법은 다음과 같다.

미수금				장기미수금			
기초	×××	현금회수	×××	기초	×××	현금회수	×××
장기미수금(대체)	×××					미수금(대체)	×××
발생	×××	기말	×××	발생	×××	기말	×××
	×××		×××		×××		×××

미지급금				장기미지급금			
현금지급	×××	기초	×××	현금지급	×××	기초	×××
		장기미지급금(대체)	×××	미지급금(대체)	×××		
기말	×××	발생	×××	기말	×××	발생	×××
	×××		×××		×××		×××

4.1.1. 미수금 회수로 인한 현금유입액

- 미수금의 회수로 인한 현금유입액을 계산하기 위해서 활용하는 T계정은 장기미수금, 미수금 이다.

미수금				장기미수금			
기초	×××	현금회수	×××	기초	×××	현금회수	×××
장기미수금(대체)	×××					미수금(대체)	×××
발생	×××	기말	×××	발생	×××	기말	×××
	×××		×××		×××		×××

- 미수금의 회수와 관련된 현금유입액은 미수금 T계정에서 자산 처분 관련 당기 미수금 발생금액에 기초 미수금을 가산한 다음 기말 미수금을 차감하여 계산한다.
- 장기미수금 중 결산일로부터 1년 이내에 만기가 도래할 때, 단기미수금으로 대체한 장기미수금의 감소도 비현금거래이므로 미수금과 장기미수금의 회수금액을 계산할 때 반영해야 한다.
- 이때 투자활동에서 미수금 회수로 인한 현금유입액 중 영업활동으로 분류되는 단기매매금융자산 관련 미수금 회수금액은 제외한다.

> 단기미수금 회수로 인한 현금흐름
> = 단기미수금 발생액 + (기초 단기미수금 − 기말 단기미수금 + 장기미수금 대체액)
>   − 단기매매금융자산 관련 미수금 회수액

> 장기미수금 회수로 인한 현금흐름
> = 장기미수금 발생액 + (기초 장기미수금 − 기말 장기미수금) − 단기미수금으로 대체액

예제 11

미수금 회수

- 다음은 A회사의 2X05년과 2X06년도 투자활동과 관련된 재무상태표와 포괄손익계산서 항목에 대한 정보 중 일부 발췌한 것이다. 2X06년도 장부가액 ₩10,000의 토지에 대한 외상매각이 있었다.

재무상태표	2X05년	2X06년	증감
미수금	50,000	20,000	(30,000)

포괄손익계산서	2X06년
토지처분이익	5,000

요구사항. 상기 미수금 회수와 관련된 투자활동으로 인한 현금흐름을 나타내라.

해설

〈미수금 발생〉	미수금	15,000	토지	10,000
			토지처분이익	5,000

미수금

기초	50,000	회수	45,000
발생	15,000	기말	20,000
	65,000		65,000

〈미수금 회수〉	현금	45,000	미수금	45,000

1) 미수금 회수로 인한 현금유입 : ₩45,000

- 미수금 회수로 인한 현금유입액은 ₩45,000이다. 따라서 투자활동으로 인한 현금흐름은 ₩45,000이며, 다음과 같이 표시한다.

⟨ 현금흐름표 ⟩

영업활동으로 인한 현금흐름	
1) 당기순이익	×××
2) 조정(포괄손익계산서)	
처분이익	(5,000)
투자활동으로 인한 현금흐름	45,000
1) 투자활동으로 인한 현금유입액	
미수금 회수	45,000
2) 투자활동으로 인한 현금유출액	

4.1.2. 미지급금 지급으로 인한 현금유출액

- 미지급금 지급으로 인한 현금유출액을 계산하기 위해서 활용하는 T계정은 장기미지급금, 미지급금, 현재가치차금상각이다.

미지급금					장기미지급금				
현금지급	×××	기초	×××		현금지급	×××	기초	×××	
		장기미지급금(대체)	×××		미지급금(대체)	×××			
기말	×××	발생	×××		기말	×××	발생	×××	
	×××		×××			×××		×××	

- 미지급금의 지급과 관련된 현금유출액은 미지급금 T계정에서 자산 취득 관련 당기 미지급금 발생금액에 기초 미지급금을 가산한 다음 기말 미지급금을 차감하여 계산한다.
- 장기미지급금 중 결산일로부터 1년 이내에 만기가 도래할 때, 단기미지급금으로 대체한 장기미지급금의 감소도 비현금거래이므로 미지급금과 장기미지급금의 지급금액을 계산할 때 차감한다.
- 이때 투자활동에서 미지급금 지급으로 인한 현금유출액 중 영업활동으로 분류되는 단기매매금융자산 관련 미지급금 지급액은 제외한다.

> 단기미지급금 지급으로 인한 현금흐름
> = 단기미지급금 발생액 + (기초 단기미지급금 − 기말 단기미지급금 + 장기미지급금에서 대체액)
> 　− 단기매매금융자산 관련 미지급금 지급액

장기미지급금 지급으로 인한 현금흐름
= 장기미지급금 발생액 + (기초 장기미지급금 − 기말 장기미지급금) − 단기미지급금으로 대체액

예제 12
미지급금 지급

- 다음은 A회사의 2X05년과 2X06년도 투자활동과 관련된 재무상태표 항목에 대한 정보 중 일부 발췌한 것이다. 2X06년도 ₩10,000의 토지에 대한 외상매입이 있었다.

재무상태표	2X05년	2X06년	증감
미지급금	50,000	20,000	(30,000)

요구사항. 상기 미지급금 지급과 관련된 투자활동으로 인한 현금흐름을 나타내라.

해설

| 〈미지급금 발생〉 | 토지 | 10,000 | 미지급금 | 10,000 |

미수금

지급	40,000	기초	50,000
기말	20,000	발생	10,000
	60,000		60,000

| 〈미지급금 지급〉 | 미지급금 | 40,000 | 현금 | 40,000 |

1) 미지급금 지급으로 인한 현금유출 : ₩40,000

- 미지급금 지급으로 인한 현금유출액은 ₩40,000이다. 따라서 투자활동으로 인한 현금흐름은 (₩40,000)이며, 다음과 같이 표시한다.

〈 현금흐름표 〉

영업활동으로 인한 현금흐름	
1) 당기순이익	×××
2) 조정(포괄손익계산서)	
투자활동으로 인한 현금흐름	(40,000)
1) 투자활동으로 인한 현금유입액	
2) 투자활동으로 인한 현금유출액	
미지급금의 지급	(40,000)

4.2. 임차보증금으로 인한 현금흐름

- 임차보증금의 회수와 지급으로 인한 현금 유입액이나 유출액을 계산하는데 필요한 재무상태표 계정과목은 임차보증금이다.

현금유출입 임차보증금 계산 관련 재무상태표 계정과목	⇒	임차보증금

- 임차보증금의 현금흐름과 관련된 계정과목의 회계기간 중 발생한 회계처리의 예는 다음과 같다.

(1) 임차보증금
  〈발생(지급)〉 (차) 임차보증금 ××× (대) 현금 또는 미지급금 ×××
  〈회수〉   현금 또는 미수금 ×××   임차보증금 ×××

- T계정법에 의한 임차보증금 관련 현금의 유출이나 유입액의 계산방법은 다음과 같다.

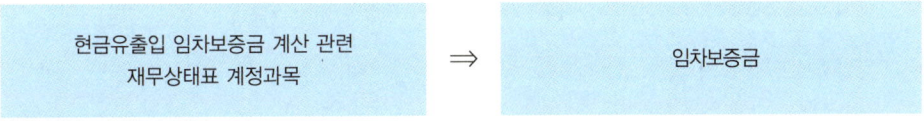

임차보증금

기초	×××	현금회수	×××
발생(현금)	×××	미회수(비현금)	×××
발생(비현금)	×××	기말	×××
	×××		×××

미수금					미지급금			
기초	×××	현금회수	×××	현금지급	×××	기초	×××
발생	×××	기말	×××	기말	×××	발생	×××
	×××		×××		×××		×××

4.2.1. 임차보증금 회수로 인한 현금유입액

- 임차보증금의 회수로 인한 현금유입액을 계산하기 위해서 활용하는 T계정은 임차보증금, 미수금이다.

임차보증금					미수금			
기초	×××	현금회수	×××	기초	×××	현금회수	×××
발생(현금)	×××	미회수(비현금)	×××	발생	×××	기말	×××
발생(비현금)	×××	기말	×××		×××		×××
	×××		×××				

- 임차보증금의 회수와 관련된 현금유입액은 임차보증금 T계정에서 임차보증금 증감금액(기초-기말)에 당기 발생금액을 가산하여 계산한다. 이때 임차보증금 회수와 관련된 비현금거래에서 발생한 미수금이 있는 경우에는 그 금액을 차감하여 다음과 같이 계산한다.

> 임차보증금 회수로 인한 현금흐름
> = (기초 임차보증금 − 기말 임차보증금) + 당기 임차보증금 발생액
>   − 임차보증금 관련 미수금 발생액(비현금거래)

4.2.2. 임차보증금 지급으로 인한 현금유출액

- 임차보증금 지급으로 인한 현금유출액을 계산하기 위해서 활용하는 T계정은 임차보증금이다.

임차보증금					미지급금			
기초	×××	현금회수	×××	현금지급	×××	기초	×××
발생(현금)	×××	미회수(비현금)	×××	기말	×××	발생	×××
발생(비현금)	×××	기말	×××		×××		×××
	×××		×××				

- 임차보증금의 지급으로 인한 현금유출액을 계산할 때는 **임차보증금 T계정의 당기 발생액에서 임차보증금 지급과 관련된 미지급금 발생금액을 차감하여** 다음과 같이 계산한다.

> 임차보증금 지급으로 인한 현금흐름
> = 당기 발생액 − 임차보증금 관련 미지급금 발생액(비현금거래)

예제 13

임차보증금의 발생과 회수

- 다음은 A회사의 2X05년과 2X06년도 투자활동과 관련된 재무상태표 항목에 대한 정보 중 일부 발췌한 것이다. 2X06년도 발생된 임차보증금은 ₩10,000이며 현금으로 지급되었다.

재무상태표	2X05년	2X06년	증감
임차보증금	50,000	20,000	(30,000)

요구사항. 상기 임차보증금 회수와 관련된 투자활동으로 인한 현금흐름을 나타내라.

해설

| 〈임차보증금 발생〉 | 임차보증금 | 10,000 | 현금 | 10,000 |

임차보증금

기초	50,000	회수	40,000
발생	10,000	기말	20,000
	60,000		60,000

| 〈임차보증금 회수〉 | 현금 | 40,000 | 임차보증금 | 40,000 |

1) 임차보증금 회수로 인한 현금유입 : ₩40,000
2) 임차보증금 증가로 인한 현금유출 : ₩10,000

- 임차보증금 회수로 인한 현금유입액은 ₩40,000이고 발생으로 인한 현금유출액은 ₩10,000이다. 따라서 투자활동으로 인한 현금흐름은 ₩30,000이며, 다음과 같이 표시한다.

<현금흐름표>

영업활동으로 인한 현금흐름	
1) 당기순이익	×××
2) 조정(포괄손익계산서)	0
투자활동으로 인한 현금흐름	30,000
1) 투자활동으로 인한 현금유입액	
임차보증금 회수	40,000
2) 투자활동으로 인한 현금유출액	
임차보증금 발생	(10,000)

4.3. 장·단기대여금으로 인한 현금흐름

- 장·단기대여금의 회수와 지급으로 인한 현금 유입액이나 유출액을 계산하는데 필요한 재무상태표 계정과목은 단기대여금과 장기대여금이다.

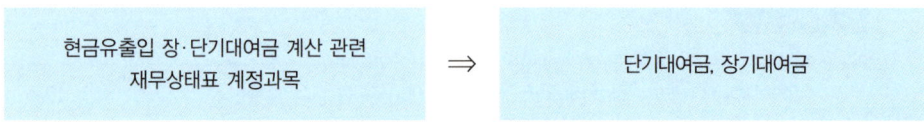

- 장기대여금 중 결산일로부터 1년 이내에 만기가 도래할 때 장기대여금의 감소는 회수금액과 단기대여금으로 대체한 금액의 합계금액이다.
- 장·단기대여금의 현금흐름과 관련된 계정과목의 회계기간 중 발생한 회계처리의 예는 다음과 같다.

(1) 발생(지급)	(차)	장·단기대여금	×××	(대)	현금	×××
(2) 회수		현금	×××		장·단기대여금	×××
(3) 대체		단기대여금	×××		장기대여금	×××

- T계정법에 의한 장·단기대여금 관련 현금의 유출이나 유입액의 계산방법은 다음과 같다.

단기대여금				장기대여금			
기초	×××	현금회수	×××	기초	×××	현금회수	×××
발생(현금)	×××					단기대여금(대체)	×××
장기대여금(대체)	×××	기말	×××	발생(현금)	×××	기말	×××
	×××		×××		×××		×××

4.3.1. 장·단기대여금 회수로 인한 현금유입액

- 장·단기대여금의 회수로 인한 현금유입액을 계산하기 위해서 활용하는 T계정은 장기대여금, 단기대여금이다.

단기대여금				장기대여금			
기초	×××	현금회수	×××	기초	×××	현금회수	×××
발생(현금)	×××					단기대여금(대체)	×××
장기대여금(대체)	×××	기말	×××	발생(현금)	×××	기말	×××
	×××		×××		×××		×××

- 단기대여금의 회수와 관련된 현금유입액은 단기대여금 T계정에서 단기대여금 증감금액(기초-기말)에 당기 발생금액과 장기대여금에서 대체된 금액을 가산하여 계산한다.
- 장기대여금 회수와 관련된 현금유입액은 장기대여금 T계정에서 장기대여금 증감금액(기초-기말)에 당기 발생금액을 가산하고 단기대여금 대체액을 차감하여 다음과 같이 계산한다.

> 단기대여금 회수로 인한 현금흐름
> = (기초 대여금 − 기말 대여금) + 당기 단기대여금 발생액 + 장기대여금 대체액(비현금거래)

> 장기대여금 회수로 인한 현금흐름
> = (기초 대여금 − 기말 대여금) + 당기 장기대여금 발생액 − 단기대여금 대체액(비현금거래)

4.3.2. 장·단기대여금 지급으로 인한 현금유출액

- 장·단기대여금의 지급으로 인한 현금유출액을 계산하기 위해서 활용하는 T계정은 장기대여금, 단기대여금이다.

단기대여금				장기대여금			
기초	×××	현금회수	×××	기초	×××	현금회수	×××
발생(현금)	×××					단기대여금(대체)	×××
장기대여금(대체)	×××	기말	×××	발생(현금)	×××	기말	×××
	×××		×××		×××		×××

- 장·단기대여금의 지급으로 인한 현금유출액은 장·단기대여금 T계정에서 당기 발생금액이다.

> 단기대여금 지급으로 인한 현금흐름 = 당기 발생액 − 장기대여금에서 대체액

> 장기대여금 지급으로 인한 현금흐름 = 당기발생액

예제 14

장기대여금 회수

- 다음은 A회사의 2X05년과 2X06년도 투자활동과 관련된 재무상태표 항목에 대한 정보 중 일부 발췌한 것이다. 2X06년도 장기대여금 추가 발생금액은 없으며, 단기대여금 대체금액은 ₩10,000이다.

재무상태표	2X05년	2X06년	증감
장기대여금	50,000	20,000	(30,000)

요구사항. 상기 장기대여금 회수와 관련된 투자활동으로 인한 현금흐름을 나타내라.

해설

	장기대여금		
기초	50,000	회수	20,000
		단기대여금(대체)	10,000
발생	0	기말	20,000
	50,000		50,000

〈장기대여금 회수〉　　현금　　20,000　　　　장기대여금　　20,000

1) 장기대여금 회수로 인한 현금유입 : ₩20,000

- 장기대여금 회수로 인한 현금유입액은 ₩20,000이다. 따라서 투자활동으로 인한 현금흐름은 ₩20,000이며, 다음과 같이 표시한다.

〈 현금흐름표 〉

영업활동으로 인한 현금흐름	
1) 당기순이익	×××
2) 조정(포괄손익계산서)	
투자활동으로 인한 현금흐름	20,000
1) 투자활동으로 인한 현금유입액	
장기대여금 회수	20,000
2) 투자활동으로 인한 현금유출액	

예제 15

단기대여금 회수

- 다음은 A회사의 2X05년과 2X06년도 투자활동과 관련된 재무상태표 항목에 대한 정보 중 일부 발췌한 것이다. 2X06년도 단기대여금 추가 발생금액은 없으며 장기대여금에서 대체된 금액은 ₩10,000이다.

재무상태표	2X05년	2X06년	증감
단기대여금	50,000	20,000	(30,000)

요구사항.　상기 단기대여금 회수와 관련된 투자활동으로 인한 현금흐름을 나타내라.

> 해설

	단기대여금		
기초	50,000	회수	40,000
장기대여금(대체)	10,000		
발생	0	기말	20,000
	60,000		60,000

〈단기대여금 회수〉 현금 40,000 　 단기대여금 40,000

1) 단기대여금 회수로 인한 현금유입 : ₩40,000

- 단기대여금 회수로 인한 현금유입액은 ₩40,000이다. 따라서 투자활동으로 인한 현금흐름은 ₩40,000이며, 다음과 같이 표시한다.

〈 현금흐름표 〉

영업활동으로 인한 현금흐름	
1) 당기순이익	×××
2) 조정(포괄손익계산서)	
투자활동으로 인한 현금흐름	40,000
1) 투자활동으로 인한 현금유입액	
단기대여금 회수	40,000
2) 투자활동으로 인한 현금유출액	

4.4. 개발비로 인한 현금흐름

- 개발비의 지출로 인한 현금 유출액을 계산하는데 필요한 재무상태표 계정과목은 개발비와 상각누계액이고, 포괄손익계산서 계정과목은 개발비상각비이다.

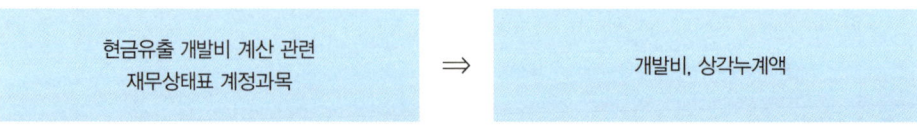

| 현금유출 개발비 계산 관련 포괄손익계산서 계정과목 | ⇒ | 개발비상각비 |

- 개발비는 기술의 성공가능성, 판매가능성, 미래 경제적효익 창출가능성에 따라 제조, 판매비와관리비, 무형자산으로 회계처리한다. 따라서 개발비 지출로 인한 현금유출액을 계산할 때는 무형자산으로 회계처리한 개발비만 투자활동으로 인한 현금흐름으로 표시하고 제조원가나 판매비와관리비로 인한 현금유출은 영업활동으로 표시한다.
- 개발비의 현금흐름과 관련된 계정과목의 회계기간 중 발생한 회계처리의 예는 다음과 같다.

(1) 발생	(차) 개발비	×××	(대) 현금	×××
(2) 상각	개발비상각비	×××	상각누계액	×××
(3) 감가상각비대체	개발비	×××	감각상각누계액	×××

- T계정법에 의한 개발비 관련 현금유출이나 유입액의 계산방법은 다음과 같다.

개발비				상각누계액			
기초	×××					기초	×××
발생(현금)	×××			기말	×××	상각비	×××
대체(비현금)	×××	기말	×××		×××		×××
	×××		×××				

4.4.1. 개발비의 지출로 인한 현금유출액

- 개발비의 지출로 인한 현금유출액을 계산하기 위해서 활용하는 T계정은 개발비, 상각누계액, 개발비상각비이다.

개발비				상각누계액			
기초	×××					기초	×××
발생(현금)	×××			기말	×××	상각비	×××
대체(비현금)	×××	기말	×××		×××		×××
	×××		×××				

	개발비상각비
발생 ×××	

- 개발비 지출과 관련된 현금유출액은 개발비 T계정에서 증가금액(기말−기초)에 미지급금 발생액을 차감하여 계산한다.

> 개발비 지급으로 인한 현금흐름
> = (기말 개발비 − 기초 개발비) − 미지급금 발생액(비현금거래)

예제 16

개발비 지출

- 다음은 A회사의 2X05년과 2X06년도 투자활동과 관련된 재무상태표 항목에 대한 정보 중 일부 발췌한 것이다.

재무상태표	2X05년	2X06년	증감
개발비	20,000	34,000	14,000
상각누계액	(10,000)	(13,000)	(3,000)

요구사항. 상기 개발비 지출과 관련된 투자활동으로 인한 현금흐름을 나타내라.

해설

개발비			
기초	20,000		
발생	14,000	기말	34,000
	34,000		34,000

〈개발비 지출〉	개발비	14,000	현금	14,000

1) 개발비 지출로 인한 현금유출액: ₩14,000

- 개발비 지출로 인한 현금유출액은 ₩14,000이다. 따라서 투자활동으로 인한 현금흐름은 (₩14,000)이며, 다음과 같이 표시한다.

〈 현금흐름표 〉

영업활동으로 인한 현금흐름	
1) 당기순이익	×× ×
2) 조정(포괄손익계산서)	3,000
개발비상각비	3,000
투자활동으로 인한 현금흐름	(14,000)
1) 투자활동으로 인한 현금유입액	
2) 투자활동으로 인한 현금유출액	
개발비 지출	(14,000)

5. 투자활동으로 인한 현금흐름

• 6장에서 설명한 투자활동으로 인한 현금흐름은 다음과 같이 작성표시된다.

〈 투자활동으로 인한 현금흐름표 〉

(1)	투자활동으로 인한 현금유입액		1,052,000
	유형자산의 처분	540,000	
	무형자산의 처분	100,000	
	FVPL금융자산의 처분	116,000	
	FVOCI금융자산의 처분	96,000	
	만기보유금융자산의 처분	15,000	
	종속기업과 기타 사업 지배력 처분	40,000	
	미수금의 회수	45,000	
	임차보증금의 회수	40,000	
	장기대여금의 회수	20,000	
	단기대여금의 회수	40,000	
(2)	투자활동으로 인한 현금유출액		(1,181,000)
	유형자산의 취득	(1,000,000)	
	건설중인자산의 취득	(97,000)	
	무형자산의 취득	(10,000)	
	관계기업투자주식의 취득	(10,000)	
	미지급금의 지급	(40,000)	
	임차보증금의 발생	(10,000)	
	개발비 지출	(14,000)	

사례 **재테크 고수들이 꼭 확인하는 재무제표**

- 투자할 종목을 고를 때는 재무제표 중에서 현금흐름표를 꼭 확인해야 한다. 눈을 크게 뜨고 현금흐름을 살피면 '흙 속의 진주'를 발견할 수 있다.

- 영업활동으로 인한 현금흐름은 해당기업의 돈의 흐름을 보여준다. 회사에서 생산한 물건을 판 돈이 현금으로 얼마나 들어왔나 하는 것이다. 어떤 기업이 외상으로 물건을 팔 경우 영업이익과 순이익이 증가하지만 실제로 회사에 들어오는 돈은 전혀 없는 경우도 있다. 일시적인 마이너스는 상관없지만 수년간 마이너스라면 문제가 있다.

- 투자활동으로 인한 현금흐름은 대부분 투자나 금융상품에 얼마나 현금을 쏟아부었나를 보여준다. 설비나 토지 등을 사들이면 마이너스가 되고, 회사의 각종 자산을 팔아치우면 플러스가 된다. 특히 생산활동을 위한 투자 때문에 마이너스가 되었다면 플러스보다 오히려 '청신호'로 해석된다. 시설투자를 한다는 것은 시장이 커지고 있거나 현재의 가동율이 높아 생산시설이 부족한 경우가 대부분이기 때문이다.

- 전문가들은 영업활동으로 인한 현금흐름이 플러스, 투자활동으로 인한 현금흐름이 마이너스인 경우에 후한 점수를 준다. 영업에서 벌어들인 돈을 설비투자에 쓴다는 의미로 풀이된다. 지난해 기준으로 국내 상장사 가운데 영업활동으로 인한 현금흐름이 가장 컸던 회사는 삼성전자(47조3800억원), 한국전력(16조5200억원), SK(9조1100억원)의 순이었다. 이들의 투자활동으로 인한 현금흐름은 삼성전자가 −29조6600억원, 한전 −9조6500억원, SK −7조3800억원을 기록했다.

(※출처: 파이낸셜뉴스)

기업, 금융기관에 근무하거나 투자자라면
현금흐름 전문가가 되어야 한다.
성공하는 투자자는 현금흐름표를 보고 투자한다.

6. 학습정리 – 기억해야 할 핵심 이슈

☞ 투자활동으로 인한 현금흐름의 구성요소를 알아야 한다.
- 유·무형자산 관련 현금흐름의 구성요소를 이해해야 한다.
- 금융자산 관련 현금흐름의 구성요소를 이해해야 한다.
- 특수관계기업 관련 현금흐름의 구성요소를 이해해야 한다.
- 기타투자활동 관련 현금흐름의 구성요소를 이해해야 한다.

☞ 투자활동으로 인한 현금흐름의 구성요소 각각에 대해 현금유입이나 현금유출을 계산하기 위한 재무상태표 계정과목을 알아야 한다.

☞ 투자활동으로 인한 현금흐름의 구성요소 각각에 대해 현금유입이나 현금유출을 계산하기 위한 포괄손익계산서 계정과목을 이해해야 한다.

☞ 투자활동으로 인한 현금흐름의 구성요소 각각에 대해 현금유입이나 현금유출과 관련된 계정과목의 회계기간 중 발생한 회계처리를 이해해야 한다.

☞ 투자활동으로 인한 현금흐름의 구성요소 각각의 현금흐름을 계산하기 위해 활용하는 T계정을 알아야 한다.

☞ 투자활동으로 인한 현금흐름 구성요소 각각의 현금흐름을 계산하기 위한 각 T계정의 차변과 대변항목을 기억해야 한다.

☞ 투자활동 관련 자산의 변동에 포함되어 있는 각 구성요소의 비현금거래를 이해해야 한다.

제7장

재무활동으로 인한 현금흐름 작성방법

7장 재무활동으로 인한 현금흐름 작성방법

- 재무활동으로 인한 현금흐름은 총현금유입액과 총현금유출액을 주요 항목별로 각각 구분하여 총액으로 표시한다.
- 재무활동으로 인한 현금흐름은 재무활동과 관련 있는 계정들의 회계기간 중 변동금액을 파악하여 현금의 유입 및 유출이 있는 거래만을 표시하는 것이다. 이때 부채 등을 상환하는 경우에는 감소한 장부금액이 아니라 유출된 현금총액으로 표시한다.
- 재무활동과 관련된 부채나 자본의 변동은 현금의 유출입이 있는 거래뿐만 아니라 현금유출입이 없는 비현금거래가 포함되어 있는바, 비현금거래로 인한 재무활동 관련 부채나 자본의 변동은 재무활동으로 인한 현금흐름에서 제외하고 주석에 표시한다.
- 따라서 재무활동으로 인한 현금흐름을 정확하게 계산하기 위해서는 (1) 재무활동과 관련된 부채와 자본이 어떤 계정과목이고, (2) 그 변동이 현금유출입이 수반되는 거래인지 여부를 파악하는 것이 중요하다.
- 재무활동으로 인한 현금의 유입이나 현금의 유출은 T계정법이나 증감분석법을 활용하여 다음과 같은 순서로 계산한다.

> (1) 재무활동 관련 부채와 자본의 변동과 관련된 계정과목을 파악한다.
> (2) 회계기간 동안의 재무활동 관련 재무상태표의 부채와 자본 계정과목의 변동내용을 파악한다.
> (3) 당기에 발생한 재무활동과 관련된 손익항목을 재무활동 관련 재무상태표 항목에 가감조정한다.
> (4) 재무활동 관련 부채와 자본 중 현금유입이나 유출이 없는 비현금거래를 제거하여 순현금유출입금액을 계산한다.

(5) 산출된 각각의 순현금유출입액에서 추가정보를 이용하여 현금유입액과 현금유출액의 총액을 각각 별도로 구한다.

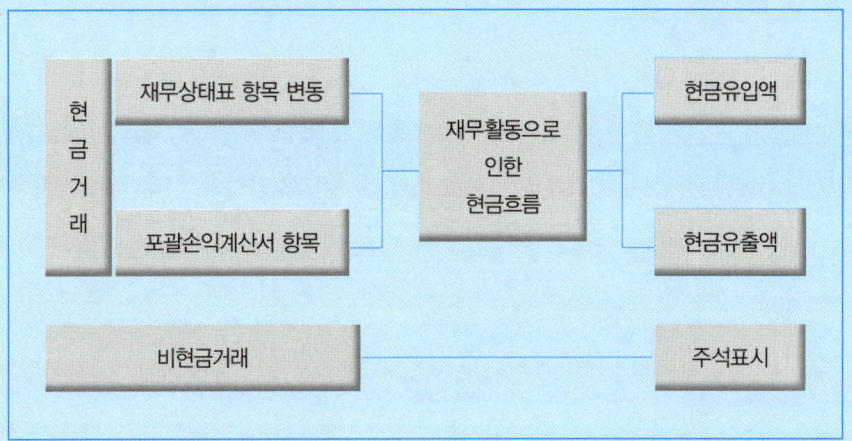

(6) 이때 사채발행이나 유상증자가 있는 경우, 현금유입액은 자본금이나 사채의 액면금액이 아니고 현금이 유입된 발행금액이며 비용발생이 있는 경우 총현금유입액에서 차감한다.

(7) 사채상환 등 부채를 상환하거나 유상감자가 있는 경우, 현금유출액은 사채의 장부금액이나 자본금의 액면금액이 아니라 사채상환손익이나 감자차손익을 포함한 현금이 유출된 금액으로 표시한다.

1. 직접금융 자금조달·상환

1.1. 사채의 발행과 상환

- 사채 발행으로 인한 현금의 유입액이나 사채 상환 및 이자지급으로 인한 현금의 유출액을 계산하는데 필요한 관련 재무상태표 계정과목은 사채와 사채할증발행차금, 사채할인발행차금이고 포괄손익계산서 계정과목은 사채상환손실, 사채상환이익, 사채할인발행차금상각, 사채할증발행차금상각 등이다.

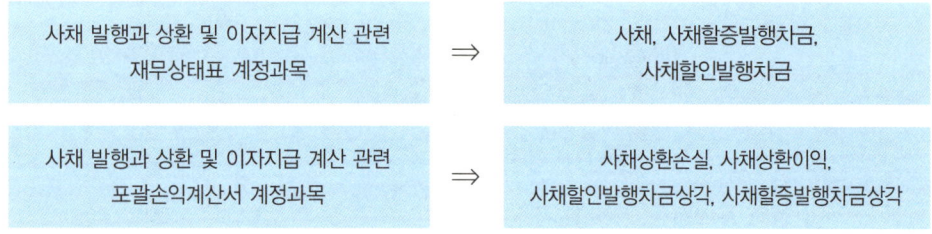

- 일반적인 사채의 경우 만기상환은 상환손실이나 상환이익이 발생하지 않으나 만기일 이전에 조기상환하는 경우에는 장부금액과 상환하는 금액이 달라 상환손익이 발생하는바, 사채감소액에 사채상환손실을 가산하고 사채상환이익을 차감해서 현금유출액을 표시한다.
- 사채 발행 또는 사채 상환으로 인한 현금흐름과 관련된 계정과목의 회계처리 예는 다음과 같다.

(1) 발행	(차)	현금	×××	(대)	사채	×××
		사채할인발행차금	×××		사채할증발행차금	×××
(2) 할인차금상각 (이자비용)		이자비용	×××		현금 또는 미지급비용	×××
					사채할인발행차금	×××
(3) 할증차금상각 (이자비용)		이자비용	×××		현금 또는 미지급비용	×××
		사채할증발행차금	×××			

(4) 상환	사채	×××	현금	×××
	사채할증발행차금	×××	사채할인발행차금	×××
	사채상환손실	×××	사채상환이익	×××
(5) 유동성 대체	사채	×××	유동성사채	×××

- T계정법에 의한 사채 발행과 상환 관련 현금의 유출이나 유입액의 계산방법은 다음과 같다.

사채

유동성사채(비현금)	×××	기초	×××
사채상환(액면)	×××	사채발행(액면)	×××
기말	×××		
	×××		×××

유동성사채

		사채	×××
			×××

사채할인발행차금

기초	×××	상각이자비용	×××
사채발행	×××	사채상환	×××
		기말	×××
	×××		×××

사채할증발행차금

상각이자비용	×××	기초	×××
사채상환	×××	사채발행	×××
기말	×××		
	×××		×××

사채상환이익

		발생	×××

사채상환손실

발생	×××		

1.1.1. 사채 발행으로 인한 현금유입액

- 사채의 발행으로 인한 현금유입액을 계산하기 위해서 활용하는 T계정은 사채, 사채할인발행차금, 사채할증발행차금이다.

	사채		
유동성사채(비현금)	×××	기초	×××
사채상환(액면)	×××	사채발행(액면)	×××
기말	×××		
	×××		×××

	사채할인발행차금				사채할증발행차금		
기초	×××	상각이자비용	×××	상각이자비용	×××	기초	×××
사채발행	×××	사채상환	×××	사채상환	×××	사채발행	×××
		기말	×××	기말	×××		
	×××		×××		×××		×××

- 사채 발행과 관련된 현금유입액은 사채 T계정의 회계기간 중 발행한 사채 발행 액면금액에 사채할증발행차금, 사채할인발행차금의 T계정에서 사채 발행 시에 발생한 금액을 가산하거나 차감해서 다음과 같이 계산한다.

> 사채 발행으로 인한 현금흐름
> = 사채 발행 액면금액 + 사채할증발행차금 발생액 − 사채할인발행차금 발생액

1.1.2. 사채 상환으로 인한 현금유출액

- 사채의 상환으로 인한 현금유출액을 계산하기 위해서 활용하는 T계정은 사채, 유동성사채, 사채할인발행차금, 사채할증발행차금, 사채상환이익, 사채상환손실이다.

	사채				유동성사채	
유동성사채(비현금)	×××	기초	×××		사채	×××
사채상환(액면)	×××	사채발행(액면)	×××			×××
기말	×××					
	×××		×××			

사채할인발행차금				사채할증발행차금			
기초	×××	상각이자비용	×××	상각이자비용	×××	기초	×××
사채발행	×××	사채상환	×××	사채상환	×××	사채발행	×××
		기말	×××	기말	×××		
	×××		×××		×××		×××

사채상환이익				사채상환손실			
		발생	×××	발생	×××		

- 사채 상환과 관련된 현금유출액은 사채 T계정의 회계기간 중 감소한 사채금액에 사채할인발행차금이나 사채할증발행차금 T계정에서 상환과 관련되어 감소한 금액을 차감하거나 가산하고 당기에 발생한 상환손실이나 상환이익의 발생액을 반영하여 계산한다.
- 이때 현금유출이 없는 비현금거래인 사채의 유동성사채 대체가 있는 경우에는 차감하여 계산한다.

> 사채 상환으로 인한 현금흐름
> = 사채 상환 관련 당기 사채 금액(=기초+발행−기말) + 사채할증발행차금 감소액
>   − 사채할인발행차금 감소액 + 사채상환손실 − 사채상환이익 − 유동성대체(비현금거래)

예제 01

사채 발행 및 상환

- 다음은 A회사의 2X05년과 2X06년도 재무활동과 관련된 재무상태표와 포괄손익계산서 항목에 대한 정보 중 일부 발췌한 것이다.

재무상태표	2X05년	2X06년	증감
사채	8,200	4,920	(3,280)
사채할인발행차금	2,100	900	(1,200)

포괄손익계산서		2X06년	
이자비용(사채)		1,300	
사채상환손실		480	

- 2X06년 초 사채의 잔여만기는 3년이며, 2X06년도 사채할인발행차금의 상각으로 인한 이자비용의 증가분은 ₩600이고 나머지 이자비용은 현금으로 지급하였다. 2X06년 말 사채의 40%를 상환하였으며 사채상환손실은 ₩480이 발생하였다. 당기에 사채의 발행은 없었다.

요구사항. T계정법에 의해 사채와 관련된 재무활동으로 인한 현금흐름을 나타내라.

해설

〈사채 발행〉	없음			
〈사채할인차금상각〉	이자비용	1,300	현금	700
			사채할인발행차금	600

사채

상환(8,200×40%)	3,280	기초	8,200	
기말	4,920	사채발행	0	
	8,200		8,200	

사채할인발행차금

기초	2,100	상각	600	
발생	0	상환((2100-600)×40%)	600	
		기말	900	
	2,100		2,100	

사채상환손실

발생	480	

〈사채 상환〉	사채	3,280	현금	3,160
	사채상환손실	480	사채할인발행차금	600

1) 사채 발행으로 인한 현금유입 : ₩0
2) 사채 상환으로 인한 현금유출 : ₩3,160

- 사채 발행으로 인한 현금유입액은 ₩0이고, 사채 상환으로 인한 현금유출액은 ₩3,160이다. 따라서 재무활동으로 인한 현금흐름은 (₩3,160)이며, 다음과 같이 표시한다.

```
< 현금흐름표 >
영업활동으로 인한 현금흐름
  1) 당기순이익                                    ×××
  2) 조정(포괄손익계산서)
     이자비용(사채할인발행차금상각)                    600
재무활동으로 인한 현금흐름                         (3,160)
  1) 재무활동으로 인한 현금유입액
     사채 발행                                      0
  2) 재무활동으로 인한 현금유출액
     사채 상환                                  (3,160)
```

1.2. 전환사채의 발행과 상환 및 전환

- 전환사채 발행으로 인한 현금유입액이나 상환 또는 이자지급으로 인한 현금유출액을 계산하는데 필요한 재무상태표 계정과목은 전환사채, 전환권조정, 전환권대가, 자본금, 주식발행초과금이고 포괄손익계산서 계정과목은 전환사채상환이익, 전환사채상환손실이다.

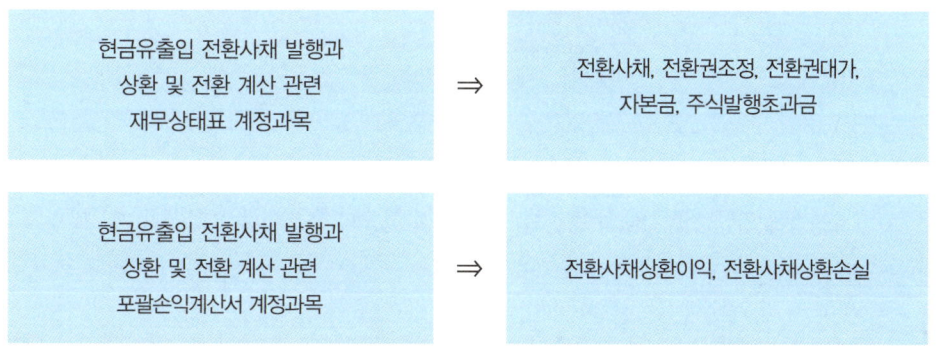

- 전환사채는 만기에 상환하거나 만기 전에 주식으로의 전환권이 부여된 복합금융상품으로 발행이나 상환을 할 때 사채부분과 전환권부분을 구분하여 회계처리한다. 그러나 상환의 경우 현금흐름표에서는 구분하지 않고 통합하여 현금유출액으로 표시한다.

- 전환권을 행사하여 주식이 발행되는 경우에는 전환사채가 감소하고 자본금이 증가하지만 현금의 유출입이 없는 비현금거래로 현금흐름표 본문이 아니라 주석에 표시한다.
- 전환사채 발행과 상환, 전환으로 인한 현금흐름과 관련된 계정과목의 회계처리 예는 다음과 같다.

(1) 발행	(차) 현금	×××	(대) 전환사채(부채)	×××
	전환권조정(부채차감)	×××	전환권대가(자본)	×××
(2) 전환권조정상각 (이자비용)	이자비용	×××	현금	×××
			전환권조정	×××
(3) 상환(부채요소)	전환사채	×××	현금	×××
	전환사채상환손실	×××	전환권조정	×××
			전환사채상환이익	×××
(4) 상환(자본요소)	전환권대가	×××	현금	×××
	상환손실(기타자본)	×××	상환이익(기타자본)	×××
(5) 조건변경	전환권대가	×××	조건변경이익	×××
	조건변경손실	×××	전환권대가	(×××)
(6) 전환	전환사채	×××	자본금	×××
	사채상환할증금	×××	주식발행초과금	×××
			전환권조정	×××
	전환권대가	×××	주식발행초과금	×××

- T계정법에 의한 전환사채의 발행과 상환 관련 현금의 유출이나 유입액의 계산방법은 다음과 같다.

전환사채			
상환(액면)	×××	기초	×××
전환(비현금)	×××		
기말	×××	발행(액면)	×××
	×××		×××

전환권대가			
전환	×××	기초	×××
상환	×××		
기말	×××	발행	×××
	×××		×××

전환권조정			
기초	×××	상각	×××
		상환	×××
		전환	×××
발행	×××	기말	×××
	×××		×××

자본금			
감소	×××	기초	×××
		발행	×××
기말	×××	전환	×××
	×××		×××

주식발행초과금			
감소	×××	기초	×××
		발행	×××
기말	×××	전환	×××
	×××		×××

전환사채상환이익			
		발생	×××

전환사채상환손실			
발생	×××		

1.2.1. 전환사채 발행으로 인한 현금유입액

- 전환사채의 발행으로 인한 현금유입액을 계산하기 위해서 활용하는 T계정은 전환사채, 전환권대가, 전환권조정이다.

전환사채			
상환(액면)	×××	기초	×××
전환(비현금)	×××		
기말	×××	발행(액면)	×××
	×××		×××

전환권대가			
전환	×××	기초	×××
상환	×××		
기말	×××	발행	×××
	×××		×××

전환권조정			
기초	×××	상각	×××
		상환	×××
		전환	×××
발행	×××	기말	×××
	×××		×××

- 전환사채의 발행과 관련된 현금유입액은 전환사채 T계정의 회계기간 중 발행한 전환사채 발행액면금액에 전환권조정과 전환권대가의 T계정에서 회계기간 중 발행 시에 발생한 금액을 가산하거나 차감해서 다음과 같이 계산한다.

> 전환사채 발행으로 인한 현금흐름
> = 전환사채 발행 액면가액 + 전환권대가 발생액 − 전환권조정 발생액

1.2.2. 전환사채 상환으로 인한 현금유출액

- 전환사채의 상환으로 인한 현금유출액을 계산하기 위해서 활용하는 T계정은 전환사채, 전환권대가, 전환권조정, 자본금, 주식발행초과금, 상환손실, 상환이익이다.

전환사채

상환(액면)	×××	기초	×××
전환(비현금)	×××		
기말	×××	발행(액면)	×××
	×××		×××

전환권대가

전환	×××	기초	×××
상환	×××		
기말	×××	발행	×××
	×××		×××

전환권조정

기초	×××	상각	×××
		상환	×××
		전환	×××
발행	×××	기말	×××
	×××		×××

자본금

감소	×××	기초	×××
		발행	×××
기말	×××	전환	×××
	×××		×××

주식발행초과금

감소	×××	기초	×××
		발행	×××
기말	×××	전환	×××
	×××		×××

전환사채상환이익

		발생	×××

전환사채상환손실

발생	×××		

- 전환사채의 상환과 관련된 현금유출액은 전환사채 T계정의 장부금액 감소액에 당기 발생한 상환손실을 가산하고 상환이익을 차감 조정하여 산출한다.
- 이때 비현금거래인 전환사채의 주식으로의 전환이 있는 경우에는 차감하여 계산한다.

> 전환사채 상환으로 인한 현금흐름
> = 사채 상환 관련 당기 사채장부금액 감소액(=기초+발행−기말) − 전환권조정 감소
>   + 전환권대가 감소 − 상환이익 + 상환손실 − 주식전환(비현금)

예제 02

전환사채 발행과 상환

- 다음은 A회사의 2X05년과 2X06년도 재무활동과 관련된 재무상태표와 포괄손익계산서 항목에 대한 정보 중 일부 발췌한 것이다.

재무상태표	2X05년	2X06년	증감
전환사채		8,000	8,000
전환권대가		600	600
전환권조정		400	400
보통주자본금	50,000	60,000	10,000
주식발행초과금	25,000	32,900	7,900

포괄손익계산서		2X06년
이자비용(전환사채)		2,300

- 2X06년 초에 상환할증금 미지급조건의 전환사채 ₩20,000을 액면발행하였다. 발행 당시 전환권대가는 ₩1,500이다. 2X06년 말에 전환사채 중 60%가 행사되었다. 전환조건은 1주당 액면 ₩1,000원 발행이며, 1주당 액면가액은 ₩500이다. 이자비용 중 ₩500은 전환권조정 상각이며 나머지 이자비용은 현금으로 지급하였다. 당기에 유상증자를 통해 보통주 8주를 발행하였으며 시가는 ₩700이다.

요구사항. T계정법에 의해 전환사채 및 자본과 관련된 재무활동으로 인한 현금흐름을 나타내라.

해설

〈전환사채 발행〉	현금	20,000	전환사채	20,000
	전환권조정	1,500	전환권대가	1,500
〈이자비용 인식〉	이자비용	2,300	현금	1,800
			전환권조정	500
〈주식발행〉	현금	5,600	자본금	4,000
			주식발행초과금	1,600
〈전환사채 전환〉	전환사채	12,000	자본금	6,000
			주식발행초과금	5,400
			전환권조정	600
	전환권대가	900	주식발행초과금	900

전환사채

전환(20,000×60%)	12,000	기초		0
기말	8,000	발행		20,000
	20,000			20,000

전환권대가

전환(1,500×60%)	900	기초		0
기말	600	전환사채발행		1,500
	1,500			1,500

전환권조정

기초	0	상각		500
		전환((1,500−500)×60%)		600
전환사채발행	1,500	기말		400
	1,500			1,500

자본금

감소(유출)	0	기초		50,000
		유상증자(8주×₩500)		4,000
기말	60,000	전환 주1)		6,000
	60,000			60,000

주1) ₩20,000/₩1,000×60%×₩500=₩6,000

주식발행초과금

감소(유출)	0	기초		25,000
		유상증자(8주×₩200)		1,600
기말	32,900	전환 주2)		6,300
	32,900			32,900

주2) 전환사채 전환분 (₩12,000+₩900−₩600)−자본금 증가분 ₩6,000 = ₩6,300

1) 전환사채 발행으로 인한 현금유입액 : ₩20,000 + ₩1,500 − ₩1,500 = ₩20,000
2) 주식발행으로 인한 현금유입액 : ₩4,000 + ₩1,600 = ₩5,600

- 전환사채 발행으로 인한 현금유입액은 ₩20,000이고 주식발행으로 인한 현금유입액은 ₩5,600이다. 따라서 재무활동으로 인한 현금흐름은 ₩25,600이며 다음과 같이 표시한다.

〈 현금흐름표 〉

영업활동으로 인한 현금흐름	
1) 당기순이익	×××
2) 조정(포괄손익계산서)	
이자비용(전환권조정상각)	500
재무활동으로 인한 현금흐름	25,600
1) 재무활동으로 인한 현금유입액	
전환사채 발행	20,000
주식 발행	5,600
2) 재무활동으로 인한 현금유출액	

1.3. 주식의 발행과 소각

- 주식발행이나 주식소각과 관련된 현금의 유입액이나 유출액을 계산하는데 필요한 관련된 재무상태표 계정과목은 자본금과 주식발행초과금, 주식할인발행차금, 감자차익, 감자차손 등이다.

현금유출입 주식의 발행과 소각 계산 관련 재무상태표 계정과목	⇒	자본금, 주식발행초과금, 주식할인발행차금, 감자차익, 감자차손

- 주식발행으로 인한 자본금은 현금유입이 있는 유상증자나 신주인수권 및 주식결제형 주식선택권의 행사뿐만 아니라 현금유입이 없는 무상증자 및 전환권행사, 주식배당으로도 증가할 수 있다.
- 또한 주식소각으로 인한 자본감소는 현금의 유출이 있는 유상소각과 현금유출이 없는 무상소각으로 구분한다.
- 주식발행이나 주식소각으로 인한 현금흐름과 관련된 계정과목의 회계기간 중 발생한 회계처리의 예는 다음과 같다.

(1) 유상증자
　　1) 할증발행　　(차) 현금　　×××　　(대) 자본금　　×××
　　　　　　　　　　　　　　　　　　　　　주식발행초과금　×××

　　2) 할인발행　　　　현금　　×××　　　　자본금　　×××
　　　　　　　　　　　주식할인발행차금　×××

(2) 무상증자　　　　자본잉여금 또는　×××　　자본금　　×××
　　　　　　　　　　이익잉여금(이익준비금)

(3) 전환사채 등 전환　전환사채　×××　　자본금　　×××
　　　　　　　　　　　　　　　　　　　　주식발행초과금　×××

(4) 주식소각　　　　자본금　　×××　　　현금　　×××
　　　　　　　　　　감자차손　×××　　　감자차익　×××

(5) 주식배당　　　　이익잉여금　×××　　자본금　　×××

- T계정법에 의한 주식발행과 소각과 관련된 현금의 유출이나 유입액의 계산방법은 다음과 같다.

자본금

주식소각(액면)	×××	기초	×××
		무상증자(비현금)	×××
		전환사채전환(비현금)	×××
		주식배당(비현금)	×××
기말	×××	유상증자(액면)	×××
	×××		×××

주식발행초과금

무상증자	×××	기초	×××
		전환사채전환	×××
기말	×××	유상증자(발생)	×××
	×××		×××

전환사채

자본금전환	×××	기초	×××
기말	×××	발행	×××
	×××		×××

주식할인발행차금

기초	×××	상각	×××
유상증자(발생)	×××	기말	×××
	×××		×××

감자차익

감자차손	×××	기초	×××
기말	×××	발생	×××
	×××		×××

감자차손

기초	×××	감자차익	×××
발생	×××	기말	×××
	×××		×××

1.3.1. 주식발행으로 인한 현금유입액

- 주식발행으로 인한 현금유입액을 계산하기 위해서 활용하는 T계정은 자본금, 주식발행초과금, 주식할인발행차금, 전환사채이다.

자본금			
주식소각(액면)	×××	기초	×××
		무상증자(비현금)	×××
		전환사채전환(비현금)	×××
		주식배당(비현금)	×××
기말	×××	유상증자(액면)	×××
	×××		×××

주식발행초과금			
무상증자	×××	기초	×××
		전환사채전환	×××
기말	×××	유상증자	×××
	×××		×××

전환사채			
자본금전환	×××	기초	×××
기말	×××	발행	×××
	×××		×××

주식할인발행차금			
기초	×××	상각	×××
유상증자	×××	기말	×××
	×××		×××

- 주식발행으로 인한 현금흐름은 자본금 변동금액이 아니라 주식발행초과금이나 주식할인발행차금을 반영한 주식발행 관련 현금유입 총액이다.
- 주식발행과 관련된 현금유입액은 자본금과 주식발행초과금, 주식할인발행차금의 T계정에서 회계기간 중 유상증자로 발행한 주식 관련 자본금의 액면기준 장부금액에 주식발행초과금이나 주식할인발행차금의 발생액을 가산하거나 차감한다.
- 이때 현금유출이 없는 비현금거래가 있는 경우, 즉 전환사채나 무상증자, 주식배당으로 인한 자본금 변동이 있는 경우에는 그 내용을 반영하여 제거하고 다음과 같이 계산한다.

> 유상증자로 인한 현금흐름
> = 주식발행 액면금액 + 주식발행초과금 발생액 − 주식할인발행차금 발생액
> − 비현금거래(전환사채 전환, 무상증자, 주식배당)

1.3.2. 주식소각(유상)으로 인한 현금유출액

- 주식의 소각으로 인한 현금유출액을 계산하기 위해서 활용하는 T계정은 자본금, 감자차손, 감자차익이다.

자본금			
주식소각(액면)	×××	기초	×××
		무상증자(비현금)	×××
		전환사채전환(비현금)	×××
		주식배당(비현금)	×××
기말	×××	유상증자(액면)	×××
	×××		×××

감자차익					감자차손			
감자차손	×××	기초	×××		기초	×××	감자차익	×××
기말	×××	발생	×××		발생	×××	기말	×××
	×××		×××			×××		×××

- 주식소각과 관련된 현금유출액은 자본금 T계정의 액면기준 장부금액 감소액에 당기에 발생한 감자차손은 가산하고 감자차익은 차감하여 계산한다.
- 이때 주식소각을 위한 유상감자로 인한 현금유출액은 자본금 변동금액이 아니라 감자차손과 감자차익을 반영한 현금유출총액으로 파악한다.

> 주식소각으로 인한 현금흐름
> = 주식소각 관련 당기 자본금 장부가액 감소금액(=기초 − 기말 + 비현금 + 유상증자)
> + (감자차손 − 감자차익)

예제 03

주식발행

- 다음은 A회사의 2X05년과 2X06년도 재무활동과 관련된 재무상태표와 포괄손익계산서 항목에 대한 정보 중 일부 발췌한 것이다. 2X06년에 보통주 30주를 발행하였다. 주당 액면가액은 ₩500이며, 시가는 ₩700이다. 감자는 전액 현금으로 이루어졌다.

재무상태표	2X05년	2X06년	증감
보통주자본금	50,000	60,000	10,000
주식발행초과금	25,000	31,000	6,000
감자차익	0	1,000	1,000

요구사항. T계정법에 의해 자본과 관련된 재무활동으로 인한 현금흐름을 나타내라.

해설

〈주식발행〉	현금	21,000	자본금	15,000
			주식발행초과금	6,000

자본금

유상감자	5,000	기초	50,000
기말	60,000	유상증자	15,000
	65,000		65,000

주식발행초과금

		기초	25,000
기말	31,000	유상증자	6,000
	31,000		31,000

감자차익

감자차손	0	기초	0
기말	1,000	발생	1,000
	1,000		1,000

〈주식소각〉	자본금	5,000	현금	4,000
			감자차익	1,000

1) 주식발행으로 인한 현금유입 : ₩21,000
2) 주식소각으로 인한 현금유출 : ₩4,000

- 주식발행으로 인한 현금유입액은 유상증자 관련 자본금 ₩15,000과 유상증자 관련 주식발행초과금 ₩6,000의 합계액 ₩21,000이고, 주식소각으로 인한 현금유출액은 ₩4,000이다. 따라서 재무활동으로 인한 현금흐름은 ₩17,000이며 다음과 같이 표시된다.

⟨ 현금흐름표 ⟩

영업활동으로 인한 현금흐름	
1) 당기순이익	×××
2) 조정(포괄손익계산서)	
재무활동으로 인한 현금흐름	17,000
1) 재무활동으로 인한 현금유입액	
유상증자	21,000
2) 재무활동으로 인한 현금유출액	
주식소각	(4,000)

2. 간접금융 자금조달·상환

2.1. 단기차입금과 장기차입금 조달과 상환

- 단기차입금이나 장기차입금의 조달로 인한 현금의 유입액이나 상환으로 인한 현금의 유출액을 계산하는데 필요한 재무상태표 계정과목은 단기차입금과 유동성장기차입금, 장기차입금이고, 포괄손익계산서 계정과목은 차입금 관련 상환이익과 상환손실이다.

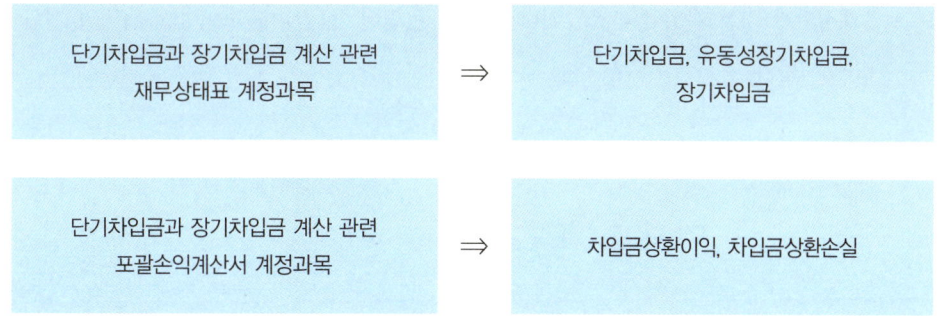

- 장기차입금은 단기차입금과 달리 유동성장기차입금과 연계해서 분석하여야 한다. 장기차입금이 1년 이내에 만기가 도래하는 경우 유동성장기차입금으로 대체되는데 이는 비현금거래로 현금흐름표 본문이 아니라 주석에서 표시하고 유동성장기차입금의 상환만 현금유출로 현금흐름표에 표시한다.
- 그러나 장기차입금도 상환계획보다 조기에 상환하는 경우에는 그 상환금액은 현금유출로 재무활동으로 표시한다.
- 단기차입금이나 장기차입금의 조달 또는 상환으로 인한 현금흐름과 관련된 계정과목의 회계처리의 예는 다음과 같다.

(1) 단기차입금 조달	(차) 현금	×××	(대) 단기차입금	×××
(2) 장기차입금 조달	현금	×××	장기차입금	×××
(3) 이자지급	이자비용	×××	현금 또는 미지급비용	×××
(4) 유동성 대체	장기차입금	×××	유동성장기차입금	×××
(5) 상환	단기차입금	×××	현금	×××
	유동성장기차입금	×××	현금	×××
(6) 장기차입금 조기상환	장기차입금	×××	현금	×××
	상환손실	×××	상환이익	×××

- T계정법에 의한 차입금의 조달이나 상환과 관련된 현금의 유출이나 유입액의 계산방법은 다음과 같다.

단기차입금				유동성장기차입금			
단기차입금상환(유출)	×××	기초	×××	유동성장기차입금상환(유출)	×××	기초	×××
기말	×××	단기차입금조달(유입)	×××	기말	×××	장기차입금에서 대체	×××
	×××		×××		×××		×××

장기차입금			
유동성장기차입금 대체	×××	기초	×××
장기차입금상환(유출)	×××	장기차입금조달(유입)	×××
기말	×××		
	×××		×××

상환이익				상환손실			
		발생	×××	발생	×××		

2.1.1. 단기 및 장기차입금의 조달로 인한 현금유입액

- 단기 및 장기차입금의 조달로 인한 현금유입액을 계산하기 위해서 활용하는 T계정은 단기차입금, 장기차입금이다.

단기차입금				장기차입금			
단기차입금상환(유출)	×××	기초	×××	유동성장기차입금 대체	×××	기초	×××
기말	×××	단기차입금조달(유입)	×××	장기차입금상환(유출)	×××	장기차입금조달(유입)	×××
	×××		×××	기말	×××		
					×××		×××

- 단기 및 장기차입금의 조달과 관련된 현금유입액은 단기차입금과 장기차입금 각각의 T계정에서 회계기간 중 발생한 금액으로 다음과 같이 계산한다.

> 단기차입금 조달로 인한 현금흐름 = 회계기간 중 단기차입금 발생액

> 장기차입금 조달로 인한 현금흐름 = 회계기간 중 장기차입금 발생액

2.1.2. 단기 및 장기차입금의 상환으로 인한 현금유출액

- 단기 및 장기차입금의 상환으로 인한 현금유출액을 계산하기 위해서 활용하는 T계정은 단기차입금과 장기차입금이다.

단기차입금				장기차입금			
단기차입금상환(유출)	×××	기초	×××	유동성장기차입금 대체	×××	기초	×××
기말	×××	단기차입금조달(유입)	×××	장기차입금상환(유출)	×××	장기차입금조달(유입)	×××
	×××		×××	기말	×××		
					×××		×××

- 단기 및 장기차입금의 상환과 관련된 현금유출액은 단기차입금과 장기차입금 각각의 T계정에서 증감금액(기초−기말)과 당기 차입금 발생금액을 반영해서 산출한다.
- 이때 장기차입금은 유동성장기차입금으로 대체한 금액이 있는 경우에는 비현금거래이므로 제거하여 다음과 같이 계산한다.

> 단기차입금 상환으로 인한 현금흐름 = 기초 차입금 − 기말 차입금 + 당기 차입금 발생액

> 장기차입금 상환으로 인한 현금흐름
> = 기초 차입금 − 기말 차입금 + 당기 차입금 발생액 − 유동성장기차입금대체금액(비현금거래)

2.1.3. 유동성장기차입금의 상환으로 인한 현금유출액

- 유동성장기차입금의 상환으로 인한 현금유출액을 계산하기 위해서 활용하는 T계정은 유동성장기차입금, 장기차입금이다.

유동성장기차입금					장기차입금			
유동성장기차입금상환(유출)	×××	기초	×××		유동성장기차입금 대체	×××	기초	×××
기말	×××	장기차입금에서 대체	×××		장기차입금상환(유출)	×××	장기차입금조달(유입)	×××
	×××		×××		기말	×××		
						×××		×××

- 유동성장기차입금의 상환과 관련된 현금유출액은 유동성장기차입금 T계정에서 증감금액(기초-기말)을 계산해서 산출한다. 이때 장기차입금에서 대체된 금액이 있는 경우에는 비현금거래이므로 가산해서 다음과 같이 계산한다.

> 유동성장기차입금 상환으로 인한 현금흐름
> = (기초 유동성장기차입금 − 기말 유동성장기차입금) + 장기차입금에서 대체

예제 04

차입금조달 및 상환 I

- 다음은 A회사의 2X05년과 2X06년도 재무활동과 관련된 재무상태표와 포괄손익계산서 항목에 대한 정보 중 일부 발췌한 것이다.

재무상태표	2X05년	2X06년	증감
단기차입금	8,200	5,280	(2,920)
유동성장기차입금	3,000	4,200	1,200
장기차입금	13,000	15,000	2,000

포괄손익계산서		2X06년	
이자비용		3,000	

- 2X06년도 이자비용은 전액 현금으로 지급하였다. 2X06년도 단기차입금의 추가 차입과 장기차입금 조기상환은 없었다. 2X06년도 장기차입금에서 유동성대체된 금액은 ₩1,500이다.

요구사항. T계정법에 의해 차입금과 관련된 재무활동으로 인한 현금흐름을 나타내라.

해설

〈유동성대체〉	장기차입금	1,500	유동성장기차입금	1,500

단기차입금

상환(유출)	2,920	기초	8,200
기말	5,280	추가차입(유입)	0
	8,200		8,200

〈단기차입금 상환〉	단기차입금	2,920	현금	2,920

유동성장기차입금

상환(유출)	300	기초	3,000
기말	4,200	장기차입금에서 대체	1,500
	4,500		4,500

| 〈유동성장기차입금 상환〉 | 유동성장기차입금 | 300 | 현금 | 300 |

장기차입금

유동성장기차입금 대체	1,500	기초 장기차입금	13,000
기말 장기차입금	15,000	차입(유입)	3,500
	16,500		16,500

| 〈장기차입금 조달〉 | 현금 | 3,500 | 장기차입금 | 3,500 |

1) 단기차입금 상환으로 인한 현금유출액 : ₩2,920
2) 유동성장기차입금 상환으로 인한 현금유출액 : ₩300
3) 장기차입금 조달로 인한 현금유입액 : ₩3,500

| 〈이자지급〉 | 이자비용 | 3,000 | 현금 | 3,000 |

- 차입금 조달로 인한 현금유입액은 ₩3,500이고 차입금 상환으로 인한 현금유출액은 ₩3,220(=2,920+300)이다. 따라서 재무활동으로 인한 현금흐름은 ₩280이며, 다음과 같이 표시한다.

〈 현금흐름표 〉

영업활동으로 인한 현금흐름	
1) 당기순이익	×××
2) 조정(포괄손익계산서)	
이자비용	3,000
재무활동으로 인한 현금흐름	280
1) 재무활동으로 인한 현금유입액	
장기차입금 조달	3,500
2) 재무활동으로 인한 현금유출액	
단기차입금 상환	(2,920)
유동성장기차입금 상환	(300)

보충설명 · **변동금리 장기차입금 관련 현금흐름**

- 장기차입금의 금리가 변동금리(확정금리+변동금리)일 때는 사채와 같이 현재가치할인차금을 추가 반영해야 한다.

```
(1) 장기차입금조달    (차) 현금                  ×××   (대) 장기차입금         ×××
                         현재가치할인차금       ×××

(2) 이자지급              이자비용(현재가치차감 상각 포함) ×××       현금 또는 미지급비용  ×××
                                                              현재가치할인차금      ×××

(3) 유동성 대체          장기차입금              ×××          유동성장기차입금     ×××
```

- 현재가치할인차금이 발생하는 경우 T계정법에 의한 차입금 조달과 상환 관련 현금의 유출이나 유입액의 계산방법은 다음과 같다.

장기차입금				현재가치할인차금			
유동성장기차입금 대체	×××	기초	×××	기초	×××	상각이자비용(비현금)	×××
기말	×××	장기차입금조달(유입)	×××	장기차입금(비현금)	×××	차입금상환(비현금)	×××
	×××		×××			기말	×××
					×××		×××

유동성장기차입금			
유동성장기차입금상환(유출)	×××	기초	×××
기말	×××	장기차입금에서 대체	×××
	×××		×××

계속 ☞

▶ 예제 : 차입금조달 및 상환 Ⅱ

- 다음은 A회사의 2X05년과 2X06년도 재무활동과 관련된 재무상태와 포괄손익계산서 항목에 대한 정보 중 일부 발췌한 것이다.

재무상태표	2X05년	2X06년	증감
유동성장기차입금	3,000	4,200	1,200
장기차입금	13,000	15,000	2,000
현재가치할인차금	(2,800)	(3,600)	(800)

포괄손익계산서		2X06년	
이자비용		3,000	

- 2X06년도 현재가치할인차금의 상각으로 인한 이자비용의 증가분은 ₩600이며 나머지 이자비용은 현금으로 지급하였다. 2X06년도 장기차입금에서 유동성대체된 금액은 ₩1,500이다.

요구사항. T계정법에 의해 차입금과 관련된 재무활동으로 인한 현금흐름을 나타내라.

해설

〈이자지급〉	이자비용	3,000	현금	2,400
			현재가치할인차금	600
〈유동성대체〉	장기차입금	1,500	유동성장기차입금	1,500

유동성장기차입금

상환(유출)	300	기초	3,000
기말	4,200	장기차입금에서 대체	1,500
	4,500		4,500

장기차입금

유동성장기차입금 대체	1,500	기초 장기차입금	13,000
기말 장기차입금	15,000	차입(유입)	2,100
		차입(현재가치할인차금)	1,400
	16,500		16,500

계속 ☞

현재가치할인차금			
기초	2,800	상각이자비용(비현금)	600
장기차입금	1,400	기말	3,600
	4,200		4,200

〈장기차입〉	현금	2,100	장기차입금	3,500
	현재가치할인차금	1,400		
〈유동성장기차입금 상환〉	유동성장기차입금	300	현금	300

1) 유동성장기차입금 상환으로 인한 현금유출액 : ₩300
2) 장기차입금 조달로 인한 현금유입액 : ₩2,100

- 차입금 조달로 인한 현금유입액은 ₩2,100이고, 차입금 상환으로 인한 현금유출액은 ₩300이다. 따라서 재무활동으로 인한 현금흐름은 ₩1,800이며 다음과 같이 표시한다.

〈 현금흐름표 〉

영업활동으로 인한 현금흐름	
1) 당기순이익	×××
2) 조정(포괄손익계산서)	
이자비용	3,000
재무활동으로 인한 현금흐름	1,800
1) 재무활동으로 인한 현금유입액	
장기차입금 조달	2,100
2) 재무활동으로 인한 현금유출액	
유동성장기차입금 상환	(300)

3. 기타현금흐름

3.1. 배당금지급

- 배당금지급과 관련된 현금의 유출액을 계산하는데 필요한 재무상태표 계정과목은 미지급배당금이다.

- 배당금지급은 현금유출이 있는 현금배당과 현금유출이 없는 주식배당으로 구분한다.
- 배당금지급으로 인한 현금흐름과 관련된 회계처리의 예는 다음과 같다.

```
(1) 주식배당          (차) 미처분잉여금      ×××   (대) 자본금           ×××
(2) 현금배당
    1) 이익잉여금 처분     미처분이익잉여금    ×××        미지급배당금      ×××
    2) 배당금지급          미지급배당금       ×××        현금              ×××
```

- T계정법에 의한 배당금지급 관련 현금의 유출액 계산방법은 다음과 같다.

미지급배당금			
배당금지급(현금)	×××	기초	×××
기말	×××	미처분이익잉여금 처분	×××
	×××		×××

3.1.1. 배당금지급으로 인한 현금유출액

- 배당금지급으로 인한 현금유출액을 계산하기 위해서 활용하는 T계정은 미지급배당금이다.

미지급배당금			
배당금지급(현금)	×××	기초	×××
기말	×××	미처분이익잉여금 처분	×××
	×××		×××

- 배당금지급과 관련된 현금유출액은 미지급배당금 T계정에서 증감금액(기말-기초)과 당기 배당금지급 결정금액을 반영해서 결정한다.

> 배당금지급으로 인한 현금흐름
> = 기초 미지급배당금 − 기말 미지급배당금 + 배당금결정으로 인한 이익잉여금 감소

예제 05

배당금지급

- 다음은 A회사의 2X05년과 2X06년도 재무활동과 관련된 재무상태표 및 이익잉여금처분계산서 항목에 대한 정보 중 일부 발췌한 것이다.

재무상태표	2X05년	2X06년	증감
미지급배당금	8,200	4,300	(3,900)

이익잉여금처분계산서		2X06년	
현금배당		4,200	

요구사항. T계정법에 의한 배당금지급과 관련된 재무활동으로 인한 현금흐름을 나타내라.

해설

〈배당결정〉	미처분이익잉여금	4,200	미지급배당금	4,200

미지급배당금

지급(유출)	8,100	기초	8,200
기말	4,300	이익잉여금처분	4,200
	12,400		12,400

〈배당금지급〉	미지급배당금	8,100	현금	8,100

1) 배당금지급으로 인한 현금유출액 : ₩8,100

- 배당금지급으로 인한 현금유출액은 ₩8,100이며 다음과 같이 표시한다.

< 현금흐름표 >

영업활동으로 인한 현금흐름	
1) 당기순이익	×××
2) 조정(포괄손익계산서)	
재무활동으로 인한 현금흐름	(8,100)
1) 재무활동으로 인한 현금유입액	
2) 재무활동으로 인한 현금유출액	
배당금지급	(8,100)

3.2. 주식기준보상

- 주식기준보상으로 인한 현금유입액이나 현금유출액을 계산하는데 필요한 관련된 재무상태표 계정과목은 주식선택권, 자본금, 주식발행초과금 및 장기미지급비용이고 포괄손익계산서 계정과목은 주식보상비용이다.

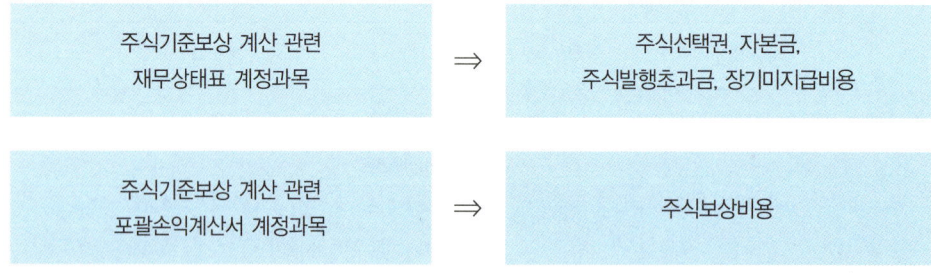

- 주식기준보상(Share-Based Payment)이란 재화나 용역을 제공받는 대가로써 주식 또는 주식선택권을 부여하거나 현금지급을 부담하는 거래를 뜻하며 주식결제형 주식기준보상거래와 현금결제형 주식기준보상거래로 구분한다.

> (1) 주식결제형 주식기준보상거래 : 기업의 지분상품(주식 또는 주식선택권 등)을 부여
>
> (2) 현금결제형 주식기준보상거래 : 기업의 주식이나 다른 지분상품의 가격에 기초한 금액만큼의 부채를 부담
>
>   1) 현금결제형 주식기준보상거래란 회사의 지분상품 가격에 기초하여 확정되는 금액을 부채로 부담하면서 재화나 용역을 획득하는 거래이다.
>   2) 현금결제형 주식기준보상거래의 대표적인 예는 주가차액보상권(SAR, Stock Appreciation Rights)으로 부여일로부터 행사일까지 주가상승 차익만큼의 현금을 회사로부터 받는다.

- 주식결제형 주식기준보상거래로 인한 현금흐름과 관련된 계정과목의 회계기간 중 발생한 회계처리의 예는 다음과 같다.

> | (1) 보상원가의 인식 | (차) 주식보상비용 | ××× | (대) 주식선택권 | ××× |
> | (2) 권리행사일 | 현금 | ××× | 자본금 | ××× |
> | | 주식선택권 | ××× | 주식발행초과금 | ××× |

- 현금결제형 주식기준보상거래로 인한 현금흐름과 관련된 계정과목의 회계기간 중 발생한 회계처리의 예는 다음과 같다.

> | (1) 보상원가의 인식 | (차) 주식보상비용 | ××× | (대) 장기미지급비용 | ××× |
> | (2) 권리행사일 | 장기미지급비용 | ××× | 현금 | ××× |
> | | | | 주식보상비용 | ××× |

- 이때 발생하는 주식보상비용은 현금유출없는 비현금비용으로 당기순이익에 가산하여 영업활동으로 인한 현금흐름에서 조정한다.

- T계정법에 의한 주식기준보상 관련 현금의 유출이나 유입액의 계산방법은 다음과 같다.

주식선택권				장기미지급비용			
자본금	×××	기초잔액	×××	현금	×××	기초잔액	×××
주식발행초과금	×××	주식보상비용	×××	기말잔액	×××	주식보상비용	×××
기말잔액	×××	현금	×××		×××		×××
	×××		×××				

자본금				주식발행초과금			
		기초	×××			기초	×××
기말	×××	발생	×××	기말	×××	발생	×××
	×××		×××		×××		×××

주식보상비용			
발생	×××		

3.2.1. 주식결제형 주식기준보상거래로 인한 현금유입액

- 주식결제형 주식기준보상거래로 인한 현금유입액을 계산하기 위해서 활용하는 T계정은 주식선택권, 자본금, 주식발행초과금, 주식보상비용이다.

주식선택권				자본금			
자본금	×××	기초잔액	×××			기초	×××
주식발행초과금	×××	주식보상비용	×××	기말	×××	발생	×××
기말잔액	×××	현금	×××		×××		×××
	×××		×××				

주식발행초과금				주식보상비용			
		기초	×××	발생	×××		
기말	×××	발생	×××				
	×××		×××				

- 주식결제형 주식기준보상거래와 관련된 현금유입액은 주식매입선택권계정에서 기초잔액과 기말잔액을 표시하고, 당기 발생한 주식보상비용을 대변에 표시하여 권리행사에 따른 자본금 및 주식발행초과금을 차변에 반영하면 차액이 당기의 현금유입액이다.

> 주식기준보상으로 인한 현금흐름
> = (기말 주식선택권 − 기초 주식선택권) + 주식선택권행사 관련 자본금 및 주식발행초과금 발생액
>   − 당기 발생 주식보상비용

예제 06

주식결제형 주식기준보상거래 관련 현금유입

- A회사는 2X03년 1월 1일에 종업원 300명에게 각각 주식선택권을 50개를 부여하고 3년의 용역제공조건을 부여하였다. 부여일 현재 주식선택권의 공정가치는 단위당 ₩100으로 추정되었다. 종업원 중 10%가 부여일로부터 3년 이내에 퇴사할 것으로 추정하였다.

요구사항. 실제결과가 추정과 일치한다고 가정한다. A회사의 종업원이 2X05년 말에 가득된 주식선택권을 2X06년 1월 1일에 모두 행사할 경우 주식기준보상거래와 관련된 재무활동으로 인한 현금흐름을 나타내라. 단, A회사의 주당 액면가액과 주식선택권의 행사가격은 ₩500과 ₩550이다.

해설

⟨2X03년⟩	주식보상비용[주1]	450,000	주식선택권	450,000
⟨2X04년⟩	주식보상비용	450,000	주식선택권	450,000
⟨2X05년⟩	주식보상비용	450,000	주식선택권	450,000
⟨2X06년⟩	현금[주2]	7,425,000	자본금[주3]	6,750,000
	주식선택권	1,350,000	주식발행초과금	2,025,000

주1) 주식보상비용=300명×50개×90%×₩100/3년=₩450,000
주2) 행사금액=300명×50개×90%×₩550=₩7,425,000
주3) 자본금=300명×50개×90%×₩500=₩6,750,000

- 2X06년 T계정을 이용하여 계산하면 주식결제형 주식기준보상거래와 관련된 현금유입액은 다음과 같다.

주식선택권

자본금	6,750,000	기초잔액	1,350,000
주식발행초과금	2,025,000	주식보상비용	0
기말잔액	0	현금	7,425,000
	8,775,000		8,775,000

- 2X06년 주식결제형 주식기준보상거래로 인한 현금유입액은 ₩7,425,000이며, 다음과 같이 표시한다.

〈 현금흐름표 〉

영업활동으로 인한 현금흐름	
1) 당기순이익	×××
2) 조정(포괄손익계산서)	
주식보상비용	0
재무활동으로 인한 현금흐름	7,425,000
1) 재무활동으로 인한 현금유입액	
주식기준보상 행사	7,425,000
2) 재무활동으로 인한 현금유출액	

3.2.2. 현금결제형 주식기준보상거래로부터의 현금유출액

- 현금결제형 주식기준보상거래로 인한 현금유출액을 계산하기 위해서 활용하는 T계정은 장기미지급비용, 주식보상비용이다.

장기미지급비용				주식보상비용	
현금	××	기초	×××	발생	×××
기말	×××	주식보상비용	×××		
	×××		×××		

- 현금결제형 주식기준보상거래와 관련된 현금유출액은 T계정에서 현금결제형 주식기준보상 관련 장기미지급비용의 기초잔액과 기말잔액을 표시하고 당기 발생한 주식보상비용을 반영하면 차액이 당기에 지급한 현금의 유출액이다.

> 주식기준보상으로 인한 현금흐름
> = (기초 장기미지급비용 − 기말 장기미지급비용) + 당기 발생 주식보상비용

예제 07

현금결제형 주식기준보상거래 관련 현금유출

- A회사는 2X04년 1월 1일에 종업원 300명에게 각각 현금결제형 주가차액보상권(SAR) 50개를 부여하고 3년의 용역제공조건을 부여하였다.
- 2X04년 3명이 퇴사하였으며 2X05년 및 2X06년 2년 동안 추가로 6명이 퇴사할 것으로 추정하였다.
- 2X05년 실제 2명이 퇴사하였으며 2X06년 추가로 1명이 퇴사할 것으로 추정하였다.
- 2X06년 실제 3명이 퇴사하였다.
- 2X06년 12월 31일 50명이 SAR을 행사하였고, 2X07년 70명이 행사하였으며, 나머지 172명은 2X08년 12월 31일에 행사하였다.
- A회사가 매년 말에 측정한 SAR의 공정가치와 2X06년부터 2X08년까지 행사한 SAR의 내재가치(현금지급액)는 다음과 같다.

회계연도	공정가치	내재가치
2X04	₩124	–
2X05	₩135	–
2X06	₩162	₩130
2X07	₩194	₩180
2X08	₩230	₩230

요구사항.
1. A회사가 매년 말 인식할 주식보상비용을 계산하라.
2. A회사가 매년 말 해야 할 회계처리를 나타내라.

해설

⟨방법1⟩

⟨당기 주식보상비용⟩

2X04년	(300명 − 3명 − 6명) × 50개 × ₩124 × 1/3 = ₩601,400
2X05년	(300명 − 3명 − 2명 − 1명) × 50개 × ₩135 × 2/3 − ₩601,400 = ₩721,600
2X06년	292명 × 50개 × ₩162 × 3/3 − (₩601,400 + ₩721,600) = ₩1,042,200
권리행사분	50명 × 50개 × (₩130 − 162) = −₩80,000
2X07년	(292명 − 50명) × 50개 × (₩194 − ₩162) = ₩387,200
권리행사분	70명 × 50개 × (₩180 − ₩194) = −₩49,000
2X08년	(292명 − 50명 − 70명) × 50개 × (₩230 − ₩194) = ₩309,600
권리행사분	172명 × 50개 × (₩230 − ₩230) = ₩0

⟨회계처리⟩

2X04년	주식보상비용	601,400	장기미지급비용	601,400
2X05년	주식보상비용	721,600	장기미지급비용	721,600
2X06년	주식보상비용	1,042,200	장기미지급비용	1,042,200
	장기미지급비용	405,000	현금	325,000
			주식보상비용	80,000
2X07년	주식보상비용	387,200	장기미지급비용	387,200
	장기미지급비용	679,000	현금	630,000
			주식보상비용	49,000
2X08년	주식보상비용	309,600	장기미지급비용	309,600
	장기미지급비용	1,978,000	현금	1,978,000

⟨방법2⟩

회계연도	부채장부금액 (미가득 / 미행사SAR)	현금지급액 (행사된 SAR)	당기 보상원가(₩)
2X04	(300명−9명)×50개×₩124×1/3 =₩601,400	−	₩601,400
2X05	(300명−6명)×50개×₩135×2/3 =₩1,323,000	−	1,323,000−601,400=₩721,600
2X06	(300명−8명−50명)×50개×₩162 =₩1,960,200	50명×50개×₩130 =₩325,000	1,960,200−1,323,000+325,000 =₩962,200
2X07	(242명−70명)×50개×₩194 =₩1,668,400	70명×50개×₩180 =₩630,000	1,668,400−1,960,200+630,000 =₩338,200
2X08	₩0	172명×50개×₩230 =₩1,978,000	0−1,668,400+1,978,000 =₩309,600
합계		₩2,933,000	₩2,933,000

⟨회계처리⟩

2X04년	주식보상비용	601,400	장기미지급비용	601,400
2X05년	주식보상비용	721,600	장기미지급비용	721,600
2X06년	주식보상비용	637,200	장기미지급비용	637,200
	주식보상비용	325,000	현금	325,000
2X07년	장기미지급비용	291,800	현금	630,000
	주식보상비용	338,200		
2X08년	장기미지급비용	1,668,400	현금	1,978,000
	주식보상비용	309,600		

- 2X06년 T계정을 이용하여 계산하면 현금결제형 주식기준보상거래와 관련된 현금유출액은 다음과 같다.

장기미지급비용

현금	325,000	기초잔액	1,323,000
기말잔액	1,960,200	주식보상비용	962,200
	2,285,200		2,285,200

- 2X06년 현금결제형 주식기준보상거래로 인한 현금유출액은 ₩325,000이며 다음과 같이 표시한다.

〈 현금흐름표 〉

영업활동으로 인한 현금흐름	
1) 당기순이익	×××
2) 조정(포괄손익계산서)	
주식보상비용	962,200
재무활동으로 인한 현금흐름	(325,000)
1) 재무활동으로 인한 현금유입액	
2) 재무활동으로 인한 현금유출액	
주식기준보상 지급	(325,000)

3.3. 지배력을 상실하지 않는 종속기업투자주식 취득과 처분

- 지배력을 상실하지 않는 종속기업투자주식의 취득과 처분으로 인한 현금의 유출액이나 유입액을 계산하는데 필요한 재무상태표 계정과목은 종속기업투자주식, 종속기업투자주식 관련 미지급금 및 미수금이고 포괄손익계산서 계정과목은 손상차손, 손상차손환입, 처분손실, 처분이익 등이다.

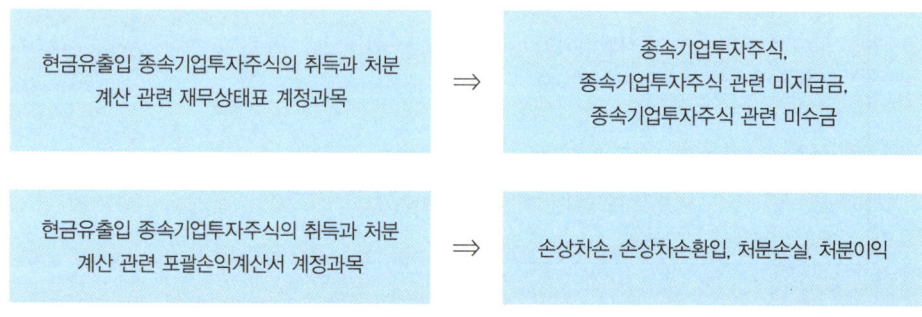

- 종속기업투자주식이 공정가치로 측정되지 않고 지배력을 상실하지 않는 '종속기업투자주식의 취득과 처분'은 자본거래로 회계처리하고 현금흐름표에서 재무활동으로 표시한다. 자본거래로 회계처리한다는 것은 소유주와의 거래로 보며 이러한 변동에서 발생하는 손익은 당기손익으로 인식하지 않는다.

- 종속기업투자주식 취득 또는 처분과 관련된 회계처리는 원가법의 경우 다음과 같다.

(1) 취득 시	(차) 종속기업투자주식	×××	(대) 현금 또는 미지급금	×××
(2) 손상차손	손상차손	×××	종속기업투자주식	×××
(3) 손상차손환입	종속기업투자주식	×××	손상차손환입	×××
(4) 처분 시	현금 또는 미수금	×××	종속기업투자주식	×××
	종속기업투자주식처분손실	×××	종속기업투자주식처분이익	×××

- T계정법에 의한 종속기업투자주식 관련 현금의 유출이나 유입액 계산방법은 다음과 같다.

종속기업투자주식			
기초	×××	처분주식 장부가액	×××
손상차손환입(NI)	×××	손상차손(NI)	×××
취득(현금)	×××		
취득(비현금)	×××	기말	×××
	×××		×××

종속기업투자주식처분이익			종속기업투자주식처분손실		
	발생	×××	발생	×××	

손상차손			손상차손환입		
발생	×××			발생	×××

미수금				미지급금			
기초	×××	현금회수	×××	현금지급	×××	기초	×××
발생	×××	기말	×××	기말	×××	발생	×××
	×××		×××		×××		×××

3.3.1. 종속기업투자주식 처분으로 인한 현금유입액

- 종속기업투자주식 처분으로 인한 현금유입액을 계산하기 위해서 활용하는 T계정은 종속기업투자주식, 처분이익 또는 처분손실, 미수금이다.

종속기업투자주식			
기초	×××	처분주식 장부가액	×××
손상차손환입(NI)	×××	손상차손(NI)	×××
취득(현금)	×××		
취득(비현금)	×××	기말	×××
	×××		×××

종속기업투자주식처분이익			종속기업투자주식처분손실	
	발생	×××	발생	×××

미수금			
기초	×××	현금회수	×××
발생	×××	기말	×××
	×××		×××

- 종속기업투자주식의 처분과 관련된 현금유입액은 종속기업투자주식 T계정에서 처분대상 종속기업투자주식의 장부가액에 처분이익을 가산하고 처분손실을 차감하여 계산한다.
- 이때 비현금거래가 있는 경우, 종속기업투자주식 처분과 관련된 미수금의 발생금액을 반영하여 다음과 같이 계산한다.

> 종속기업투자주식 처분으로 인한 현금흐름
> = 처분대상 종속기업투자주식(장부가액) + (처분이익 − 처분손실)
> − 종속기업투자주식 처분 관련 미수금 발생액(비현금거래)

3.3.2. 종속기업투자주식 취득으로 인한 현금유출액

- 종속기업투자주식의 취득으로 인한 현금유출액을 계산하기 위해서 활용하는 T계정은 종속기업투자, 손상차손 또는 손상차손환입, 미지급금이다.

종속기업투자주식			
기초	×××	처분주식 장부가액	×××
손상차손환입(NI)	×××	손상차손(NI)	×××
취득(현금)	**×××**		
취득(비현금)	×××	기말	×××
	×××		×××

손상차손				손상차손환입	
발생	×××			발생	×××

미지급금			
현금지급	×××	기초	×××
기말	×××	발생	×××
	×××		×××

- 종속기업투자주식의 취득과 관련된 현금유출액은 종속기업투자주식 T계정에서 종속기업투자주식의 증가금액(기말-기초)에 당기 회계기간 중에 처분한 종속기업투자주식의 장부가액을 조정하고 손상차손이나 손상차손환입이 있는 경우 추가반영하여 계산한다.
- 이때 비현금거래가 있는 경우, 종속기업투자주식 취득과 관련된 미지급금의 발생금액을 반영하여 다음과 같이 계산한다.

> 종속기업투자주식 취득으로 인한 현금흐름
> = (기말 투자주식 − 기초 투자주식) + 처분 관련 종속기업투자주식의 장부가액
>   + (손상차손 − 손상차손환입) − 종속기업투자주식 취득 관련 미지급금 발생액(비현금거래)

예제 08

종속기업투자주식 취득과 처분

- 다음은 A회사의 2X05년과 2X06년도 재무활동과 관련된 재무상태표와 포괄손익계산서 항목에 대한 정보 중 일부 발췌한 것이다. 2X06년도 A회사의 종속기업투자주식 처분은 지배력 상실과 관련 없고 종속기업투자주식의 취득은 없었다.

재무상태표	2X05년	2X06년	증감
종속기업투자주식	760,000	710,000	(50,000)

포괄손익계산서	2X06년
손상차손	20,000
종속기업투자주식처분이익	10,000

요구사항. T계정법에 의해 종속기업투자주식의 취득 및 처분과 관련된 재무활동으로 인한 현금흐름을 나타내라.

해설

〈손상차손〉	손상차손	20,000	종속기업투자주식	20,000

종속기업투자주식

기초	760,000	처분자산원가	30,000
		손상차손	20,000
취득	0	기말	710,000
	760,000		760,000

〈처분〉	현금	40,000	종속기업투자주식	30,000
			종속기업투자주식처분이익	10,000

1) 종속기업투자주식 처분으로 인한 현금유입 : ₩40,000
2) 종속기업투자주식 취득으로 인한 현금유출 : ₩0

- 종속기업투자주식 처분으로 인한 현금흐름은 ₩40,000이며, 종속기업투자주식 취득으로 인한 현금흐름은 ₩0이다. 따라서 재무활동으로 인한 현금흐름은 ₩40,000이며, 다음과 같이 표시한다.

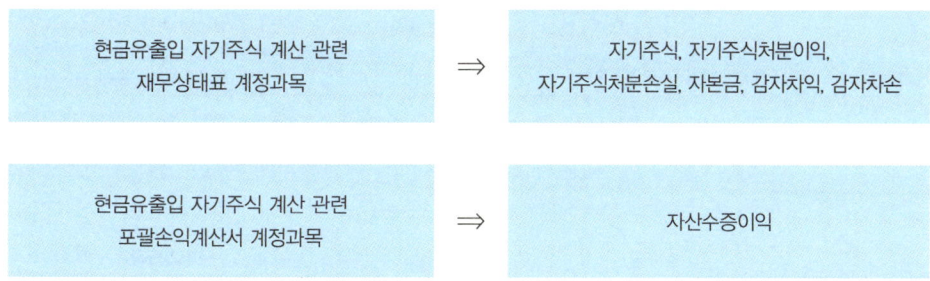

3.4. 자기주식 취득과 처분

- 자기주식의 취득과 처분으로 인한 현금유출액이나 유입액을 계산하는데 필요한 재무상태표 계정과목은 자기주식, 자기주식처분이익, 자기주식처분손실, 자본금, 감자차익, 감자차손, 자기주식 관련 미지급금 및 미수금이고 포괄손익계산서 계정과목은 자산수증이익이다.

현금유출입 자기주식 계산 관련 재무상태표 계정과목	⇒	자기주식, 자기주식처분이익, 자기주식처분손실, 자본금, 감자차익, 감자차손
현금유출입 자기주식 계산 관련 포괄손익계산서 계정과목	⇒	자산수증이익

- 자기주식은 자기회사의 주식을 매입 혹은 증여에 의해 취득하여 소각하지 않고 보유하고 있는 주식으로 자기주식을 취득하는 경우에는 현금유출이 발생하고 처분하는 경우에는 현금유입이 발생한다.
- 자기주식의 평가방법에는 원가법과 액면금액법이 있으나 자기주식의 회계처리방법을 기업회계기준서에서는 구체적으로 규정하지 않고 있다. 일반적으로 상법에 따라 원가법으로 하고 있으나 자기주식 소각 시와 재발행 시 차이를 보이게 된다.

- 자기주식으로부터의 현금흐름과 관련된 계정과목의 회계기간 중 발생한 회계처리의 예는 다음과 같다. 자기주식과 관련된 선급금지급이나 선수금수취는 없다고 가정한다.

(1) 취득	(차) 자기주식	×××	(대) 현금 또는 미지급금	×××
(2) 처분	현금 또는 미수금	×××	자기주식	×××
	자기주식처분손실	×××	자기주식처분이익	×××
(3) 소각	자본금	×××	자기주식	×××
	감자차손	×××	감자차익	×××

- T계정법을 사용한 자기주식의 취득 및 처분 관련 현금의 유출이나 유입액의 계산방법은 다음과 같다.

자기주식			
기초	×××	처분주식 장부가액	×××
취득(현금)	×××	자본금(소각)	×××
취득(비현금)	×××	기말	×××
	×××		×××

자기주식처분이익				자기주식처분손실			
		발생	×××	발생	×××		

미수금				미지급금			
기초	×××	현금회수	×××	현금지급	×××	기초	×××
발생	×××	기말	×××	기말	×××	발생	×××
	×××		×××		×××		×××

감자차익				감자차손			
		발생	×××	발생	×××		

3.4.1. 자기주식 처분으로 인한 현금유입액

- 자기주식의 처분으로 인한 현금유입액을 계산하기 위해서 활용하는 T계정은 자기주식, 처분손실 또는 처분이익, 미수금이다.

자기주식			
기초	×××	처분주식 장부가액	×××
취득(현금)	×××	자본금(소각)	×××
취득(비현금)	×××	기말	×××
	×××		×××

자기주식처분이익			
자기주식처분손실	×××	기초	×××
기말	×××	발생	×××
	×××		×××

자기주식처분손실			
발생	×××	처분이익대체액	×××
	×××		×××

미수금			
기초	×××	현금회수	×××
발생	×××	기말	×××
	×××		×××

- 자기주식의 처분과 관련된 현금유입액은 자기주식 T계정에서 처분대상 자기주식의 장부가액에서 처분이익을 가산하고 처분손실을 차감하여 계산한다.
- 이때 비현금거래가 있는 경우, 즉 자기주식 처분과 관련된 미수금의 발생금액을 추가반영하여 제거하고 다음과 같이 계산한다.

> 자기주식 처분으로 인한 현금흐름
> = 처분대상 자기주식(장부가액) + (처분이익 − 처분손실) − 자기주식 처분 관련 미수금 발생액(비현금거래)

3.4.2. 자기주식 취득으로 인한 현금유출액

- 자기주식의 취득으로 인한 현금유출액을 계산하기 위해서 활용하는 T계정은 자기주식, 감자차익, 감자차손, 미지급금이다.

자기주식			
기초	×××	처분주식 장부가액	×××
취득(현금)	×××	자본금(소각)	×××
취득(비현금)	×××	기말	×××
	×××		×××

감자차익	
	발생 ×××

감자차손	
발생 ×××	

미지급금			
현금지급	×××	기초	×××
기말	×××	발생	×××
	×××		×××

- 자기주식의 취득과 관련된 현금유출액은 자기주식 T계정에서 자기주식의 증가금액(기말-기초)에 당기 회계기간 중에 처분하거나 소각한 자기주식의 장부가액을 조정하여 계산한다.
- 이때 비현금거래가 있는 경우, 즉 자기주식 취득과 관련된 미지급금의 발생금액을 추가반영하여 제거하고 다음과 같이 계산한다.

> 자기주식 취득으로 인한 현금흐름
> = (기말 자기주식 − 기초 자기주식) + (처분 관련 자기주식의 장부가액
>   + 소각 관련 자기주식의 장부가액) − 자기주식 취득 관련 미지급금 변동액

예제 09

자기주식 취득과 처분

- 다음은 A회사의 2X05년과 2X06년도 재무활동과 관련된 재무상태표와 포괄손익계산서 항목에 대한 정보 중 일부 발췌한 것이다. 주당 액면가액은 ₩5,000이며 2X06년도에 다음과 같은 거래가 있었다.
  - 주당 ₩7,000에 취득한 자기주식 30주를 취득하였다.
  - 주당 ₩7,000에 취득한 자기주식 10주를 소각하였다.

재무상태표	2X05년	2X06년	증감
자본금	1,000,000	950,000	(50,000)
자기주식	–	75,000	75,000
자기주식처분손실	–	5,000	5,000
감자차손	–	20,000	20,000

요구사항. T계정에 의해 자기주식의 취득 및 처분과 관련된 재무활동으로 인한 현금흐름을 나타내라.

해설

〈취득〉	자기주식	210,000	현금	210,000
〈소각〉	자본금	50,000	자기주식	70,000
	감자차손	20,000		

자기주식

기초	0	처분주식 장부가액	65,000
취득	210,000	자본금(소각)	70,000
		기말	75,000
	210,000		210,000

〈처분〉	현금	60,000	자기주식	65,000
	자기주식처분손실	5,000		

1) 자기주식 처분으로 인한 현금유입 : ₩60,000(=₩65,000-₩5,000)
2) 자기주식 취득으로 인한 현금유출 : ₩210,000

- 자기주식 처분으로 인한 현금흐름은 ₩60,000이며, 자기주식 취득으로 인한 현금흐름은 ₩210,000이다. 따라서 재무활동으로 인한 현금흐름은 (₩150,000)이며, 다음과 같이 표시한다.

〈 현금흐름표 〉

영업활동으로 인한 현금흐름	
1) 당기순이익	×××
2) 조정(포괄손익계산서)	
재무활동으로 인한 현금흐름	(150,000)
1) 재무활동으로 인한 현금유입액	
자기주식 처분	60,000
2) 재무활동으로 인한 현금유출액	
자기주식 취득	(210,000)

현금흐름표가 의사결정 재무정보 1순위이다.
성공한 투자자는 현금흐름표를 보고 투자한다.

4. 재무활동으로 인한 현금흐름

- 7장에서 설명한 재무활동으로 인한 현금흐름은 다음과 같이 작성표시된다.

〈 현금흐름표 〉

1) 재무활동으로 인한 현금유입액		7,575,100
유상증자	26,600	
전환사채 발행	20,000	
장기차입금 조달	3,500	
주식기준보상 행사	7,425,000	
종속기업투자주식 처분	40,000	
자기주식 처분	60,000	
2) 재무활동으로 인한 현금유출액		(553,480)
주식소각	(4,000)	
사채상환	(3,160)	
단기차입금 상환	(2,920)	
유동성장기차입금 상환	(300)	
배당금 지급	(8,100)	
주식기준보상 보상	(325,000)	
자기주식 취득	(210,000)	
		7,021,620

> **사례** **'사상최대 흑자' 애경산업, 현금 바닥난 이유는**
>
> - 애경산업이 지난해 사상 최대흑자를 기록하고도 보유현금이 바닥을 드러내 배경에 관심이 쏠린다. 사업 다각화와 원가절감 노력으로 대규모 순이익을 실현했지만, 차입금 상환과 배당금지급을 위해 대규모 현금을 지출하면서 유동성은 오히려 빠듯해졌다.
>
> - 애경산업의 2X15년 감사보고서에 따르면 보유한 현금성자산의 규모는 39억 원에 불과한 것으로 나타났다. 보유 현금은 작년 초 19억 원에서 20억 원가량 늘어나는데 그쳤다. 현금성자산 외 당장 꺼내 쓸 수 있는 금융자산도 없다.
>
> - 애경산업은 지난해 순익이 160억 원으로 설립 이래 사상 최대 흑자를 냈다. 매출액과 영업이익은 각 4594억 원, 272억 원을 기록. 전년대비 12.9%, 247.6% 증가했다.
>
> - 외형 증대와 맞물려 순익이 불어나면서 영업활동으로 인한 현금흐름도 대폭 개선됐다. 지난해 영업활동을 통해 유입된 현금은 401억 원으로 전년대비 370억 가량 증가했다. 순익이 160억 원에 달하고, 매출채권과 미수금 등 운전자본 부담이 해소되면서 영업활동에서는 양호한 현금흐름 지표를 보였다. 그러나 영업활동을 통해 유입된 현금 대부분은 차입금 상환에 투입됐다. 지난해 유동성장기부채 등을 포함한 장단기차입금은 295억 원으로 전년에 비해 약 357억 원 감소했다. 영업에서 벌어들인 현금의 대부분을 재무구조 개선에 투입하고 있는 것으로 해석된다. 배당금 지급도 현금성자산의 감소에 영향을 미쳤다. 애경산업은 지난해 순익의 20%인 32억 원을 주주들에게 배당금으로 지급했다.
>
> (※출처: 더벨)

사례 전자업종 3대기업 영업활동에서 현금 52조원 확보

- 국내 매출 상위 전자업체들이 지난해 영업활동을 통해 현금및현금성 자산을 52조원 가량 확보한 것으로 나타났다. 이 가운데 36조원 이상은 투자에 활용됐다.

| 2015년 전자업종 실적 및 현금흐름 |

구분	삼성전자	LG전자	하이닉스	합계	전년대비(%)
매출	200조6534억원	56조5090억원	18조7979억원	275조9604억원	-2.27
영업이익	26조4134억원	1조1922억원	5조3361억원	32조9418억원	3.06
영업활동CF	40조617억원	2조6187억원	9조3195억원	52조	15.89
투자활동CF	(27조1677억원)	(1조9332억원)	(7조1255억원)	(36조2265억원)	-12.27
재무활동CF	(6조5735억원)	(1889억원)	(1조4622억원)	(8조2246억원)	177.442

- 지난해 전자업종 3대 상장사는 영업활동을 통해 2X14년보다 더 많은 현금을 확보했다. 3개 전자업체의 지난해 영업활동으로 인한 현금흐름은 총 52조원을 기록했다. 2X14년 44조 8712억원보다 15.9% 증가했다.

- 영업활동으로 인한 현금흐름은 실제 현금의 유입, 지출 동향을 의미한다. 영업이익과 달리 감가상각비 등은 제외하지 않는다. 지난해 영업활동으로 인한 현금흐름이 가장 좋았던 곳은 삼성전자로 40조 618억원을 기록했다. LG전자, SK하이닉스도 전년대비 각각 5896억원, 3조 4528억원 늘었다.

- 전자업종 3대 기업의 투자활동을 통한 현금흐름은 지난해 -36조 2265억원으로 2X14년 -41조 2909억원보다 12.3% 가량 줄었다. 투자활동으로 인한 현금흐름은 시설투자나 기업인수합병 등을 통해 현금이 외부로 빠져나간 것을 의미한다. 마이너스는 투자 집행을, 플러스는 자산매각을 의미한다. 삼성전자와 LG전자가 투자활동을 줄인 가운데 SK하이닉스만 1조 377억원 늘었다.

- 지난해 재무활동을 통한 현금흐름은 -8조 2247억원으로 전년 -2조 9645억원과 큰 차이를 보였다. 재무활동으로 인한 현금흐름 마이너스는 부채를 갚아서 현금이 외부로 나갔다는 의미이며, 플러스는 차입이나, 증자 등으로 외부로부터 자금을 조달해 유입됐다는 뜻이다. 2X14년 LG전자는 6430억원, SK하이닉스는 2834억원을 빌려왔으나 지난해 각각 1조 8891억원, 1조 4623원 어치 부채를 갚았다. 삼성전자는 2X14년 3조 571억원에 이어 2X15년에도 6조 5735억원을 들여 재무구조 개선에 신경 쓰고 있다.

(※출처: 시사저널)

사례 **현금흐름표 착시효과 주의해야**

- 영업활동으로 들어오는 현금 규모가 당기순이익보다 지속적으로 작다면 그 이유가 뭔지 따져봐야 한다. 실제 영업활동으로 현금이 들어오더라도 감가상각비 등 현금지출이 발생하지 않는 비용 때문에 당기순이익이 영업활동으로 인한 현금흐름보다 작은게 일반적이기 때문이다. 영업활동으로 인한 현금흐름이 지속적으로 당기순이익보다 작은 것은 대부분 채권 회수가 제대로 안 되는 경우가 많다.
  실제로 D사의 경우 지난 2X10년부터 2X14년까지 매해 영업흑자를 기록했지만 영업활동으로 인한 현금흐름은 2X11년(23억원)을 제외하면 매해 (−)를 기록했다. 장부상 흑자임에도 실제 현금은 계속 외부로 빠져나갔다는 의미다.

- 겉으로 드러난 현금흐름숫자에 위험한 경우가 많다. 현금흐름은 특정 회계기간이 아니라 다년간의 합계가 중요하다. 매년의 영업이익과 영업활동으로 인한 현금흐름은 서로 다를 수 있다. 그러나 5년 이상의 장기간을 합계하면 서로 일치하는 것이 정상이기 때문이다.

- 영업활동으로 인한 현금흐름과 반대로 투자활동으로 인한 현금흐름과 재무활동으로 인한 현금흐름의 경우 오히려 순유입이 발생하는 것이 좋지 않은 징조다. 투자가 활발하다면 현금이 빠져나가는 게 정상인데 투자활동으로 인한 현금흐름이 플러스라면 그동안 투자했던 시설을 매각해 현금 마련에 나서고 있다는 얘기가 되기 때문이다.

- 재무활동으로 인한 현금흐름은 영업활동 및 투자활동으로 인해 발생한 잉여 현금이 어떻게 주주와 채권자들에게 배분되는지를 의미한다. 재무활동으로 인한 현금흐름이 플러스라는 것은 투자자들에게 현금을 돌려주지 못하고 오히려 외부에서 현금을 차입하고 있음을 나타낸다.

(※출처: 매일경제)

사례　매출·영업이익만 보면 '하수'…현금흐름표가 핵심지표

| 주가에 영향을 주는 재무재표 다섯가지 |

항목	내용
영업활동으로 인한 현금흐름	기업이 제품판매를 비롯한 영업활동으로 벌어들인 현금을 나타냄
투자활동으로 인한 현금흐름	부동산과 설비 구매를 비롯한 투자활동으로 들어오고 빠져나가는 현금규모
부채비율	재무상태표의 부채 총액을 자기자본으로 나눈 비율 (부채총액/자기자본)
현금 및 현금성자산 + 단기금융자산(기타금융자산)	비교적 짧은시간안에 현금으로 바꿀수 있는 자산
종속기업재무정보	연결재무재표 주석에 종속기업 실적과 자본, 자산규모를 기재하고 있음

- 투자자들은 손익계산서에 담긴 매출, 영업이익, 당기순이익 등에만 관심을 쏟는 경우가 많다. 하지만 현금흐름표도 그 못지않게 중요하다. 영업활동으로 인한 현금흐름, 투자활동으로 인한 현금흐름, 재무활동으로 인한 현금흐름으로 구성된 현금흐름표는 손익계산서로는 포착할 수 없는 기업의 '돈 흐름'을 보여주기 때문이다. 예를 들어 기업이 물건을 외상으로 팔면 영업이익·순이익이 증가하지만 회사 금고로 들어오는 현금은 없다. 현금흐름표의 '영업활동으로 인한 현금흐름' 항목은 회사가 영업으로 현금을 얼마나 벌었는지를 나타내는 지표다. 영업활동으로 인한 현금흐름이 일시적으로 마이너스면 상관없지만 2~3년 연속 마이너스라면 경영활동에 어려움을 겪을 가능성이 높다.

- 설비투자에 얼마만큼의 현금을 썼는지도 투자활동으로 인한 현금흐름에서 확인할 수 있다. 설비와 부동산을 사들이는 기업은 투자활동으로 인한 현금흐름이 마이너스로 기록된다. 반면 투자활동으로 인한 현금흐름이 플러스인 것은 부동산과 설비를 비롯한 영업 수단을 매각하는 것으로 바람직하지 못한 신호로 해석된다.

 전문가들은 영업활동으로 인한 현금흐름이 플러스인 동시에 투자활동으로 인한 현금흐름이 마이너스인 상장사에 높은 점수를 준다. 영업으로 창출한 현금을 재원으로 성장을 위한 설비 투자에 나선다는 의미로 해석되기 때문이다.

(※출처: 매일경제)

5. 학습정리 – 기억해야 할 핵심이슈

☞ 재무활동으로 인한 현금흐름의 구성요소를 알아야 한다.
  - 직접금융 관련 현금흐름의 구성요소를 이해해야 한다.
  - 간접금융 관련 현금흐름의 구성요소를 이해해야 한다.
  - 기타재무활동 관련 현금흐름의 구성요소를 이해해야 한다.

☞ 재무활동으로 인한 현금흐름의 구성요소 각각에 대해 현금유입이나 유출액을 계산하기 위한 재무상태표 계정과목을 알아야 한다.

☞ 재무활동으로 인한 현금흐름의 구성요소 각각에 대해 현금유입이나 유출액을 계산하기 위한 포괄손익계산서 계정과목을 이해해야 한다.

☞ 재무활동으로 인한 현금흐름의 구성요소 각각에 대해 현금의 유입이나 유출액과 관련된 계정과목의 회계기간 중 발생한 회계처리를 이해해야 한다.

☞ 재무활동으로 인한 현금흐름의 구성요소 각각의 현금흐름을 계산하기 위해 활용하는 T계정을 알아야 한다.

☞ 재무활동으로 인한 현금흐름 구성요소 각각의 현금흐름을 계산하기 위한 각 T계정의 차변과 대변 항목을 기억해야 한다.

☞ 재무활동 관련 자산의 변동에 포함되어 있는 비현금거래를 이해해야 한다.

제8장

간접법
영업활동으로 인한 현금흐름에서
주의해야 할 항목

8장 간접법 영업활동으로 인한 현금흐름에서 주의해야 할 항목

- 간접법에서 영업활동에서 창출된 현금흐름은 포괄손익계산서 당기순이익에 별도표시로 인한 손익, 현금유입이나 현금유출이 없는 비현금손익, 투자활동 및 재무활동 관련 손익을 가감하고 재무상태표 항목인 영업활동 관련 자산이나 부채의 변동을 조정해서 산출한다.
- 그러나 포괄손익계산서 조정항목이 영업활동에서 발생한 자산(예: 매출채권)이나 부채(예: 매입채무) 관련 항목인 경우에는 다음 두 가지 중 하나의 방법을 선택한다.

> (1) 포괄손익계산서 조정항목으로 가감하고 영업활동자산이나 부채를 그 금액만큼 조정하지 않고 총액으로 표시하는 방법
> (2) 포괄손익계산서 항목으로 조정하지 않고 영업활동자산이나 부채에서 그 금액만큼 조정하여 장부가액의 변동으로 표시하는 방법

- 따라서 간접법에서 포괄손익계산서 조정항목을 반영할 때 두 가지 방법 중 어떤 조정방법을 선택하느냐에 따라 영업활동으로 인한 현금흐름의 산출과정은 달라진다.

1. 대손상각비 조정방법

- 대손상각비는 영업활동과 관련있는 매출채권에서 발생한 대손상각비와 매출채권이 아닌 투자활동 관련 자산에서 발생한 대손상각비로 구분된다.
- 대손상각비는 현금유출이 없는 비용이기 때문에 당기순이익에 조정하는 포괄손익계산서 조정항목이다.

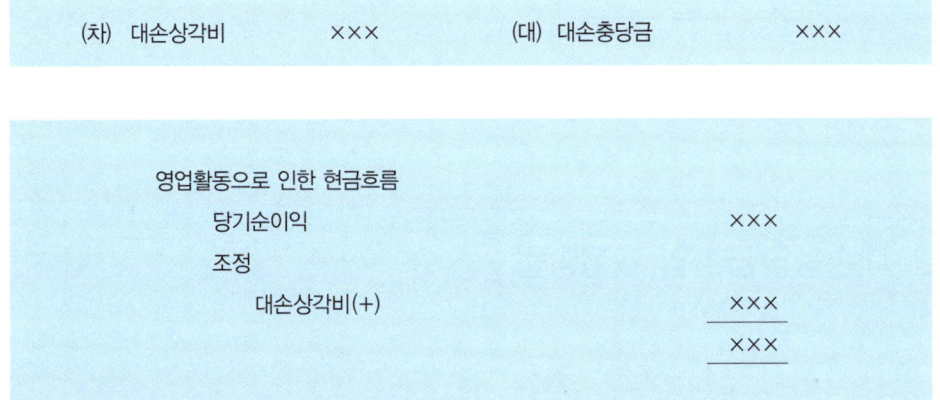

- 그러나 대손상각비가 영업활동과 관련해서 발생한 경우(예: 매출채권)에는 〈방법 1〉과 같이 포괄손익계산서 조정항목에서 현금유출이 없는 비용으로 가산하거나 〈방법 2〉와 같이 재무상태표 조정항목인 대손충당금에서 조정하는 두 가지 방법이 있다.

방법 1		방법 2	
영업활동으로 인한 현금흐름		영업활동으로 인한 현금흐름	
당기순이익	×××	당기순이익	×××
조정		조정	
대손상각비(+)	×××	대손상각비	–
대손충당금의 증가	–	대손충당금의 증가(+)	×××
	×××		×××

- 〈방법 2〉를 적용할 때 대손충당금은 매출채권에서 차감하여 순매출채권의 감소를 구하여 표시(직접법)할 수 있다.

방법 2	
영업활동으로 인한 현금흐름	
당기순이익	×××
조정	
대손상각비	–
대손충당금의 증가(+)	×××
	×××

2. 대손충당금환입 조정방법

- 대손충당금환입은 영업활동과 관련 있는 매출채권에서 대손충당금환입과 투자활동에서 나타난 대손충당금환입으로 구분한다.
- 대손충당금환입은 현금유입이 없는 수익이기 때문에 당기순이익에 조정하는 포괄손익계산서 조정항목으로 표시한다.

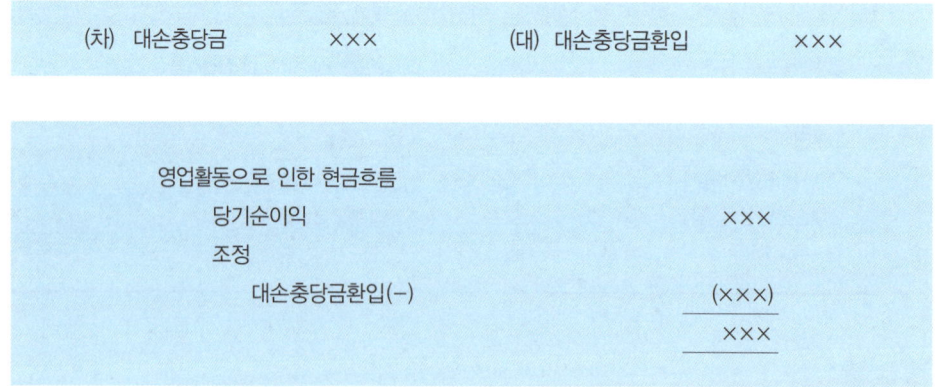

- 그러나 대손충당금환입이 영업활동과 관련해서 발생한 경우(예: 매출채권)에는 〈방법 1〉과 같이 포괄손익계산서 조정항목에서 현금유입이 없는 수익으로 차감하거나 〈방법 2〉와 같이 재무상태표 조정항목인 대손충당금에서 조정하는 두 가지 방법이 있다.

방법 1		방법 2	
영업활동으로 인한 현금흐름		영업활동으로 인한 현금흐름	
당기순이익	×××	당기순이익	×××
조정		조정	
대손충당금환입(−)	(×××)	대손충당금환입	−
대손충당금의 감소	−	대손충당금의 감소(−)	(×××)
	×××		×××

- 〈방법 2〉를 적용할 때에는 대손충당금은 매출채권에서 차감하여 순매출채권의 증가를 구하여 표시한다.

방법 2	
영업활동으로 인한 현금흐름	
당기순이익	×××
조정	
대손충당금환입	−
대손충당금의 감소(−)	(×××)
	×××

3. 외화환산손실과 외화환산이익

- 외화환산과정에서 발생한 환율변동으로 인한 미실현손익인 외화환산이익이나 외화환산손실은 현금의 유출이나 유입이 없는 손익이므로 포괄손익계산서 조정항목으로 표시한다.

(차) 외화환산손실	×××	(대) 외화자산 또는 외화부채	×××
외화자산 또는 외화부채	×××	외화환산이익	×××

영업활동으로 인한 현금흐름	
당기순이익	×××
조정	
외화환산손실(+)	×××
외화환산이익(−)	(×××)
	×××

- 외화환산손실과 외화환산이익은 재무상태표의 관련 자산이나 부채항목의 활동 분류에 따라 조정방법이 달라진다. 외화환산손익이 투자활동이나 재무활동과 관련된 자산과 부채에서 발생한 경우에는 당기순이익에 가감항목으로 표시한다.
- 그러나 외화환산손익이 매출채권이나 매입채무와 같은 영업활동과 관련된 자산이나 부채에서 발생하는 경우에는 다음 사례와 같이 두 가지 방법이 있다.

사례   **환율변동으로 인한 외화환산이익 조정방법**

- 영업활동자산인 외화매출채권에 대한 외화환산이익(미실현이익)이 ₩100 발생한 경우 회계처리는 다음과 같으며 환율변동으로 인한 미실현이익은 현금유입이 없는 이익이기 때문에 거래로 인한 현금의 증감은 없다.

(차) 매출채권(외화)	100	(대) 외화환산이익	100

- 외화환산이익이 영업활동자산에서 발생한 경우 이러한 효과를 영업활동으로 인한 현금흐름에 표시하는 방법은 아래 〈방법 1〉과 같이 외화환산이익을 차감항목으로 하거나 〈방법 2〉와 같이 매출채권 증가에 반영하는 방법으로 구분할 수 있다.

방법 1		방법 2	
영업활동으로 인한 현금흐름		영업활동으로 인한 현금흐름	
당기순이익	×××	당기순이익	×××
조정		조정	
외화환산이익(−)	(100)	외화환산이익	−
매출채권의 증가	−	매출채권의 증가(−)	(100)
	×××		×××

사례 **환율변동으로 인한 외화환산손실 조정방법**

- 영업활동자산인 외화매출채권에 대한 외화환산손실(미실현손실)이 ₩100 발생한 경우 회계처리는 다음과 같으며 환율변동으로 인한 미실현손실은 현금유출이 없는 손실이기 때문에 거래로 인한 현금의 증감은 없다.

| (차) 외화환산손실 | 100 | (대) 매출채권(외화) | 100 |

- 외화환산손실이 영업활동자산에서 발생한 경우 이러한 효과를 영업활동으로 인한 현금흐름에 표시하는 방법은 아래 〈방법 1〉과 같이 외화환산손실을 가산항목으로 하거나 〈방법 2〉와 같이 매출채권 감소에 반영하는 방법으로 구분할 수 있다.

방법 1		방법 2	
영업활동으로 인한 현금흐름		영업활동으로 인한 현금흐름	
당기순이익	×××	당기순이익	×××
조정		조정	
외화환산손실(+)	100	외화환산손실	–
매출채권의 감소	–	매출채권의 감소(+)	100
	×××		×××

4. 단기매매(FVPL)금융자산평가손익 조정방법

- 단기매매금융자산평가손익은 영업활동자산에서 나타난 평가손익이다.
- 단기매매금융자산의 평가과정에서 가격변동으로 인한 미실현손익인 평가손실이나 평가이익은 현금의 유입이나 유출이 없는 손익이기 때문에 포괄손익계산서 조정항목으로 표시한다.

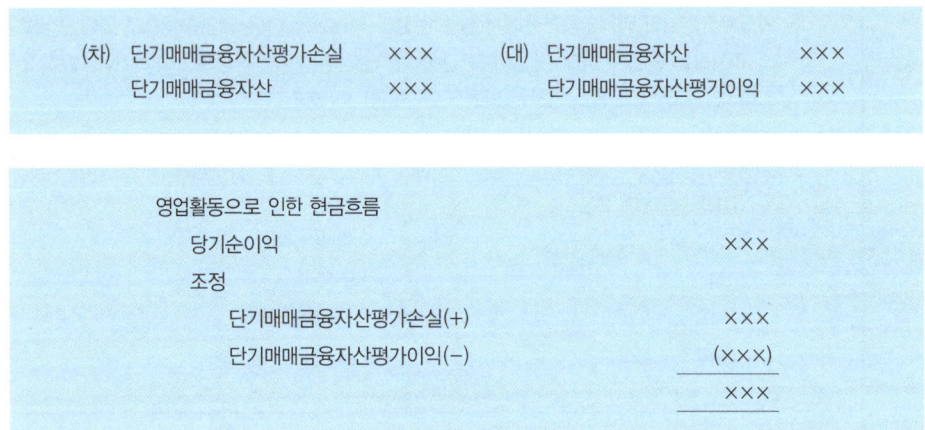

- 그러나 단기매매금융자산평가손익이 영업활동과 관련해서 나타난 경우에는 〈방법 1〉과 같이 포괄손익계산서 조정항목에서 현금유출입이 없는 손익으로 가감하거나 〈방법 2〉와 같이 재무상태표 조정항목인 단기매매금융자산에서 조정하는 두 가지 방법이 있다.

4.1. 단기매매금융자산평가손실 표시방법

방법 1		방법 2	
영업활동으로 인한 현금흐름		영업활동으로 인한 현금흐름	
당기순이익	×××	당기순이익	×××
조정		조정	
단기매매금융자산평가손실(+)	×××	단기매매금융자산평가손실	–
단기매매금융자산의 감소	–	단기매매금융자산의 감소(+)	×××
	×××		×××

4.2. 단기매매금융자산평가이익 표시방법

방법 1		방법 2	
영업활동으로 인한 현금흐름		영업활동으로 인한 현금흐름	
당기순이익	×××	당기순이익	×××
조정		조정	
단기매매금융자산평가이익(-)	(×××)	단기매매금융자산평가이익	-
단기매매금융자산의 증가	-	단기매매금융자산의 증가(-)	(×××)
	×××		×××

5. 재고자산평가손익 조정표시 방법

- 재고자산의 가격변동으로 인한 미실현손익인 재고자산평가손실이나 재고자산평가이익은 현금유입이나 유출이 없는 손익이기 때문에 포괄손익계산서 조정항목으로 표시한다.

(차) 재고자산평가손실	×××	(대) 재고자산	×××
재고자산	×××	재고자산평가이익	×××

영업활동으로 인한 현금흐름	
당기순이익	×××
조정	
재고자산평가손실(+)	×××
재고자산평가이익(-)	(×××)
	×××

- 그러나 재고자산평가 관련 손익은 〈방법 1〉과 같이 포괄손익계산서 조정항목에서 현금유출입없는 손익으로 가감하거나 〈방법 2〉와 같이 재무상태표 조정항목인 재고자산에서 조정하는 두 가지 방법이 있다.

5.1. 재고자산평가손실 표시방법

방법 1		방법 2	
영업활동으로 인한 현금흐름		영업활동으로 인한 현금흐름	
당기순이익	×××	당기순이익	×××
조정		조정	
재고자산평가손실(+)	×××	재고자산평가손실	–
재고자산의 감소	–	재고자산의 감소(+)	×××
	×××		×××

5.2. 재고자산평가충당금환입 표시방법

방법 1		방법 2	
영업활동으로 인한 현금흐름		영업활동으로 인한 현금흐름	
당기순이익	×××	당기순이익	×××
조정		조정	
재고자산평가이익(–)	(×××)	재고자산평가이익	–
재고자산의 증가	–	재고자산의 증가(–)	(×××)
	×××		×××

5.3. 재고자산감모손실

- 재고자산이 도난 또는 품질 등의 문제로 수량이 부족한 재고자산감모손실도 현금흐름표에서 재고자산평가손실과 같이 〈방법 1〉과 〈방법 2〉로 표시한다.

6. 충당부채비용 조정방법

- 충당부채 관련 비용은 영업활동에서 발생한 충당부채비용과 투자 및 재무활동에서 나타난 충당부채비용으로 구분한다.
- 충당부채 관련 비용은 현금유출이 없는 비용이기 때문에 당기순이익에 조정하는 포괄손익계산서 조정항목으로 표시한다.

| (차) 충당부채비용 | ××× | (대) 충당부채 | ××× |

```
영업활동으로 인한 현금흐름
    당기순이익                    ×××
    조정
        충당부채비용(+)            ×××
                                  ×××
```

- 그러나 충당부채비용이 영업활동과 관련해서 발생한 경우에는 현금유출이 없는 비용이지만 〈방법 1〉과 같이 포괄손익계산서 조정항목에 가산하거나 〈방법 2〉와 같이 충당부채비용은 조정하지 않고 재무상태표 조정항목인 충당부채에서 조정하는 두 가지 방법이 있다.

방법 1		방법 2	
영업활동으로 인한 현금흐름		영업활동으로 인한 현금흐름	
당기순이익	×××	당기순이익	×××
조정		조정	
충당부채비용(+)	×××	충당부채비용	–
충당부채의 증가	–	충당부채의 증가(+)	×××
	×××		×××

7. 채무면제이익 조정방법

- 채무면제이익은 영업활동과 관련된 부채에서 발생한 채무면제이익과 재무활동에서 나타난 채무면제이익으로 구분한다.
- 채무면제이익은 현금유입이 없는 수익이기 때문에 당기순이익에 조정하는 포괄손익계산서 조정항목으로 표시한다.

| (차) 채무 | ××× | (대) 채무면제이익 | ××× |

영업활동으로 인한 현금흐름	
당기순이익	×××
조정	
채무면제이익(−)	(×××)
	×××

- 그러나 채무면제이익이 영업활동과 관련해서 나타난 경우(예: 매입채무)에는 〈방법 1〉과 같이 포괄손익계산서 조정항목에서 현금유입이 없는 수익으로 차감하거나 〈방법 2〉와 같이 채무면제이익은 조정하지 않고 재무상태표 조정항목인 매입채무에서 조정하는 두 가지 방법이 있다.

방법 1		방법 2	
영업활동으로 인한 현금흐름		영업활동으로 인한 현금흐름	
당기순이익	×××	당기순이익	×××
조정		조정	
채무면제이익(−)	(×××)	채무면제이익	−
매입채무의 감소	−	매입채무의 감소(−)	(×××)
	×××		×××

제9장

현금의 유입과 유출이 없는 비현금거래 유형

9장　현금의 유입과 유출이 없는 비현금거래 유형

- 당기의 현금및현금성자산 변동에 직접적인 영향을 미치지 않는 투자활동과 재무활동자산이나 부채 관련 비현금거래는 현금흐름표에서 제외한다. 그러한 거래는 투자활동과 재무활동에 관한 모든 목적적합한 정보를 제공할 수 있도록 현금흐름표가 아닌 재무제표의 주석부분에 공시한다.

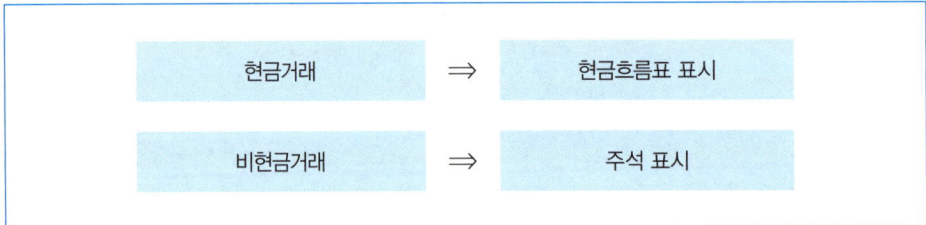

- 일부 투자활동과 재무활동은 자산과 부채나 자본구조에 영향을 미치지만 당기의 현금흐름에는 직접적인 영향을 미치지 않는다. 이러한 비현금거래의 경우 당기에 현금흐름을 수반하지 않으므로 그 항목을 현금흐름표에서 제외하는 것은 현금흐름표의 목적에 부합한다. 투자활동이나 재무활동 관련 비현금거래의 예를 들면 다음과 같다.

> (1) 자산 취득 시 직접 관련된 부채를 인수하거나 금융리스를 통하여 자산을 취득하는 경우
> (2) 주식 발행을 통한 기업의 인수
> (3) 채무의 지분전환(출자전환)

- 당기의 현금흐름에 영향이 없는 영업활동거래에서 발생한 비현금거래로 인한 자산이나 부채의 변동은 투자활동이나 재무활동 관련 비현금거래와 같이 현금흐름표가 아닌 주석에 공시하거나 현금흐름표에서 영업활동으로 공시하는 것을 기업이 선택하되 매기간 일관성 있게 분류하여 표시하여야 한다. 영업활동 관련 비현금거래의 예를 들면 다음과 같다.

(1) 초과청구공사 관련 매출채권 발생
(2) 이연수익 관련 매출채권
(3) 대손확정으로 매출채권과 대손충당금 상계 제거

1. 투자활동과 재무활동 관련 비현금거래 유형

1.1. 투자활동 관련 비현금거래

- 건설중인자산을 건물로 대체한 경우 기타비유동자산에서 유형자산으로 계정재분류가 발생하며 현금이 수반되지 않은 비현금거래에 해당된다.

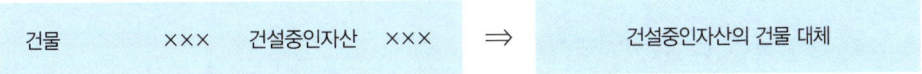

- 토지 및 건물을 투자부동산으로 대체한 경우 유형자산에서 투자자산으로 계정재분류가 발생하며 현금이 수반되지 않은 비현금거래에 해당된다.

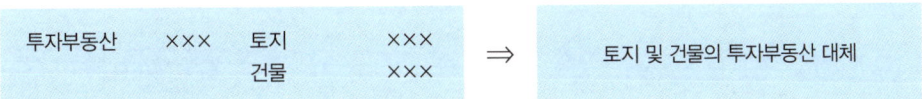

- 선급금을 특허권으로 대체한 경우 유동자산이 무형자산으로 계정재분류가 발생하며 현금이 수반되지 않은 비현금거래에 해당된다.

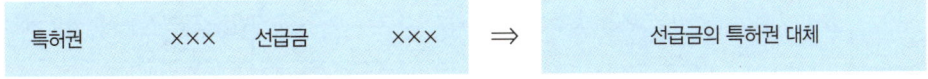

- 지분율 증가로 매도가능증권을 관계회사주식으로 대체한 경우 투자자산 내에서 계정재분류가 발생하며 현금이 수반되지 않은 비현금거래에 해당된다.

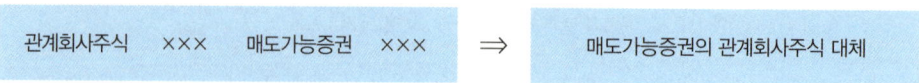

- 유형자산을 외상으로 취득한 경우 유형자산 및 유동부채 증가가 발생하며 현금이 수반되지 않은 비현금거래에 해당된다.

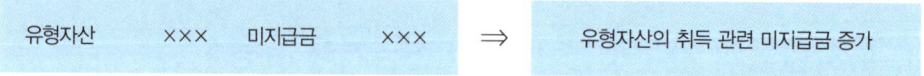

- 유형자산을 외상으로 처분한 경우 유형자산의 감소와 유동자산의 증가가 발생하며 현금이 수반되지 않은 비현금거래에 해당된다.

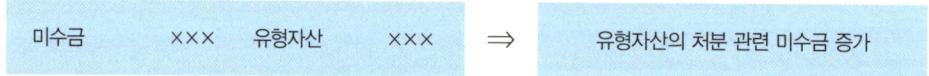

1.2. 재무활동 관련 비현금거래

- 장기미지급금을 유동성 대체한 경우 비유동부채에서 유동부채로 계정재분류가 발생하며 현금이 수반되지 않은 비현금거래에 해당된다.

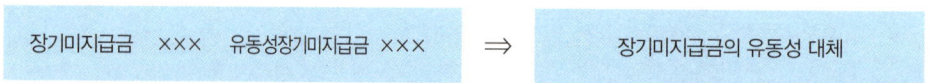

- 장기차입금을 유동성 대체한 경우 비유동부채에서 유동부채로 계정재분류가 발생하며 현금이 수반되지 않은 비현금거래에 해당된다.

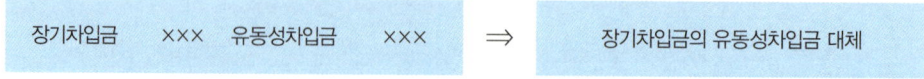

- 전환사채의 전환권행사로 주식이 발행된 경우 부채의 감소와 자본의 증가가 발생하며 현금이 수반되지 않은 비현금거래에 해당된다.

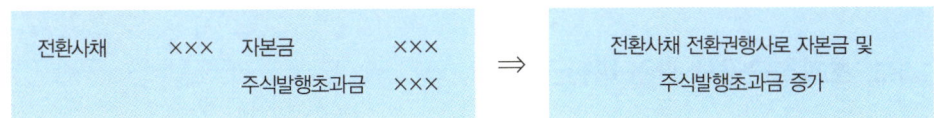

- 장기차입금의 출자전환이 발생한 경우 부채의 감소와 자본의 증가가 발생하며 현금이 수반되지 않은 비현금거래에 해당된다.

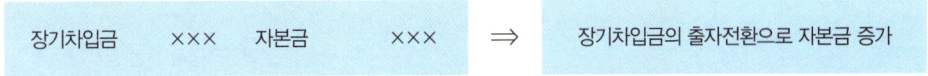

1.3. 투자활동과 재무활동 관련 비현금거래

- 토지와 건물의 현물출자로 주식이 발행된 경우 유형자산 및 자본의 증가가 발생하며 현금이 수반되지 않은 비현금거래에 해당된다.

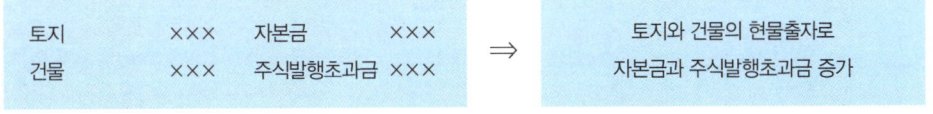

2. 영업활동 관련 비현금거래 유형

2.1. 초과청구공사 관련 비현금거래

- 초과청구공사 관련하여 공사미수금이 발생한 경우 유동자산 및 유동부채의 증가가 발생하며 현금이 수반되지 않은 비현금거래에 해당된다.

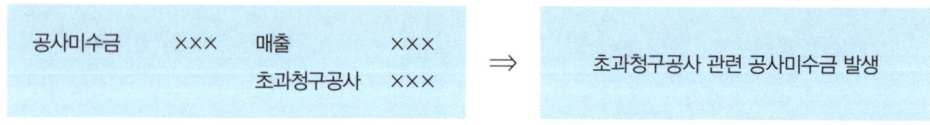

2.2. 이연부채(마일리지 적용기업) 관련 비현금거래

- 외상매출 관련하여 이연수익이 발생한 경우 유동자산, 유동부채 및 수익의 증가가 발생하며 현금이 수반되지 않은 비현금거래에 해당된다.

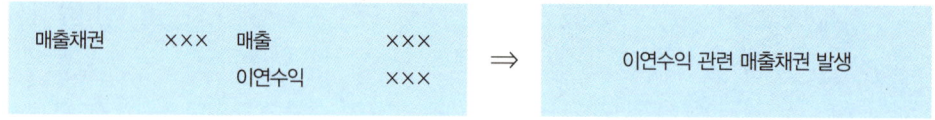

2.3. 대손충당금 설정된 매출채권 회수불능 확정

- 매출채권 관련하여 대손이 확정된 경우 대손충당금 및 매출채권의 감소가 발생하며 현금이 수반되지 않은 비현금거래에 해당된다.

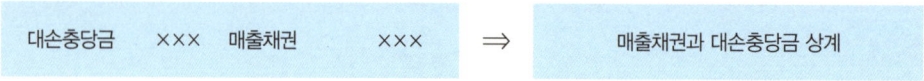

3. 비현금거래의 주석공시 사례

사례 비현금거래 주석 표시 I

- 당기의 현금흐름표에 포함되지 않는 주요 비현금 투자활동거래와 비현금 재무활동거래는 다음과 같습니다.

(단위: 백만원)

구분	당기
건설중인자산의 건물 대체	580
토지 및 건물의 투자부동산 대체	-
장기차입금의 유동성 대체	300
장기미지급금의 유동성 대체	53
전환사채 전환으로 자본금 및 주식발행초과금 증가	214

사례 비현금거래 주석 표시 II

- 현금의 유입과 유출이 없는 중요한 거래내역은 다음과 같습니다.

(단위: 백만원)

구분	당기
매출채권과 대손충당금 제각	982
정부보조금의 개발비 대체	45
선급금의 특허권 대체	85
토지와 기구의 현물출자	300
공기구·비품 상각완료자산 제각처리	277
장기차입금의 유동성차입금 대체	6,533

사례 **비현금거래 주석 표시 Ⅲ**

- 현금흐름표에 표시되지 않는 주요 비현금거래는 다음과 같습니다.

  (1) 투자 및 재무활동 관련 비현금거래

  (단위: 백만원)

구분	당기
매도가능증권의 관계사주식 대체	85
유형자산의 취득 관련 미지급금 증가	1,014
유형자산의 처분 관련 미수금 증가	1,012
장기차입금의 유동성 대체	69,000
장기차입금의 출자전환으로 자본금 증가	120

  (2) 영업활동 관련 비현금거래

  (단위: 백만원)

구분	당기
매출채권과 대손충당금 제각	150
초과청구공사 관련 공사미수금 발생	300
마일리지 관련 이연수익과 매출채권 발생	150

제10장

현금흐름표 주석공시

10장 현금흐름표 주석공시

1. 현금흐름표의 주석공시

1.1. 현금및현금성자산 구성요소 주석공시

- K-IFRS에서는 현금및현금성자산의 구성요소는 주석에 공시하고, 현금흐름표상의 금액과 재무상태표에 보고된 금액이 차이가 있는 경우 조정내용도 주석에 공시한다. 그러나 일반기업회계기준에서는 별도 해당규정이 없다.

| 현금및현금성자산의 구성요소 관련 주석공시 사례 |

구분	당기말	전기말
현금	8	8
보통예금	6	56
정기예금	740,639	700,751
특정금전신탁	60,000	172,000
RP	10,000	40,000
CD	–	–
CMA	9,977	6,966
MMDA	159,729	40,265
합계	980,359	960,046

- K-IFRS에서는 연결 실체가 사용할 수 없는 현금및현금성자산 금액도 주석에 공시한다.

| 사용할 수 없는 현금및현금성자산 주석공시 사례 |

> 당기말의 현금및현금성자산에는 종속기업이 보유하고 있으나 외환규제로 인하여 지주회사에게 자유롭게 송금할 수 없는 예금 100만원이 포함되어 있습니다.

1.2. 현금의 유입과 유출이 없는 중요 비현금거래 주석공시

- K-IFRS 및 일반기업회계기준에서 현금및현금성자산의 증감에 영향을 미치지 않는 투자활동과 재무활동거래는 자산, 부채 및 자본의 구조에 영향을 미치지만 비현금거래이기 때문에 현금흐름표 본문표시에서 제외하고 재무정보이용자에게 목적적합한 정보를 제공할 수 있도록 재무제표의 주석부분에서 공시한다.

| 비현금 투자활동거래와 비현금 재무활동거래 주석공시 사례 |

구분	당기	전기
매도가능증권의 자기주식 대체	3,500,776	1,710,346
건설중인자산의 유형자산 대체	385,900	1,253,819
장기차입금의 유동성 대체	990,000	-
매출채권 제각	2,356	42,419
매도가능증권평가이익	1,892	10,863
주식매수선택권 자본금 및 주식발행초과금 대체	1,821,769	-

1.3. 종속기업과 기타 사업에 대한 소유지분의 변동 주석공시

- K-IFRS에서는 회계기간 중 종속기업이나 기타 사업에 대한 지배력을 획득 또는 상실한 경우에는 다음 사항을 총액으로 재무제표 주석부분에서 공시한다. 그러나 일반기업회계기준에서는 별도 해당규정이 없다.

> (1) 총취득대가 또는 총처분대가
> (2) 매수대가 또는 처분대가 중 현금및현금성자산으로 지급하거나 수취한 부분
> (3) 지배력을 획득하거나 상실한 종속기업 또는 기타 사업이 보유한 현금및현금성자산의 금액
> (4) 지배력을 획득하거나 상실한 종속기업 또는 기타 사업이 보유한 현금및현금성자산 이외의 자산·부채 금액에 대한 주요 항목별 요약정보

| 종속기업과 기타 사업에 대한 소유지분의 변동 주석공시 사례 |

> 연결실체는 당기 5월 13일에 증류기, 열교환기 등의 생산업체인 B기업의 주식 2,397,720주 (37.40%)를 연결실체의 지배기업인 A기업으로부터 취득일 종가인 주당 16,850원에 현금 매입하여 지배력을 획득하였습니다. 당기 중 C기업은 195,319백만원의 수익과 4,156백만원의 손실을 인식하였습니다. 당기 1월 1일에 취득거래가 있었다면 경영진은 연결실체의 당기 수익 및 순이익이 각각 817,386백만원과 42,394백만원이 되었을 것으로 추정하고 있습니다.

1.4. 직접법 사용 시 간접법 당기순이익의 조정내용

- 일반기업회계기준에서는 영업활동으로 인한 현금흐름을 직접법으로 계산한 경우에는 당기순이익과 당기순이익에 가감할 항목들을 주석사항으로 보고해야 한다. 이는 직접법을 사용하는 경우에라도 간접법에 의한 조정내용을 추가적으로 공시해야 한다는 것이다.

간접법 조정과정	
당기순이익	×××
조정	×××
현금유입이 없는 수익 등	×××
현금유출이 없는 비용 등	×××
영업활동자산 및 부채 변동	×××
영업활동에서 창출된 현금흐름	×××

1.5. 재무활동에서 발생하는 부채의 조정내용 주석공시

- K-IFRS에는 재무정보이용자들이 재무활동에서 발생하는 부채의 변동을 평가할 수 있는 정보를 쉽게 얻을 수 있도록 재무상태표와 현금흐름표를 연계하는 다음의 정보를 주석으로 별도 공시한다.(2016. 5. 27 개정) 그러나 일반기업회계기준에서는 별도 해당규정이 없다.

(1) 재무현금흐름에서 생기는 변동
(2) 종속기업이나 그 밖의 사업에 대한 지배력 획득 또는 상실에서 생기는 변동
(3) 환율변동효과
(4) 공정가치변동
(5) 그 밖의 변동

| 재무활동에서 발생하는 부채의 조정내용 사례 |

구분	재무상태표 2X05 (기초)	재무 현금흐름	비현금 변동			재무상태표 2X05 (기말)
			취득(증가)	사업결합*	환율변동	
단기차입금	10,000	(500)	–	200	–	9,700
금융리스부채	4,000	(800)	300	–	–	3,500
외화사채	1,600	(300)	–	–	100	1,400
장기차입금	–	1,000	–	–	–	1,000
재무활동 관련 총부채	15,600	(600)	300	200	100	15,600

*종속기업이나 그 밖의 사업에 대한 지배력 획득 또는 상실에서 생기는 변동

1.6. 추가정보 주석공시

- K-IFRS에서는 재무정보이용자가 기업의 재무상태와 유동성을 이해하는데 적합하다고 생각하는 다음 정보에 대하여 경영진의 설명과 함께 주석으로 공시하는 것을 권장하고 있다. 그러나 일반기업회계기준에는 별도 해당규정이 없다.

(1) 미래 영업활동과 자본약정의 결제에 사용할 수 있는 차입한도 중 미사용금액과 이러한 차입한도의 사용에 제한이 있는 경우 그 내용과 금액

| 차입금과 관련한 금융기관별 약정내역 |

(단위: 천원, USD)

금융기관	구분	약정액	실행액
H은행	당좌대출	3,000,000	-
	일반대출	5,000,000	2,000,000
	무역금융	3,000,000	3,000,000
S은행	어음대출	5,000,000	-
	당좌대출	2,000,000	-

(2) 영업능력의 유지를 위하여 필요한 현금흐름과는 별도로 영업능력의 증대를 나타내는 현금흐름의 총액
(3) 두 개 이상의 활동에 배분되는 법인세 총지급액
(4) 각 보고부문의 영업, 투자 및 재무활동에서 발생한 현금흐름의 금액

| 영업부문별 영업, 투자 및 재무활동현금흐름 |

(단위 : 천원)

부문	A부문	B부문	합계
영업활동	1,520	(140)	1,380
투자활동	(640)	160	(480)
재무활동	(570)	(220)	(790)
계	310	(200)	110

제11장

K-IFRS와 일반기업회계기준 비교

11장 K-IFRS와 일반기업회계기준 비교

1. 영업활동으로 인한 현금흐름에서 법인세비용, 이자비용, 이자수익, 배당수익의 당기순이익 조정항목 표시

- K-IFRS의 경우 법인세비용, 이자비용, 이자수익, 배당수익을 당기순이익의 조정항목으로 표시한다.
- 일반기업회계기준의 경우 조정항목에 법인세비용, 이자비용, 이자수익, 배당수익 해당항목이 없다.

K-IFRS		일반기업회계기준	
I. 영업활동으로 인한 현금흐름		I. 영업활동으로 인한 현금흐름	
1. 당기순이익	×××	1. 당기순이익	×××
2. 조정	×××		
1) 법인세비용	×××		
2) 이자비용	×××		
3) 이자수익	×××		
4) 배당수익	×××		
5) 현금유출입 없는 손익 항목		2. 현금유출없는비용등 가산	×××
6) 투자 및 재무활동손익 항목		3. 현금유입없는수익등 차감	×××
3. 영업활동자산및부채 증감	×××	4. 영업활동자산및부채 증감	×××
4. 영업활동에서 창출된 현금흐름	×××	5. 영업활동에서 창출된 현금흐름	×××

2. 당기순이익 조정항목 중 현금유출이 없는 비용이나 차손, 현금유입이 없는 수익이나 차익항목의 구분 표시

- K-IFRS의 경우 현금유출입이 없는 비용 또는 수익이나 투자 및 재무활동 관련 차손익을 당기순이익의 조정항목으로 표시하나 구분표시와 관련된 해당규정은 없다.
- 일반기업회계기준의 경우 현금유출입이 없거나 투자활동 및 재무활동 차손익을 현금유출 없는 비용 등 가산과 현금유입 없는 수익 등 차감으로 구분 표시한다.

K-IFRS		일반기업회계기준	
I. 영업활동으로 인한 현금흐름		I. 영업활동으로 인한 현금흐름	
1. 당기순이익	×××	1. 당기순이익	×××
2. 조정	×××	2. 현금유출없는비용등 가산	×××
		3. 현금유입없는수익등 차감	×××
3. 영업활동자산및부채 증감	×××	4. 영업활동자산및부채 증감	×××
4. 영업활동에서 창출된 현금흐름	×××	5. 영업활동에서 창출된 현금흐름	×××

3. 이자수익과 이자비용 관련 비현금항목의 구분 표시

- K-IFRS의 경우 포괄손익계산서 항목 중 이자수익이나 이자비용에 비현금항목인 현재가치차금상각, 전환권조정상각, 신주인수권조정상각, 할인취득차이조정을 별도표시로 인한 손익조정에서 이자수익과 이자비용에 포함해서 표시한다.
- 일반기업회계기준의 경우 손익계산서 이자수익이나 이자비용에 포함된 비현금항목도 현금유출없는 비용 등 가산 또는 현금유입 없는 수익 등 차감으로 구분 표시한다.

K-IFRS		일반기업회계기준	
I. 영업활동으로 인한 현금흐름		I. 영업활동으로 인한 현금흐름	
1. 당기순이익	×××	1. 당기순이익	×××
2. 조정	×××	2. 현금유출없는비용등 가산	×××
1) 별도표시로 인한 손익항목조정		1) 현재가치차금상각	
이자수익, 배당금수익, 이자비용, 법인세비용		2) 사채할인발행차금상각	
2) 현금유출입없는손익조정		3) 전환권조정상각	
3) 투자활동과 재무활동손익조정		4) 신주인수권조정상각	
		3. 현금유입없는수익등 차감	×××
		1) 현재가치차금상각	
		2) 채무증권할인취득차이조정상각	
3. 영업활동자산및부채 증감	×××	4. 영업활동자산및부채 증감	×××
4. 영업활동에서 창출된 현금흐름	×××	5. 영업활동에서 창출된 현금흐름	×××

현금흐름표는 재무상태표나 포괄손익계산서와 달리 조작할 수 없다.
현금흐름표는 이면에 숨겨진 민낯을 보여준다.

4. 이자 및 배당금수취 관련 현금흐름 별도 구분 표시

- K-IFRS의 경우 이자수취 및 배당금수취액은 별도 구분 표시하고 현금흐름의 분류를 기업이 선택할 수 있도록 하여 매기간 영업활동 또는 투자활동으로 일관성 있게 분류하며 일반적으로 영업활동으로 인한 현금흐름에 표시한다.
- 일반기업회계기준의 경우 별도 구분 표시 없이 영업활동으로 인한 현금흐름으로 표시한다.

K-IFRS		일반기업회계기준	
Ⅰ. 영업활동으로 인한 현금흐름		Ⅰ. 영업활동으로 인한 현금흐름	
1. 당기순이익	×××	1. 당기순이익	×××
2. 조정	×××	2. 현금유출없는비용등 가산	×××
		3. 현금유입없는수익등 차감	×××
3. 영업활동자산및부채 증감	×××	4. 영업활동자산및부채 증감	×××
4. 영업활동에서 창출된 현금흐름	×××	5. 영업활동에서 창출된 현금흐름	×××
5. 이자수취액	×××		
6. 배당금수취액	×××		
Ⅱ. 투자활동으로 인한 현금흐름		Ⅱ. 투자활동으로 인한 현금흐름	
1. 이자수취액	×××		
2. 배당금수취액	×××		

5. 이자지급 관련 현금흐름 별도 구분 표시

- K-IFRS의 경우 이자지급액은 별도 구분 표시하고 현금흐름의 분류를 기업이 영업활동이나 재무활동 중 선택할 수 있도록 하여 매기간 영업활동이나 재무활동으로 일관성 있게 분류하며 일반적으로 영업활동으로 인한 현금흐름에 표시한다. 한편 상환우선주 배당금도 이자지급액으로 영업활동이나 재무활동 중 선택적으로 표시한다.

- 일반기업회계기준의 경우 별도 구분표시 없고 영업활동으로 인한 현금흐름으로 표시한다. 한편 상환우선주 배당금지급액은 재무활동으로 표시한다.

K-IFRS		일반기업회계기준	
Ⅰ. 영업활동으로 인한 현금흐름		Ⅰ. 영업활동으로 인한 현금흐름	
1. 당기순이익	×××	1. 당기순이익	×××
2. 조정	×××	2. 현금유출없는비용등 가산	×××
		3. 현금유입없는수익등 차감	×××
3. 영업활동자산및부채 증감	×××	4. 영업활동자산및부채 증감 (선급이자, 미지급이자)	×××
4. 영업활동에서 창출된 현금흐름	×××	5. 영업활동에서 창출된 현금흐름	×××
5. 이자지급액			
Ⅲ. 재무활동으로 인한 현금흐름		Ⅲ. 재무활동으로 인한 현금흐름	
1. 이자지급액	×××		

6. 법인세납부 관련 현금흐름 별도 구분 표시

- K-IFRS의 경우 법인세납부액은 별도 구분 표시하고 영업활동으로 인한 현금흐름으로 표시한다. 단, 재무활동과 투자활동에 명백히 관련된 경우에만 영업활동에서 제외하여 투자활동이나 재무활동에 별도 표시한다.
- 일반기업회계기준의 경우 별도 구분 표시 없고 영업활동으로 인한 현금흐름에 표시한다. 단, 유형자산의 처분에 따른 특별부가세는 영업활동에서 제외하여 투자활동으로 인한 현금흐름에 표시한다.

K-IFRS		일반기업회계기준	
Ⅰ. 영업활동으로 인한 현금흐름		Ⅰ. 영업활동으로 인한 현금흐름	
1. 당기순이익	×××	1. 당기순이익	×××
2. 조정	×××	2. 현금유출없는비용등 가산	×××
		3. 현금유입없는수익등 차감	×××
3. 영업활동자산및부채 증감	×××	4. 영업활동자산및부채 증감	×××
4. 영업활동에서 창출된 현금흐름	×××	5. 영업활동에서 창출된 현금흐름	×××
5. 법인세납부	×××		

7. 차입원가 관련 현금흐름 표시

- K-IFRS의 경우 현금지급한 '차입원가' 관련 이자지급액은 당기손익의 비용항목으로 인식하는지 또는 자본화하는지에 관계없이 영업활동(이자지급액)이나 재무활동(이자지급액)에 총액으로 표시한다.
- 일반기업회계기준의 경우 손익계산서에 비용으로 표시한 차입원가는 당기순이익을 감소시켜 영업활동에서 표시하며 자본화한 차입원가는 관련 자산에 따라 영업활동(재고자산)과 투자활동(건설중인자산)으로 표시한다.

K-IFRS		일반기업회계기준	
Ⅰ. 영업활동으로 인한 현금흐름		Ⅰ. 영업활동으로 인한 현금흐름	
1. 당기순이익	×××	1. 당기순이익	×××
2. 조정	×××	2. 현금유출없는비용등 가산	×××
		3. 현금유입없는수익등 차감	×××
		4. 영업활동자산및부채 증감(차입원가)	×××
3. 영업활동에서 창출된 현금흐름	×××	5. 영업활동에서 창출된 현금흐름	×××
4. 이자지급액	×××		
Ⅱ. 투자활동으로 인한 현금흐름		Ⅱ. 투자활동으로 인한 현금흐름	
		1. 건설중인자산(차입원가)	×××
Ⅲ. 재무활동으로 인한 현금흐름		Ⅲ. 재무활동으로 인한 현금흐름	
1. 이자지급액	×××		

8. 매출채권의 매각 영업활동 표시

- K-IFRS의 경우 매출채권을 양도하여 매각하는 경우 매각조건에 따라 매각거래와 차입거래로 표시하나 일반기업회계기준은 매각거래로 표시한다.

K-IFRS	일반기업회계기준
• 매출채권을 매각할 때 통제권을 상실하지 않거나 위험과 보상 대부분을 보유하는(실질적 이전없는) put option (재매입약정)이 있는 경우에는 매각거래로 인정하지 않고 담보부차입거래로 자산과 부채에 총액표시함. • 그러나 통제권을 상실하여 위험과 보상이 매수자에게 이전되는 경우에는 매각거래로 표시함. • (차입거래)매출채권은 매각 전 금액 기준으로 증감금액을 계산하여 영업활동에서 표시하고 수취한 대가는 차입금으로 재무활동에서 표시	• 매출채권의 매각을 일반적으로 매각거래로 회계처리함.
차) 현금　　　×××　　대) 차입금　　××× 　　 이자비용　　×××	
• (매각거래)매출채권에서 차감하고 매각 후 순액기준으로 증감금액을 계산하여 영업활동에 표시	• 매출채권에서 차감하고 매각 후 순액기준으로 증감금액을 계산하여 영업활동에 표시
차) 현금　　　×××　　대) 매출채권　　××× 　　 매출채권처분손실　×××	차) 현금　　　×××　　대) 매출채권　　××× 　　 매출채권처분손실　×××

K-IFRS	일반기업회계기준
I. 영업활동으로 인한 현금흐름 　1. 당기순이익　　　　　　　　　　　××× 　2. 조정　　　　　　　　　　　　　　××× 　3. 영업활동자산및부채 증감 　　〈차입거래〉 　　　매출채권 총액 증감　　　　××× 　　〈매각거래〉 　　　매출채권 순액 증감　　　　××× 　4. 영업활동에서 창출된 현금흐름　　××× 　5. 이자지급액 II. 투자활동으로 인한 현금흐름 III. 재무활동으로 인한 현금흐름 　　〈차입거래〉 　　　매출채권 매각 증감　　　　×××	I. 영업활동으로 인한 현금흐름 　1. 당기순이익　　　　　　　　　　　××× 　2. 현금유출없는비용등 가산　　　　××× 　3. 현금유입없는수익등 차감　　　　××× 　4. 영업활동자산및부채 증감　　　　××× 　　〈매각거래〉 　　　매출채권 순액 증감　　　　××× 　5. 영업활동에서 창출된 현금흐름　　××× II. 투자활동으로 인한 현금흐름 III. 재무활동으로 인한 현금흐름 　　…

9. 단기매매금융자산의 영업활동 표시

- K-IFRS의 경우 단기매매목적으로 보유하는 금융자산의 취득과 처분에 따른 현금흐름은 영업활동으로 인한 현금흐름에 표시한다. 따라서 단기매매금융자산처분손익은 영업활동 관련 현금유출입손익이므로 포괄손익계산서 조정에서 표시하지 않는다.
- 일반기업회계기준의 경우 단기매매금융자산의 취득 및 처분에 따른 현금흐름은 투자활동으로 인한 현금흐름에 표시한다. 따라서 단기매매금융자산처분손익은 투자활동손익이므로 손익계산서 조정에서 표시한다.

K-IFRS	일반기업회계기준

Ⅰ. 영업활동으로 인한 현금흐름
  1. 당기순이익 ×××
  2. 조정 ×××
  3. 영업활동자산및부채 증감
    1) 단기매매금융자산 증감 ×××
  4. 영업활동에서 창출된 현금흐름 ×××
Ⅱ. 투자활동으로 인한 현금흐름
  …
Ⅲ. 재무활동으로 인한 현금흐름
	Ⅰ. 영업활동으로 인한 현금흐름
	  …
	
	Ⅱ. 투자활동으로 인한 현금흐름
	  1. 단기매매금융자산 증감 ×××
	Ⅲ. 재무활동으로 인한 현금흐름

10. 종속기업과 기타 사업부문의 취득과 처분 별도 표시

- K-IFRS의 경우 종속기업과 기타 사업부문의 취득과 처분에 따른 총현금흐름은 별도 구분 표시하여 투자활동으로 인한 현금흐름에 표시하며 총매수대가 또는 총처분대가 등 관련 사항을 주석으로 공시한다. 한편 지배력을 상실하지 않은 종속기업에 대한 소유지분의 변동으로 발생한 현금흐름은 재무활동으로 인한 현금흐름으로 표시한다.

- 일반기업회계기준의 경우 종속기업과 기타 사업부문의 취득과 처분에 대한 해당규정이 없고 일반적으로 별도 구분 표시하지 않으며 투자활동으로 인한 현금흐름에 표시한다. 한편 지배력을 상실하지 않은 종속기업에 대한 소유지분의 변동으로 발생한 현금흐름에 대한 해당규정이 없으며 투자활동으로 인한 현금흐름에 표시한다.

K-IFRS	일반기업회계기준
Ⅰ. 영업활동으로 인한 현금흐름	Ⅰ. 영업활동으로 인한 현금흐름
Ⅱ. 투자활동으로 인한 현금흐름	Ⅱ. 투자활동으로 인한 현금흐름

1. 종속기업과 기타사업부문의 취득 또는 처분 ×××
    (지배력 획득 또는 상실)
	1. 투자자산의 처분
	  2. 투자자산의 취득

Ⅲ. 재무활동으로 인한 현금흐름	Ⅲ. 재무활동으로 인한 현금흐름
1. 종속기업의 취득 또는 처분(지배력 유지) ×××	
Ⅳ. 현금및현금성자산의 증감	Ⅳ. 현금및현금성자산의 증감

11. 파생상품계약에 따른 현금흐름

- K-IFRS의 경우 파생상품계약에 따른 현금흐름은 투자활동으로 인한 현금흐름에 표시한다. 단, 파생상품계약에 위험회피회계를 적용하는 경우 그 계약과 관련된 현금흐름은 위험회피대상거래의 현금흐름과 동일한 활동으로 분류하여 표시한다.
- 일반기업회계기준의 경우 파생상품계약에 따른 현금흐름에 대한 해당규정은 없으나 일반적으로 투자활동으로 인한 현금흐름에 표시한다. 또한 파생상품계약의 위험회피회계에 대한 해당규정도 없다.

K-IFRS	일반기업회계기준
Ⅰ. 영업활동으로 인한 현금흐름	Ⅰ. 영업활동으로 인한 현금흐름
Ⅱ. 투자활동으로 인한 현금흐름	Ⅱ. 투자활동으로 인한 현금흐름
1. 파생상품 관련 현금유입 ××× 2. 파생상품 관련 현금유출 ×××	
Ⅲ. 재무활동으로 인한 현금흐름	Ⅲ. 재무활동으로 인한 현금흐름

12. 미지급금 지급의 활동 구분

- K-IFRS의 경우 미지급금 지급은 발생원천에 따라 영업활동(단기매매금융자산 관련), 투자활동, 재무활동으로 분류하여 표시한다. 따라서 유형자산이나 투자자산 관련 미지급금 지급은 투자활동으로 인한 현금흐름으로 분류한다. 단, 금융리스부채인 미지급금 상환은 재무활동으로 인한 현금흐름으로 표시한다.
- 일반기업회계기준은 영업활동이나 유형자산 및 투자자산 관련 미지급금 지급도 재무활동으로 인한 현금흐름으로 표시한다.

K-IFRS	일반기업회계기준
Ⅰ. 영업활동으로 인한 현금흐름	Ⅰ. 영업활동으로 인한 현금흐름
1. 미지급금의 증감 ×××	
Ⅱ. 투자활동으로 인한 현금흐름	Ⅱ. 투자활동으로 인한 현금흐름
1. 미지급금의 상환 ×××	
Ⅲ. 재무활동으로 인한 현금흐름	Ⅲ. 재무활동으로 인한 현금흐름
1. 금융리스 미지급금 상환 ×××	1. 미지급금의 상환 ×××

13. 외화현금및현금성자산의 환율변동효과 별도 구분 표시

- K-IFRS의 경우 외화로 표시된 현금및현금성자산의 환율변동효과는 기초와 기말의 현금및현금성자산의 조정항목으로 영업활동, 투자활동 및 재무활동과 구분하여 별도 구분 표시한다.
- 즉, '현금및현금성자산 증감(B/S) = 현금및현금성자산 증감(C/F) ± 현금및현금성자산의 환율변동효과'에 해당한다.

- 일반기업회계기준의 경우 외화로 표시된 현금및현금성자산의 환율변동효과는 별도 구분표시 하지 않고 일반적으로 기말의 현금및현금성자산에서 조정하여 표시한다.

K-IFRS		일반기업회계기준	
1. 영업활동으로 인한 현금흐름	×××	1. 영업활동으로 인한 현금흐름	×××
2. 투자활동으로 인한 현금흐름	×××	2. 투자활동으로 인한 현금흐름	×××
3. 재무활동으로 인한 현금흐름	×××	3. 재무활동으로 인한 현금흐름	×××
4. 현금및현금성자산의 증감	×××	4. 현금및현금성자산의 증감	×××
5. 기초의 현금및현금성자산	×××	5. 기초의 현금및현금성자산	×××
6. 현금및현금성자산의 환율변동효과	×××	–	–
7. 기말의 현금및현금성자산	×××	6. 기말의 현금및현금성자산	×××

14. 주석 공시사항

- K-IFRS의 경우 종속기업과 기타 사업에 대한 지배력 획득 또는 상실의 경우 소유지분 변동 정보를 주석에 공시한다. 그러나 일반기업회계기준의 경우 해당규정이 없다.
- K-IFRS의 경우 재무활동에서 발생하는 부채의 변동을 평가할 수 있도록 재무상태표와 현금흐름표의 연계정보를 주석에 공시한다. 그러나 일반기업회계기준의 경우 해당규정이 없다.
- K-IFRS의 경우 연결실체가 사용할 수 없는 당해 기업의 현금및현금성자산의 금액을 주석에 공시한다. 그러나 일반기업회계기준의 경우 해당규정이 없다.
- K-IFRS의 경우 영업능력의 유지를 위한 현금흐름과 별도로 영업능력의 증대를 나타내는 현금흐름을 주석에 공시한다. 그러나 일반기업회계기준의 경우 해당규정이 없다.
- K-IFRS의 경우 자본약정 차입한도 중 미사용금액과 사용제한 내용을 주석에 공시한다. 그러나 일반기업회계기준의 경우 해당규정이 없다.
- K-IFRS의 경우 사업부문별로 활동별 현금흐름은 주석에 공시한다. 그러나 일반기업회계기준의 경우 해당규정이 없다.
- K-IFRS의 경우 두 개 이상의 활동에 배분되는 법인세 총지급액을 주석에 공시한다. 그러나

일반기업회계기준의 경우 해당규정이 없다.
- 일반기업회계기준의 경우 직접법에 의해 영업활동으로 인한 현금흐름을 작성하는 경우 당기순이익과 당기순이익에 가감하여 조정할 항목은 주석에 공시한다. 그러나 K-IFRS의 경우 해당규정이 없다.

K-IFRS	일반기업회계기준
• 해당규정 없음	• 직접법에 의해 영업활동을 작성하는 경우 당기순이익과 당기순이익에 가감하여 조정할 항목은 주석에 공시
• 종속기업과 기타 사업에 대한 지배력 획득 또는 상실의 경우 소유지분 변동 관련 주석에 공시 　- 총취득대가 또는 총처분대가 　- 매수대가 또는 처분대가 중 현금및현금성자산으로 지급하거나 수취한 부분 　- 지배력을 획득하거나 상실한 종속기업 또는 기타 사업이 보유한 현금및현금성자산의 금액 　- 지배력을 획득하거나 상실한 종속기업 또는 기타 사업이 보유한 현금및현금성자산 이외의 자산·부채 금액에 대한 주요 항목별 요약정보	• 해당규정 없음
• 재무활동에서 발생하는 부채의 변동을 평가할 수 있도록 재무상태표와 현금흐름표의 연계정보 주석에 공시 　- 재무현금흐름에서 생기는 변동 　- 환율변동효과 　- 공정가치변동 　- 종속기업이나 그 밖의 사업에 대한 지배력 획득 또는 상실에서 생기는 변동	• 해당규정 없음
• 연결실체가 사용할 수 없는 당해 기업의 현금및현금성자산의 금액 주석에 공시	• 해당규정 없음
• 영업능력의 유지를 위한 현금흐름과 별도로 영업능력의 증대를 나타내는 현금흐름 주석에 공시	• 해당규정 없음
• 자본약정 차입한도 중 미사용금액과 사용제한 내용 주석에 공시	• 해당규정 없음
• 사업부문별로 활동별 현금흐름은 주석에 공시	• 해당규정 없음
• 두 개 이상의 활동에 배분되는 법인세 총지급액 주석에 공시	• 해당규정 없음

찾아보기

AC금융자산	181, 189, 200, 201
EBITDA	3
FVOCI금융자산	181, 186, 189
FVPL금융자산	181, 182, 183, 184
K-IFRS	7, 318
T계정법	40
간접금융	254
간접법	7, 44, 292
감가상각누계액	70, 160, 161
감가상각비	59, 65, 70
감자차손	249, 250
감자차익	249, 250
개발비	228, 229
건설중인자산	170, 171, 172, 174
경영활동 구분	14
관계기업투자주식	203, 206, 207
구매활동	16
금융자산	180, 182, 183, 184
금융자산관련 현금흐름	180
기업경영활동	20
단기대여금	224, 225, 226, 227, 228, 232
단기매매(FVPL)금융자산	79
단기매매금융자산평가손실	298
단기매매금융자산평가이익	298, 299
단기매매목적 금융자산	23, 325
단기차입금	254, 255, 256, 257
당기손익-공정가치 측정 금융자산	79, 82
당기손익-공정가치 측정 지정 금융자산	79
당기순이익	5, 7
대손상각비	47, 69, 70, 293
대손충당금	48, 49, 56
대손충당금환입	47, 56, 69, 70, 294
만기보유금융자산	180, 198
매각거래	54
매도가능금융자산	180, 192
매입	59, 60
매입채무	59, 60
매출	47
매출원가	59
매출채권	47, 48
매출채권 양도	54
매출채권의 매각	324
무형자산	161, 174, 175, 176, 177
무형자산처분손실	175
무형자산처분이익	175
미수금	79, 80, 160, 161, 175, 215, 217
미수배당금	90, 91, 92
미수이자	83, 84
미지급금	79, 80, 160, 161, 174, 215, 219, 327
미지급배당금	264
미지급비용	59, 60, 65, 67, 69
미지급이자	93, 94
발생기준	4, 28
발생주의 회계	28
발생주의조정법	40
배당금수익	90, 91, 120, 135, 318
배당금수취	21, 90, 91, 321
배당금수취액	134, 135
배당금지급	22, 264
법인세납부	22, 101, 102, 106, 322
법인세납부액	136
법인세비용	101, 102, 120, 136, 318

별도표시로 인한 손익	120, 122	영업활동에서 창출된 현금흐름	82
부가세대급금	59, 60	영업활동으로 인한 현금흐름	5, 6, 16, 106
부가세예수금	48	영업활동자산처분손익	125
부채의 조정내용	314	외상구매	60
비손익거래	30	외상매출	47, 49
비용의 기능별 표시방법	74	외화현금및현금성자산	327
비용의 성격별 표시방법	74, 75	외화환산손실	47, 48, 56, 295
비현금거래	30, 304, 309, 313	외화환산이익	47, 48, 56, 295
비현금비용	59, 94	외환차손	48, 56
비현금항목	319	외환차익	48, 56
사채	238	유·무형자산 관련 현금흐름	160
사채 발행	239	유동성장기차입금	254, 255
사채 상환	240	유형자산	160, 161, 162, 164
사채상환손실	238, 239	유형자산처분손실	161
사채상환이익	238, 239	유형자산처분이익	161
사채할인발행차금	93, 238, 239	이자비용	92, 93, 120, 135, 318, 319
사채할인발행차금상각	92, 93, 238, 239	이자수익	82, 83, 89, 120, 134, 318, 319
사채할증발행차금	94, 238, 239	이자수취	21, 82, 83, 89, 321
사채할증발행차금상각	238, 239	이자수취액	134
생산활동	16	이자지급	21, 92, 94, 321
선급금	59, 60, 160, 161	이자지급액	135
선급비용	59, 60, 65, 67, 69	일반기업회계기준	7, 318
선급이자	93, 94	임차보증금	221, 222
선수금	48, 160, 161	자기주식	279, 280, 281, 282
선수이자	83, 84	자기주식처분손실	279, 280
손상차손	161, 162, 174, 199, 274, 275	자기주식처분이익	279, 280
손상차손누계액	160, 161, 162, 174, 199, 204	자본금	249, 250
손상차손환입	161, 162, 174, 199, 204, 274, 275	장기대여금	224, 225, 226
손익거래	30	장기차입금	245, 255, 256, 257
신주인수권조정	93	재고자산감모손실	59, 60, 67, 300
신주인수권조정상각	93, 94, 100	재고자산평가손실	59, 60, 67, 299
영업활동	5, 7	재고자산평가이익	299
영업활동 관련 비현금거래	308	재고자산평가충당금환입	59, 67
영업활동 구분	16	재량권	21
영업활동부채처분손익	125	재무상태표	2, 4, 36

재무상태표 조정항목	5, 129	차입원가	93, 100, 323
재무정보이용자	2	채무면제이익	302
재무활동	4	충당부채	70
재무활동 관련 비현금거래	306	충당부채비용	69, 73, 301
재무활동 구분	19	퇴직급여	76, 77
재무활동 및 재무활동차손익	119, 124, 127	투자활동	5
재무활동으로 인한 현금흐름	5, 6, 19, 236	투자활동 관련 비현금거래	305
재평가손실(NI)	160, 161	투자활동 구분	18
재평가이익(OCI)	160, 161	투자활동으로 인한 현금흐름	5, 6, 18, 158
전환권대가	243, 244	특수관계기업 관련 현금흐름	203
전환권조정	94, 243, 244	파생상품계약	326
전환권조정상각	93	판매비와관리비	69, 73
전환사채	243, 245, 246	판매활동	16
전환사채상환손실	243, 244	포괄손익계산서	2, 4, 38
전환사채상환이익	243, 244	포괄손익계산서 조정항목	5, 119
조작할 수 없는 재무제표	2	할인취득차이조정상각	83, 89
종속기업	24, 209, 211, 212, 313, 325	할증취득차이조정금액	83, 89
종속기업투자주식	274, 275, 276, 277	현금거래	7, 14, 30
종속기업투자주식처분손실	275	현금결제형 주식기준보상거래	267, 271
종속기업투자주식처분이익	275	현금기준	4, 28
종업원급여	65	현금및현금성자산	4, 5, 10, 312
주석공시	312, 328	현금유입이 없는 수익	59
주식결제형 주식기준보상거래	267, 268	현금유출입 없는 거래	7
주식기준보상	266	현금유출입 없는 손익	123
주식발행	249, 251	현금유출입 있는 거래	7
주식발행초과금	249, 250	현금유출입이 없는 비현금손익	119, 123
주식보상비용	65, 69, 70, 73, 266, 267	현금의 지출이 수반되지 않는 비용	59, 94
주식선택권	266, 267	현금주의 회계	28
주식소각	252	현금흐름	4, 34
주식할인발행차금	249, 250	현금흐름순환	20
주요 수익창출활동	16	현금흐름표	2, 4, 7, 10, 35
증감분석법	40	현금흐름표 작성	40
직접금융	238	현금흐름표 작성원리	36
직접법	7, 44	현재가치차금	83
차입거래	54	현재가치차금상각	83, 89

확정급여제도(DB Plan)	77
확정기여제도(DC Pan)	76
환율변동효과	5, 25
활동별 구분	7, 21
회계기록을 통한 방법	40
흑자도산	3

현금흐름표를 알면 성공이 보인다

펴낸곳 | 리스크컨설팅코리아
펴낸이 | 이정조
지은이 | 김종일, 한종수, 이정조
디자인 | 윤솔기획

1판 2쇄 인쇄 2019년 1월 2일
1판 2쇄 발행 2019년 1월 9일
출판등록 제2013-000241호

주소 | 06631 서울시 서초구 서초대로 356 서초지웰타워 5층
전화 | 02-2263-4394~7
팩스 | 02-2264-6991
이메일 | trust@riskconsulting.co.kr
홈페이지 | www.riskconsulting.co.kr

ISBN 979-11-950363-6-3

이 책의 무단 전재나 복제 행위는 저작권법 제98조에 따라 처벌받게 됩니다.